"桐乡历史文化丛书"（第五辑）编委会

顾　　问：于会游　王　坚　俞奕凌　施如玉
编　　委：李新荣　于瑞华　褚万根　顾守菊
　　　　　吴　臻　申险峰　范利学

主　　编：李新荣
副 主 编：褚万根

作　　者：（以姓氏笔画为序）
　　　　　陈　勇　沈思佳　张天杰　郁震宏
　　　　　闻海鹰　夏春锦　章建明

夏春锦
沈思佳 著

桐乡历史文化丛书

鲍廷博传
BAO TINGBO ZHUAN

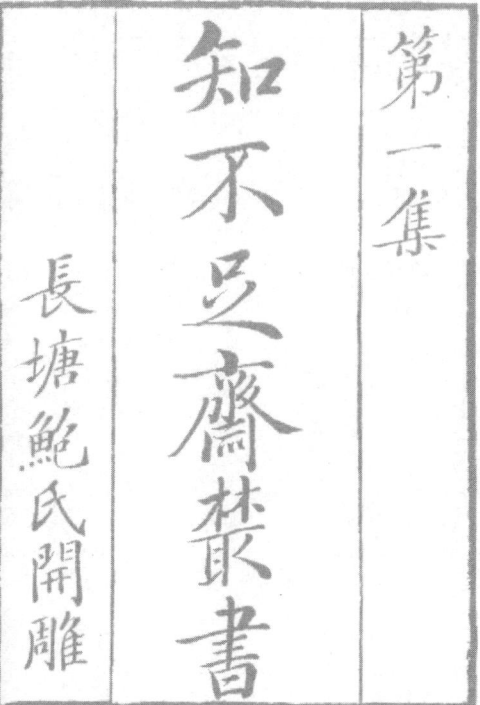

华文出版社
SINO-CULTURE PRESS

图书在版编目（CIP）数据

鲍廷博传 / 夏春锦，沈思佳著． -- 北京：华文出版社，2022.12

（桐乡历史文化丛书．第五辑）

ISBN 978-7-5075-5714-5

Ⅰ．①鲍⋯ Ⅱ．①夏⋯ ②沈⋯ Ⅲ．①鲍廷博（1728−1814）−传记 Ⅳ．①K825.41

中国版本图书馆CIP数据核字（2022）第244143号

鲍廷博传

著　　者	夏春锦　沈思佳
责任编辑	方昊飞　王　彤
出版发行	华文出版社
地　　址	北京市西城区广外大街305号8区2号楼
邮政编码	100055
网　　址	http://www.hwcbs.cn
电　　话	编辑部 010−63428314　总编室 010−58336239
	发行部 010−58336202
经　　销	新华书店
印　　刷	三河市航远印刷有限公司
装帧制版	北京禾风雅艺文化发展有限公司
开　　本	880mm×1230mm　1/32
印　　张	9.125
字　　数	186千字
版　　次	2022年12月第1版
印　　次	2022年12月第1次印刷
标准书号	ISBN 978-7-5075-5714-5
定　　价	60.00元

版权所有，侵权必究

鲍廷博像（戴卫中绘）

鲍廷博知不足斋（吴蓬绘）

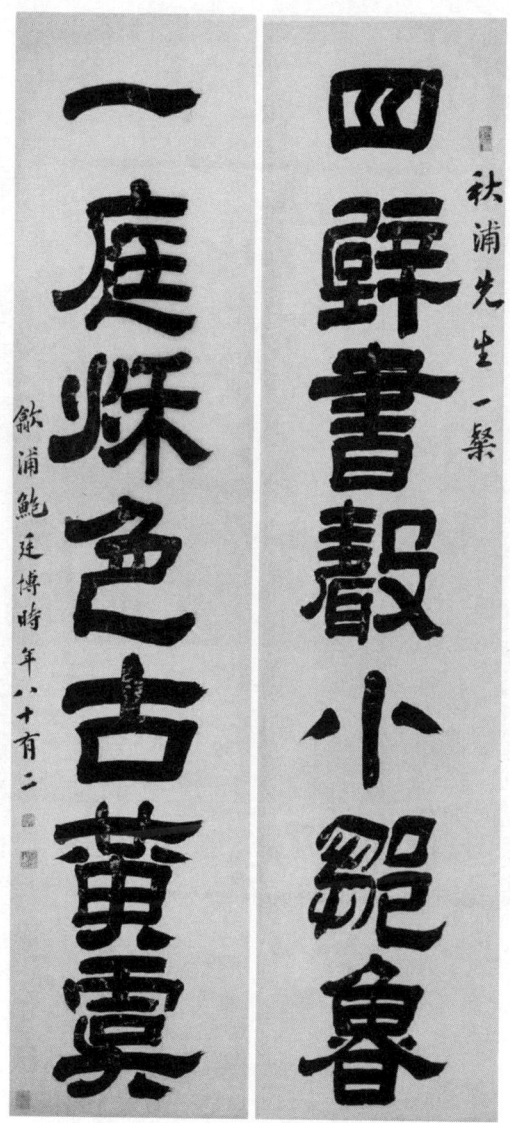

鲍廷博七言联（现藏于南京博物院）

"知不足斋丛书"第一集卷首（道光年间刻本）

鲍廷博资助好友赵起杲刊刻的青柯亭本《聊斋志异》

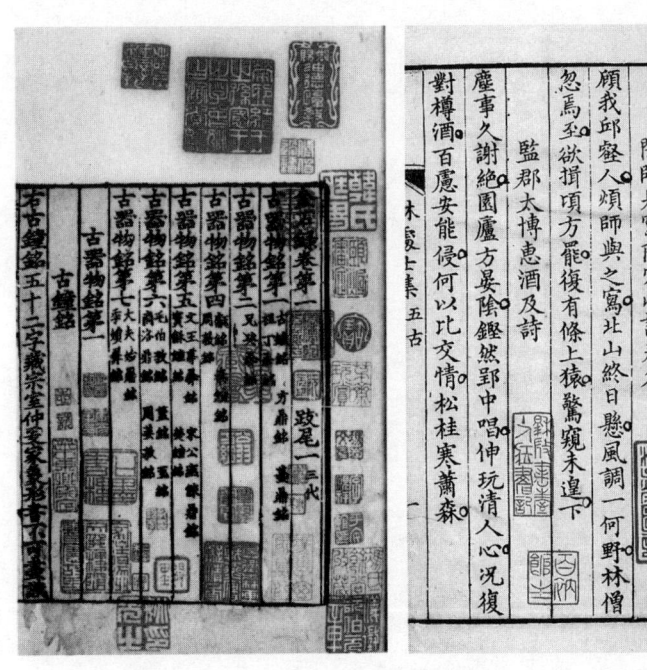

鲍廷博旧藏宋淳熙刻本《金石录》十卷（现藏于上海图书馆）

鲍廷博批校过的清乾隆十年深柳读书堂刻本《宋林和靖先生诗集》卷首（现藏于芷兰斋）

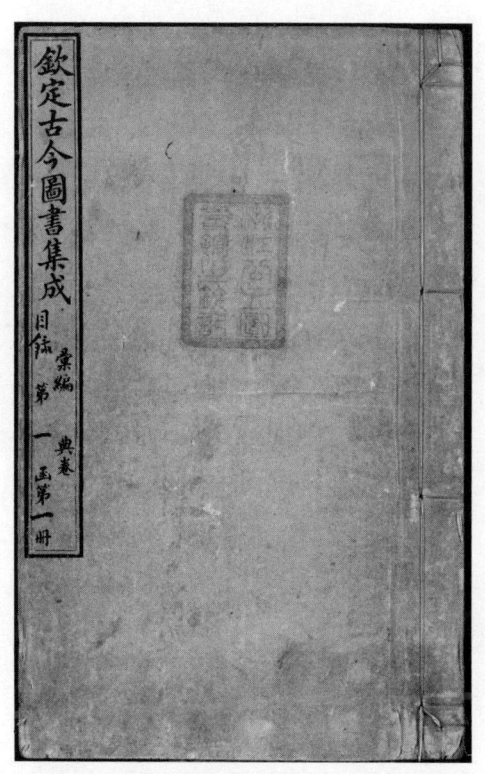

乾隆赏赐给鲍氏的《钦定古今图书集成》
（现藏于浙江省图书馆）

皇明正德庚辰夏六月望吳下袁表邦正識

文人重其人遂同諸弟袠袠勘校鋟棗與博古者共
子亦少慰矣文藪之名義皮氏之譜牒詳自序弁世
錄中於歲子負有用之學生袠亂之世終為鹿門之
隱竟陵之農不既多乎徒出無所禪益卒死賊難惜
武所幸者茲集之存而已

此正德庚辰刊本皮子文藪後當有吳下袁表跋言
偶見舍有聚刻世說新語大戴禮楚辭世袠宗
李頎猪又見其華嵓本遂與諸乎袠袠勘接鋟
梓云、此跋後余市估徽去以充宗剃是也刊剃
之精固可想見而此本既序蓋自鮑以文歲前
而已不存矣孫氏小綠天中有此冊石顾為余檢出示
諭便得之又見中有碩氏思適齋圖記益可珍矣
跋言覓全本不獲下後序用在故迄焉
庚寅十月初六日蕘圃袁子書

序一

排座次似乎是全人类的共同爱好,最著名的就是《水浒传》重头戏梁山泊英雄排座次,那些英雄的本事已经让作者作了充分的铺垫,因此除了个别人物,大体都没什么争议。现在流行的体育赛事、大学排名等,因为有着许多硬性的规定,排起来也比较方便,争议较少。但有些座次排起来因为缺乏相关规则,往往引起争议,尤其是近百年来流行的点将录,无论是诗坛还是文坛,几乎每一录都会有人提出异议。如果把藏书界也算一界的话,这一界内的座次以洪亮吉在《北江诗话》中所说的"藏书家五等"最为流行[①]。

洪亮吉把藏书家分成五类,分别是考订家、校雠家、收藏家、赏鉴家和掠贩家,可见其视考订家为藏书家中的头等。他在每一等中列出两位代表人物,考订家列出的是钱大昕和戴震。如果以学问论,这种排法绝无异议,但问题是,洪亮吉所说的这段表述前,还有这样一段盖帽语:"藏书家有数等。"既然说的是藏书家,似乎钱大昕和戴震在这方面不很擅长,如何将二人

[①] 洪亮吉(1746—1809),清代文学家,字稚存,号北江,晚号更生居士。其所撰《北江诗话》是清代极具代表性的文学批评专著。书中卷三"藏书家有数等"的论述更成为后世谈论藏书时经常提及的内容。

排在头等呢？洪亮吉举出的例子中，范氏天一阁和吴氏瓶花斋归入了第三等收藏家，天一阁在中国藏书史上的地位当然不容撼动，但当年范钦所藏主要是通行本，他没有善本珍籍的概念，当然他也许有之，但志不在此。

从洪亮吉举出的例子看，似乎第四等的赏鉴家才称得上是在藏书界有影响力的人物，因为他举出的人物是黄丕烈和鲍廷博。黄丕烈藏书以宋本名世，他的藏书理念在业界影响深远，鲍廷博也是位大藏家，但后世学者和藏家更关注他在刻书上的成就。将这两位放在一起并提是否合适，可以另论，但是洪亮吉将此二人排在第四等，只比著名的书商高一等，未免让爱书人为之鸣不平。

洪亮吉为何这样分，他没有作详细解释，只是在每等中画龙点睛地说两句，比如他给赏鉴家的定语是："次则第求精本，独嗜宋刻，作者之旨意纵未尽窥，而刻书之年月最所深悉。"这句评语需要吹毛求疵一下：黄丕烈的确喜欢宋刻本，其堂号"百宋一廛"名扬海内，他也自称"佞宋主人"，但如果翻阅黄氏所撰《荛圃藏书题识》的话，能够发现上面提到的善本珍籍一大半都不是宋刻，何以称他对宋刻有"独嗜"？鲍廷博的藏书目录没有流传下来，也许是他忙着刻书没有编目，如果是这样的话，洪亮吉如何知道他专藏宋刻本呢？更何况鲍廷博所刻的"知不足斋丛书"大多能考订出底本，这套丛书的底本也大多不是宋本，所以洪亮吉给出的这句评语显然不符事实。

洪亮吉认为鉴赏家的水平不高，因为他们只关心刻书的年代而不在乎该书的思想内容，这一点很值得商榷。黄丕烈、鲍廷博校书无数，校勘学毕竟不只是找错字，还需要有很多的综合判断。何以能给这些大家如此贬低之语，今天难窥洪亮吉的心思，更何况，他也不是藏书圈资深人士，以至于后世爱书人怀疑他究竟懂不懂藏书旨趣。但是，他的这段话被清末藏书家叶德辉转录进《书林清话》中，由此对后世产生了重要影响，以至于凡是谈到古代藏书家时，必会拿出来唠叨一番，对于其所说的合理性，只是偶尔有人腹诽几句，少有人写文驳斥。

杨成凯先生二十多年前写过一篇《藏书家的眼光》，其中就谈到了洪亮吉的这段名言。杨先生说，洪亮吉的分等和命名有很明显的褒贬，今天大可不去理会，然而他的观点却很有代表性。杨先生逐一分析了洪亮吉对五等给出的评语，谈到黄丕烈时，他说通过黄跋可以看到："他得到一个本子往往不等过夜，立即'挑灯'急校。他校书有所发现，欣喜若狂。已经过去了二百年之久，他的藏书题跋中蕴含的爱书如命的激情，还是那么深切地感动着每一个读者。"

杨先生接着讲到了鲍廷博："说鲍廷博是赏鉴家就更不合适，他用毕生的精力校书和刻书，用今天的眼光看，工作性质应该属于整理古籍，水平高低另当别论。他抄书和校书出名，却没有听说他收藏多少宋本，'独嗜宋刻'的帽子也扣不上。"

杨先生点出了鲍廷博的长处——他更多的是以刻书名世。刻书的前提需要有大量的底本，为了作出版前的校勘，还需要广备异本，从这个角度来说，古代的大刻书家往往也是大藏书家。为此，要研究鲍廷博，就需要从他的藏书入手，再来探究他的刻书思想。

在此之前，我读到过的相关专著有刘尚恒先生的《鲍廷博年谱》和周生杰、杨瑞合著的《鲍廷博评传》，这些书让我对鲍廷博有了更多的了解，使我更加认为洪亮吉对他的评语不准确。而今又读到了夏春锦、沈思佳合著的《鲍廷博传》，使我对鲍廷博这位书界传奇人物又有了更深层次的了解。

鲍廷博祖籍安徽歙县，其父、祖皆经商，寓居杭州，又于乾隆四十九年（1784）定居桐乡乌镇的杨树湾。多年前，我在范笑我先生的带领下，到那里寻找过知不足斋遗迹，可惜眼前只是一片茂密的芦苇荡。哪里还能找到与鲍氏有关的遗迹，这是我念兹在兹的事情之一，而这部书稿让我得知，鲍廷博的故乡长塘村至今还在，不禁又勾起了我前往一探的欲望。

鲍家藏书始于鲍廷博之父鲍思诩，"知不足斋"这个堂号也是鲍廷博从父亲那里继承而来。对于鲍思诩的藏书状况，吴长元在《斜川集》跋语中称："友人鲍以文氏，嗜奇好古，先世所藏两宋遗集，多至三百余家。"在清代中期，宋人集子能够藏到这样的数量是很不容易的一件事，足以说明鲍思诩藏书质量之高，况且能够找到这么多数量，也需要与之相当的财力。我曾好奇于鲍思诩哪里来的这么多钱，后来在艾尔曼的《从理学到朴学：中华帝国晚期思想与社会变化面面观》中读到一句话，他认为19世纪之前，江南大多数藏书家都是凭借经营盐业赚取利润起家的，他举出了"扬州二马"[①]，同时谈到了鲍廷博："他家因在浙江经营盐业，已在杭州落户。"经营盐业在那个时代当然是一等一的大买卖，这也就不用奇怪鲍家有那么多钱买书了。

---

① 清代徽商马曰琯、马曰璐兄弟。

关于鲍廷博在杭州的情况，我以往未曾留意，从本书中得知，他住在杭州的睦亲坊，即今日弼教坊一带，这里曾经是南宋著名编辑家陈起开书铺的地方。陈起在这里刊刻的《江湖集》有很大影响，于是有了"江湖诗派"一说，我曾到那里探访过陈起遗迹，却不知道鲍廷博也曾居住于此。以他那渊博的知识，他应该知道这里曾经是陈宅书籍铺所在地，说不定他的刻书之好正是由此而引发的呢。

青柯亭本《聊斋志异》是这部名著的第一刻，这些年来在市场上见过几部，但刊刻得颇为粗糙，以至于我怀疑这个故事的真实性。然本书中在谈到鲍廷博"助友刊刻"时，举出的第一个例子就是《聊斋志异》的成书过程。当年赵起杲从福建郑方坤后人那里得到了《聊斋志异》手稿后，正是在鲍廷博的怂恿下才得以付梓。鲍廷博为此书的出版付出了不少心血，赵起杲在《弁言》中特意提到："出赀勷事者，鲍子以文。"夏春锦、沈思佳在专著中特意提到了赵起杲虽然是一方知府，却囊中羞涩，"鲍廷博因世代经商，经济富裕，便慷慨资助赵氏刊刻了这部文学名著"。由此让我得知，鲍廷博不但是《聊斋志异》出版的"始作俑者"，同时还是刊刻该书的出资人。

本书中一个重要章节是鲍廷博与书友间的交往，从文中所讲让我了解到，鲍廷博的部分藏书是朋友所赠，比如郁礼赠给他叶石君旧抄本《两汉刊误补遗》等三部，倪建中赠给他《麓堂诗话》，陆贯夫赠给他《困学斋杂录》，等等。鲍廷博得到这些书，主要用于出版校勘，朱文藻在评价鲍廷博的校勘时说："一编在手，废寝忘食，丹铅无已时，一字之疑，一行之缺，必博征以证之,广询以求之。有得,则狂喜如获珍贝;不得,虽积思累岁月不休。"如此认真,如此痴情,岂能以只知版本来评价之。藏书、校书,对于鲍廷博来说,是他人生最快乐的事,他曾明确地说:"闲窗展卷,心目朗然,盖无以喻其乐也。"

鲍廷博在校勘上付出了很多心血,赵衡阳在《石墨镌华》中称其:"坐拥数万卷,据案校书,丹铅不释手,镌工列坐廊庑。所镌'丛书'皆先哲未传之业,由是知鲍君心爱古人,阐扬幽隐,延续废坠,而先世遗书藉以再垂不朽,存者没者均以怀感激,岂区区数言所能罄哉!"何以能给出如此高的评价,这是由中国古书特性所决定的。叶德辉在《藏书十约》中称:"书不校勘,不如不读。"为此他列出了校勘有八大功劳,其中之一是:"有功古人,津逮后学,奇文独赏,疑窦忽开。"这正是鲍廷博有功于学界的重要原因,也是赵衡阳给出那么高评价的原因所在。

通过阅读本书,让我得到的最大收获,是两位作者经过爬梳剔抉,还原出一个立体的、有血有肉的藏书与刻书大家鲍廷博,使读者意识到,一个人的专注是何等之有力。按照张之洞的说法,这样的刻书家足可以五百年不朽。以往的赏鉴家被人讥为只是书皮学问,但是这部《鲍廷博传》却为赏鉴家一洗此讥,这正是该书令人读之爱不释手的原因。

我还从书中得到了更多的资讯,比如鲍廷博所用刻工之事,有哪些名家帮助其校勘,他的藏书归宿,等等,本书可谓惠我以实。因为喜爱鲍廷博之故,我边读边将自己的疑问记录下来,有些问题从本书中得到了答案,还有一些疑惑则有待挖掘。

比如后世对于鲍廷博的刻书,主要是谈论"知不足斋丛书",

叶德辉在《郎园读书志》中提到鲍廷博刻过大开本的《唐阙史》《曲洧旧闻》等六种，叶德辉经过比勘发现该刻本与汪汝瑮所刻的《书苑菁华》版本完全相同。后来傅增湘在《藏园群书题记》中谈到鲍刻的这几种大开本书时，猜测当年鲍廷博正在督刻巾箱本的"聚珍版丛书"时，遇到了汪汝瑮，汪拿出一些稀见之本请鲍帮着代刻，此乃这几种大开本的缘起。后来谢国桢也谈到了鲍刻"知不足斋丛书"中有大开本和巾箱本两个版式，其中大开本有七个品种，谢国桢夸赞这七种书："刊刻工整，纸墨精良。"遗憾的是，近几十年我在市面上仅见过两种。关于它们的相关情况，却查不到更多资料，如果能就此话题深入研究下去，必将成为佞书之人津津乐道的话题。

期待着夏春锦和沈思佳能够将与鲍廷博有关的问题继续挖掘下去，以便让爱书人读到更多有趣的话题。

韦力
壬寅年端午节于芷兰斋

序二

今年（2022）三月，上海新冠疫情肆虐，复旦大学中华古籍保护研究院 2021 级图书情报专业硕士的"中国藏书史研究课"改为线上进行，课上的"藏书故事比赛"亦改为网络形式，比赛"八强选手"还应邀参加"复旦大学第十届读书节"活动，并于 4 月 24 日线上向听众分享他们的藏书故事，第二天，收到古籍保护研究院毕业生沈思佳来信：

尊敬的杨老师：

我是 2021 届古籍保护方向学生沈思佳，现就职于桐乡市图书馆。……去年毕业后，受到夏春锦老师的邀请，合作完成了《鲍廷博传》的初步撰写，他写的上半部分，我写的下半部分，预计会在今年年底之前出版。

昨日在线上听了您和天月（思佳同班同学）主持的藏书故事比赛，藏书故事的分享意义非凡。鲍廷博曾寓居桐乡乌镇，学生主要写的是鲍氏寓居乌镇后的藏书与刻书，以及对桐乡产生的影响。想起最早深入了解藏书家鲍廷博还是在您的《中国藏书史》课上，当时参加了您主持的藏书故事比赛，分享了"鲍廷博日本寻书记"的故事，还是您给我颁的奖。所以

序二

学生认为如果您能给《鲍廷博传》作序,那真的是意义非凡。

其时因疫情,导致心情低落,而思佳同学的来信,实乃一大喜讯。我大学本科老师季学原先生在去年宁波大学校庆纪录片上,提供了一张20世纪90年代时在宁波师范学院图书馆前的合影,87岁的他分享感言:"学生之成就,老师之奖章也。"季师母特地寄来该录像的片段,见到先生的视频,感念师恩之情油然而生。思佳同学去年夏天毕业,回到家乡桐乡市图书馆服务,一年不到,就与夏春锦先生合作,撰写完成与黄丕烈、顾千里齐名,并称"黄跋顾校鲍刻"的乡贤鲍廷博之传记,实在值得庆贺。当我收到随电子邮件寄来的《鲍廷博传》电子版时,既感意外,更多的则是欣喜,亦更深地理解了季先生的感言,体会到师道传承的神圣。当初季师命我为他的著作《甬上悟梦——红楼文化重镇纪事》及《红楼梦女性人物形象鉴赏》作序,心中忐忑;如今思佳要求为她的书作序,并且说另外请的是老朋友韦力先生,作为老师,学生之请,亦觉义不容辞。

复旦大学三年读研期间,思佳在我带队实习及中国藏书史研究课上,撰写分享过不少访书、藏书、修书的故事,如"访日交流活动感想""扬州实习报告""鲍廷博日本寻书记""博古斋古籍善本拍卖参观记"等。其毕业论文选题亦是乡贤"沈炳垣《斫砚山房书目》研究",《后记》里她特别提到,《中国藏书史研究》课程"引导我们聚焦家乡藏书家及其藏书楼的挖掘,正由该课程论文才得以邂逅未经整理的稿本沈炳垣《斫砚山房书目》,使得本文最终确定桐乡藏书家沈炳垣的选题"。可以说,正是思佳同学在读研期间，对家乡藏书家和藏书事业的关注，尤其是对鲍廷博、沈炳垣等人的研究，才一回家乡服务，即得夏春锦先生青眼，获邀参与《鲍廷博传》的撰写。

作为"桐乡历史文化丛书"的一种，《鲍廷博传》是桐乡地方文化普及读物，全书通俗形象地再现了清代乾隆嘉庆时期"书痴"鲍廷博之传奇一生。"鲍廷博刻书"与"黄丕烈题跋""顾千里校勘"堪称清代文献整理保护史上三大奇迹，对江南书文化乃至中国和世界书文化史具有重要影响力。《鲍廷博传》专门提到2021年北京泰和嘉成秋拍品有黄裳题跋《皮子文薮》（5075，明正德十五年袁表刻本），书经鲍廷博知不足斋、顾千里思适斋、孙毓修小绿天、黄裳来燕榭递藏，流传有序。黄裳前后六次题跋，其中之一云"此本刊刻至精，以充宋版。诸家所藏，无一本有袁跋（此本卷末有正德袁表跋语），视其版刻，殆正嘉之际所刊，可以无异议，此殆嘉趣堂精雕旧本之始。此书用明初竹纸所印，已断裂，不便翻读，爰付良工重装毕，焕然如新，因记卷尾"。按《四库全书总目提要·知不足斋宋元文集书目》，此《皮子文薮》当在鲍氏进呈四库馆之列，可以确定四库选用的是鲍廷博家藏本，由此可见鲍家献书质量之高。

又如乾隆四十六年（1781），鲍廷博与吴骞携宋淳祐元年（1241）汤汉刻本《陶靖节先生诗注》访张芑堂（燕昌），燕昌见之，击赏不置，鲍廷博即举而赠之，该书又为周春所赏，演出"以墨易书"的书林传奇。该书先后藏于周春的"礼陶""宝陶""梦陶"三斋，后又经黄丕烈"士礼居"、汪士钟"艺芸书舍"、杨绍"海源阁"、周叔弢"自庄严堪"递藏，1952年入北京图书馆（今国家图书馆），构成宋版陶渊明集颇富传奇色彩的藏书故事。

关于鲍廷博研究，已有刘尚恒《鲍廷博年谱》、周生杰《鲍廷博藏书与刻书研究》、周生杰与杨瑞合著《鲍廷博评传》等专著，亦有薛贞芳《徽州藏书文化》、刘尚恒《徽州刻书与藏书》、范凤书《中国私家藏书史》、叶树声与余敏辉合著《明清江南私人刻书史略》、顾志兴《浙江出版史研究·元明清时期》、陈心蓉《嘉兴刻书史》等的专门论述。而《鲍廷博传》一书，作为桐乡地方文化史普及读物，书中不仅有丰富的藏书、校书、刻书、献书知识，又增加了不少新的资料，增添了新的藏书故事，体现了发现藏书故事、讲好藏书故事和推广藏书故事的文化普及的特有价值，其中特别值得肯定的有如下两点。

一、关于"鲍氏藏书流播日本静嘉堂"

书中第十五章"世衍书香美名扬"第三节"藏书流传"专门写道：

> 陆心源之皕宋楼、瞿镛之铁琴铜剑楼、杨绍和之海源阁以及丁丙之八千卷楼被誉为清末四大藏书楼，而鲍廷博藏书部分后亦被吴兴陆心源收藏。清末四大藏书家之一陆心源（1834—1894），字刚甫，号存斋，晚号潜园老人，归安（今湖州吴兴区）人。……光绪帝褒其"著作甚多，学问甚好"，后因其子陆树藩经商失败，陆氏藏书被日本岩崎氏静嘉堂文库购得。

静嘉堂文库为日本三菱公司的文化机构，由其第二代社长岩崎弥之助筹建，历经三代社长得以完成。陆氏皕宋楼所藏各朝刻本及名人手抄共4146部，计43218册，于光绪三十三年（1907）为岩崎氏所购，成为静嘉堂文库的基本藏书。鲍廷博手抄本《严陵集》九卷即藏于此。笔者曾于2019年12月随复旦大学中华古籍保护研究院日本访学团访问静嘉堂文库，接待老师成泽麻子向我们详细介绍了文库历史及历任社长，还应约取出十余部国宝供我们鉴赏，纸墨如新，每打开一部书都不由自主地发出惊叹。公文纸的重复印刷，毛抄本的惟妙惟肖，影抄本背后的托裱纸，黄丕烈、杨守敬的题跋，着实令人激动不已。

鲍廷博手抄本《严陵集》从嘉兴桐乡乌镇传到湖州陆心源皕宋楼，又从皕宋楼漂洋过海，入藏日本东京静嘉堂，可以一窥清代江南书籍传播史、中日文化交流史之脉络。据黄伟《鲍廷博知不足斋旧藏善本流散考述》考证，陆氏皕宋楼曾获鲍廷博流散善本，有《严陵集》《吹剑录》等四十种。其中被静嘉堂文库收录的有《敏求机要》《庆元党禁》《吹剑录》《广川书跋》《寇忠愍公诗集》《日涉园集》《断肠集》《吴允文集》《古逸民先生集》《紫岩于先生诗选》《桐江集》《桐江续集》《竹素山房诗集》等鲍廷博旧藏十四部。作者又通过专业检索工具书和古籍书目数据库，仔细梳理海内外鲍廷博藏书、刻书的馆藏机构分布情况，并以表格形式加以展示，向读者全面展示鲍氏藏书、刻书在当代的影响力。

二、利用家谱资料和地方文献,重新考证鲍廷博迁居桐乡的时间

本书第十一章"移家檇李续书缘"第二节"寓居冶塘"写道:

> 鲍廷博移居桐乡的时间,历来说法不一。《鲍廷博评传》的作者(周生杰和杨瑞)根据赵学敏所作"知不足斋丛书"序言中的夹注确定为乾隆四十九年(1784),2017年出版的《鲍廷博年谱长编》也基本接受了此说。

作者根据首次发现的鲍廷博嘉庆十七年(1812)《青溪严氏家谱序》,注意到文中提到"予乔寓兹十一有年";又结合清嘉庆道光年间任桐乡教谕的宋咸熙辑《桐溪诗述》相关史料,"如在第二十一卷中收录有鲍廷博的小传和诗作四题,小传中就说其'寓居青镇之杨树滨垂四十年',又是一种全新的说法。""笔者在翻阅《桐溪诗述》第十三卷时,发现陈沄所作的《冶塘棹歌》中有一首直接写到了鲍廷博,又出现了新的情况。该诗云:水阁松亭分外清,客舟到处酒旗迎。醉中渌饮题佳句,占断溪山风月情。诗后有注:'水阁,浜名;松亭,村名。新安鲍以文号渌饮,曾寓冶塘,《咏酒旗》云:招邀风月归花县,点染溪山入画屏。'从中得知,鲍廷博在定居杨树浜之前,曾经还寓居在离杨树浜不远的冶塘这个地方。这就为上文《青溪严氏家谱》序中所说的乔寓杨树浜'十一有年'提供了佐证"。

作者最后根据著名藏书家傅增湘关于鲍廷博手抄《建炎以来朝野杂记甲集》所记:"每卷后有惇典堂、芦浦寓庐、知不足斋、

绣溪寓舍等志,均在乾隆丙戌、丁亥间(三十一年至三十二年,1766—1767),皆渌饮钦(亲)笔也",得出鲍廷博在定居桐乡乌镇杨树浜之前,早在乾隆三十一年至三十二年(1766—1767)间,就在桐乡县城西北运河边冶塘绣溪寓舍暂住,并开始藏书、校书事业,"鲍廷博隐居此处,避开了诸多无意义的尘俗庸事,可以尽量摆脱不必要的应酬,把更多的时间和精力投入到读书、校书和刻书之中。"

其他关于鲍廷博科举考试籍贯问题考辨、从复旦大学图书馆所藏善本古籍《清人书跋偶钞》卷前发现复旦大学教授、古典文献学家王欣夫所抄录《北窗炙輠录》二卷鲍廷博题跋等,皆是本书值得重视的学术价值。

总之,《鲍廷博传》生动再现了鲍廷博融"读书、藏书、校书、刻书、献书、著书"六位一体之传奇人生,其藏书、刻书和献书获乾隆、嘉庆两朝皇帝的嘉奖和题诗赞誉,成为徽州文化、江南文化乃至中华文化史的独特风景。桐乡乌镇作为世界互联网大会举办地,其古老深厚的书籍故事得以与现代网络世界相链接,足以绽放出新的文化之光。期待思佳在家乡父老、领导、师友的关心与帮助下,在书籍史研究和图书馆事业上取得更多的成绩。

杨光辉

壬寅五月于沪渎梦之轩

目录

序一 / 韦力
序二 / 杨光辉

引言　　　　　　　　　　　　　　001
第一章　世为徽州歙县籍　　　　　010
第二章　经营冶坊为世业　　　　　015
第三章　跋山涉水寓于浙　　　　　019
第四章　知不足斋有后人　　　　　022
第五章　幼而聪敏知大义　　　　　025
第六章　两应省试终不售　　　　　028
第七章　所好在此慰平生　　　　　039
第八章　嗜奇好古借抄勤　　　　　048
第九章　购书为乐饱蠹鱼　　　　　089
第十章　献书四库天下闻　　　　　112
第十一章　移家槜李续书缘　　　　131
第十二章　刻书之志无已时　　　　151
第十三章　藏以致用有学名　　　　171

第十四章　君子之交淡如水　　191
第十五章　世衍书香美名扬　　224

参考文献　　247

后记　　259

引言

一

2013年元旦,再过几天即是小寒,民谚有"小寒时处二三九,天寒地冻冷到抖"之说。在气温家族的谱系中,江南冬季的阴冷并不比北方的严寒来得温柔,雪固然是罕见的,几年也难得遇到一次,但雨却总是不期而至,一次次打乱了人们出行的计划。这是来自北京常年辗转各地遍寻人文遗迹的著名藏书家韦力所能预料到的,幸运的是,他赶上了一个阳光灿烂的日子。

韦力当天上午在本地两位书友的陪同下先后寻访了位于桐乡境内的张履祥、吕留良和丰子恺的遗迹。简单的午饭后打算用更多的时间前往乌镇寻找位于杨树浜①的鲍廷博"知不足斋"。相对于张履祥、吕留良和丰子恺,韦力对这位在中国藏书史上声名显赫的藏书家、校勘学家、刻书家有着更深一层的亲近感。他曾为鲍廷博作过专文,评价甚高,现移录于此:

  鲍廷博为清中期著名藏书家、校勘学家及刻书家,并与

---

① 又称杨树湾、杨树浜。

当时的著名藏书家、学者都有广泛交往,如阮元、袁廷梼、顾广圻、黄丕烈、卢文弨、钱大昕、吴骞、王鸣盛等。

他平生以书为性命,朱文藻在"知不足斋丛书"序中写道:"三十年来,近自嘉禾、吴兴,远而大江南北,客有以异书来售武林者,必先过君(指鲍廷博)之门,或远不可致,则邮书求之。浙东西藏书家若赵氏小山堂、卢氏抱经堂、汪氏振绮堂、吴氏瓶花斋、孙氏寿松堂、郁氏东啸轩、吴氏拜经楼、郑氏二老阁、金氏桐华馆,参合有无,互为借抄,至先哲后人家藏手泽,亦多假录。一编在手,废寝忘食,丹铅无已时。一字之疑,一行之缺,必博征以证之,广询以求之,有得则狂喜,如获珍贝,不得虽积思累岁月不休。"乾嘉学派著名学者王鸣盛也说他"为人淹雅多通,而精于鉴别,所藏书皆珍抄旧刻,手自校对,实事求是,正定可传"。著名校勘家顾广圻云:"鲍以文收储特富,鉴裁甚精,壮岁多获两浙故藏书家旧物,偶闻他处有奇文秘册,或不能得,则勤勤假抄厥副,数十年无懈倦。"

鲍廷博不仅藏书丰富,亦能研之读之,在校勘方面受到当世学者称许,顾广圻在"知不足斋丛书"序中写道:"其称说一书,辄举见刻本若抄本、校本凡几,及某刻本如何,某抄本如何,某校本如何,不爽一二也……每定一书,或再勘三勘,或屡勘数四勘,祁寒毒暑,舟行旅舍,未尝造次铅椠去手也。"

乾隆间开《四库全书》馆,鲍氏为献书最多者之一。翁广平云:"乾隆间献书,先生聚家藏善本六百余种,命长子士恭隶仁和县籍,进呈乙览。先生之书大半宋元旧板、旧写本,又手自校雠,一无讹谬,故为天下献书之冠。"经过选择,《四库全书总目》著录其书三百七十八种、三千五百八十一卷，入存目一百二十五种，多为子、集两部书。

其藏书处有：知不足斋，自其父"筑室储书，取《戴记》'学然后知不足'之义以颜其斋"。赐书堂，因献书受高宗颁赐《古今图书集成》，"辟堂三楹，分贮四大厨，颜其堂之额曰'赐书'"。又有贞复堂、困学斋、灯味轩、宝绘堂、花韵轩等。

鲍氏亦是著名的刻书家，金天翮评曰："廷博文学不足传于后，而有力好事，能精雕秘籍以饷当世，书为当世重，其名不朽，自是而士礼居、守山阁、粤雅堂等继踵而起，遗风且至于今未沫，以视稽古之荣，亦何多让哉！"（《皖志列传稿》卷三鲍廷博）

鲍氏所刻主要有"知不足斋丛书"三十集，三十函，二百四十册，刻入书籍二百零七种，七百八十一卷。其《凡例》云："是编诸书，有向来藏弆家仅有传抄而无刻本者，有时贤先辈撰著脱稿而未流传行世者，有刻本行世久远旧板散亡者，有诸家丛书编刻而讹误脱略未经人勘正者，始为择取，校正入集。"又称："是编每刻一书，必广借诸藏书家善本，参互校雠。遇有互异之处，择其善者从之；义皆可通者，两存之；显然可疑而未有依据者，仍之，而附注按语于下；未尝以己见妄改一字。盖恐古人使事措辞，后人不习见，误以致疑，反失作者本来也。详慎于写样之时，精审于刻竣之后，更番铅椠，不厌再三，以期无负古人。"因此，鲍氏所刻之书均为善本，受到学者称道，如法式善《陶庐杂录》卷四云：鲍氏刻书"最精，校雠亦缜密"，"惜后来大部书未尽付锓，人间遂不可得见矣"；

吴翌凤亦称赞曰：鲍氏"得本之精，雠校之审，视毛氏有过之无不及者"。除"知不足斋丛书"外，鲍氏所刻尚有"鲍刻六种"两函十四册；乾隆三十一年（1766）刻《聊斋志异》，世称杭州青柯亭本，为最早之刻本。①

以上文字虽仅是援引史料，但已使人感受到韦力对这位二百年前藏书界前辈文化成就的仰慕和推崇之情，所谓惺惺相惜也。换言之，韦力对鲍廷博乌镇遗迹的寻访，有着更多的期待。

只可惜，斗转星移，沧海桑田，二百年后等待韦力一行的只有一句"恨西风吹净了无痕"的感叹——已难以觅得知不足斋的任何踪迹。对此，韦力不免感慨道：

鲍廷博的知不足斋在藏书界名气已经大响了二百多年，而今，到了我要去拜访它的时候，却难以寻找到相关的遗迹。这种结果我虽有心理准备，但还是忍不住跟带我前来的范笑我兄大发一顿感慨。现在各地的经济都在打文化牌，而知不足斋曾受到乾隆和嘉庆两朝皇帝的关注，若把这座书楼恢复起来，凭这两位皇帝的关照，就已经是宣传噱头。我跟笑我兄说，想办法鼓励当地的大力者来搞这方面的投资，肯定能吸引太多的游客到此一游。这天寻访乘坐的是范笑我朋友顾兄的车。顾兄在嘉兴旅游局工作，对当地情况较为了解，他说，确实有一个人在当地搞过农庄开发，是想建成休闲旅游场所，他跟这位老板还属于半熟人，可惜当时没有想到"知

---

① 韦力：《批校本》，江苏古籍出版社，2003年，第82—83页。

不足斋"这个品牌。①

二

一时的没有想到,并不代表彻底被遗忘。其实,桐乡的文化人向来没有忘记鲍廷博这位卓有成就的文化先贤,一直把他视为历代流寓桐乡寓贤之中的佼佼者。

所谓"流寓",是指自愿或被迫离开籍贯地,侨居至他乡者。而"寓贤"——据《说文解字》的解释:寓者,寄也;贤者,多才也——就是那些侨居者中有才华有建树的贤能者。

在鲍廷博去世七十余年后的光绪十三年(1887),由咸丰进士严辰总纂的《(光绪)桐乡县志》刊行面世,第一次郑重其事地将鲍廷博的事迹在地方上最重要的历史文献中作了如实记录。

跟鲍廷博相关的资料首先出现在"卷首二"的"天章"中,这里收录了与桐乡有关的清代帝王的诗文,其中就有清高宗乾隆和清仁宗嘉庆两位皇帝所作的涉及鲍廷博及其知不足斋的两首"御制诗"。

一首为乾隆所作,题为《题唐阙史》:

知不足斋奚不足^i,渴于书籍是贤乎?
长编大部都庋阁,小说卮言亦入厨。
《阙史》两篇传摭拾^{ii},晚唐遗迹见规模。

---

① 《知不足斋:恨西风吹净了无痕》,韦力:《书楼觅踪》,中信出版社,2017年,第992—998页。

彦休自号参寥子，参得寥天一也无？

原注：i.鲍士恭家藏书处名"知不足斋"。ii.是书分上下两卷。

另一首为嘉庆所作，题为《内廷知不足斋诗》：

斋名沿鲍氏，阙史御题诗。
集书若不足，千文以序推。
予别有所会，萦心维邦基。
寰区至广大，焉能物无遗？
不足志最众，抚字须真知。
既知亟拯救，饱暖渐可期。
民足君始足，民艰君道亏。
一夫不得所，吾之责奚辞？
譬诸舟寄水，浮沉系安危。
凛训爱庶姓，念兹复在兹。

原注：i.斋额沿杭城鲍氏藏书室名。乾隆辛卯、壬辰，诏采天下遗书。鲍士恭所献，最为精夥。内《唐阙史》一书，曾经奎藻题咏。嗣后其家刊刻"知不足斋丛书"，以《唐阙史》冠册。用周兴嗣千文以次排编，每集八册，今已十八九集，可为好事之家矣。

从内容和注释可知，知不足斋之名后来被内廷所借用，有人为此还向皇帝密告，企图诬陷鲍氏的僭越之罪。好在嘉庆皇帝也是帝王中难得的爱书人，不仅不以之为忤，还坦承皇家才是袭用，并作诗勖勉。嘉庆为此还传谕抚臣："朕帝王家之知不足，鲍氏乃读书人知不足也。"在新一代皇帝的眼中，鲍氏俨然成了天下读书人的代表。

《(光绪)桐乡县志》中有关鲍廷博全面的事迹,则展示在卷十五"人物志下·寓贤"中。文不长,照录如下:

> 鲍公廷博,字以文,号渌饮(又作绿饮),安徽歙县人。父思诩,以服贾来浙,先家于杭,后迁于桐邑青镇东乡之杨树湾。
>
> 公为歙县诸生,力学好古,喜购秘籍,虽重价勿吝,蓄异书几及千种。阮文达公与公契合最深,视浙学时,每于按试嘉、湖之便,棹小舟,造其居,观所藏书。后抚两浙,时邀公至节署谈论校雠,于文达所刊各书为功甚多。
>
> 乾隆癸巳(1773),纯庙诏开四库馆,搜访海内遗书,公遣长子士恭,应诏进书六百余种。明年,奉旨嘉奖,与浙江范懋柱、汪启淑、两淮马裕,并各颁赐《古今图书集成》一部。又明年,给还原进书籍,而《唐阙史》《武经总要》二书皆蒙御题,有"知不足斋奚不足,渴于书籍是贤乎"之句。并于大内斋额,亦仿公藏书室名,题曰"知不足斋",海内荣之。自后叠拜伊犁、金川战图之赐。庚子五次南巡,公迎銮献颂,获赏大缎二匹。
>
> 公因取所藏古今善本,刊刻"知不足斋丛书",而以御题《唐阙史》冠诸首。每刊一集,即以进献。至嘉庆癸酉(1813),睿庙命疆吏垂询"丛书"续刻,公复进二十六集,得旨嘉奖,赏给举人,时年已八十有六矣。
>
> 明年疾革,遗命子孙续刻告成,以无负天语褒嘉之至意。故殁后,子士恭刊成二十七八两集,孙正言刊成二十九、

三十两集，前后进献。而赐书之在杨树湾者，幸居乡僻，未遭兵燹。光绪庚辰（1880），谭中丞钟麟修复西湖文澜阁，由公曾孙寅缴呈贮阁，以资宝守。

公生平精力尽于校雠，稿多散佚，仅遗诗三卷。其《夕阳》诗三十首，尤脍炙人口，因呼为"鲍夕阳"云。著作见《艺文》。①

"寓贤"中著录自宋代以来，曾经寓居原桐乡县一地的外籍名贤共四十三人。如果除去相关附录的资料不算，当以对鲍廷博的描述内容最多，且文字远胜于其他四十二人。这四十二人并非等闲之辈，比如担任过南宋参知政事的著名诗人陈与义，开创元代新画风和"赵体"书法的赵孟頫，元季文坛领袖杨维桢，明代"开国文臣之首"宋濂，等等。按说，无论是知名度还是影响的广泛性，鲍廷博均无法与这些人相提并论。既然如此，为什么又要给予鲍廷博如此之多的笔墨呢？

首先，当然是因为鲍廷博受到了清代前后两位帝王的青睐，这也是翰林出身的地方志编纂者严辰所津津乐道的地方。我国封建社会的体制是君主集权制，而将君权推向顶峰的正是清王朝。皇帝不仅是手握生杀予夺之权的最高统治者，还是天下人必须无条件敬奉的"天子"；皇帝既主导着臣民的肉体存亡，还控制着他们的精神世界。两代帝王，前呼后应式的表彰，已不仅仅是个人的荣耀，地方上也引以为豪。所以当后人在回顾这段历史时，很自觉地将之视为帝王对当地恩宠的象征，不仅悉数照收，而且置于卷首，从而凸显其重要性。

---

① ［清］严辰纂修：《（光绪）桐乡县志》卷十五，清光绪十三年（1887）刊本。

引言

其次，鲍廷博家族寓居桐乡的时间比较长，且与本地文人群体有密切交往，有足够的时间和机会对当时和后世形成较大的影响。据鲍廷博好友赵学敏的记载，鲍氏"于甲辰岁移家槜李"①，"甲辰"即乾隆四十九年（1784），"槜李"即桐乡的别称。鲍廷博本人于嘉庆十九年（1814）卒于乌镇，前后至少三十年之久。其后代从此"世居乌镇，遂占籍焉"，有迹可查的是到玄孙鲍宗海一辈。居桐期间，鲍廷博及其后人与本地的画家方薰、收藏家金德舆、诗人顾修、程同文及严辰等文人过从甚密，留下了不少书林佳话。

说到底还是鲍廷博自身文化成就的不可替代性，造就了他在地方士子心目中的崇高地位。在以上近六百字的传记中，志书作者从藏书、献书、刻书和著述四个方面如实呈现了鲍廷博不凡的成就。这样的业绩，即便放到整个中国藏书史上也是十分耀眼的。

需要特别指出的是，鲍廷博的藏书成就主要完成于前半生的杭州时期。但自从移居桐乡后，其家族与文化活动的重心随之转移，特别是校勘和刻书事业达到了一个新的高度。作为一个曾经两次在科场上名落孙山的落魄士子，鲍廷博最终因"好古绩学，老而不倦"的精神和"广刊秘籍"的功绩，打动了最高统治者，被破例"赏给举人"，从而实现了身份由平民士子向士大夫的华丽转身。这在当时就是皇帝口中的"艺林之盛事"，地方官员眼里的"千载不易觏之荣"，文人士大夫心目中所谓的"异数"。

---

① ［清］赵学敏：《知不足斋丛书序》，［清］鲍廷博辑："知不足斋丛书"，中华书局1999年版，第5—7页。

第一章　世为徽州歙县籍

作为藏书家的鲍廷博，生前常用的藏书印中有多枚与自己的祖籍地安徽歙县长塘有关。其中有一大一小两枚的印文完全一致，均为"歙西长塘鲍氏知不足斋藏书印"。此外还有"长塘""歙鲍氏知不足斋藏书""天都鲍氏困学斋图籍"等，无不在向世人宣示自己徽州人的身份。

徽州，更古的名称叫新安，至北宋徽宗宣和三年（1121）改名，从此为后世所沿用。徽州地处皖、浙、赣三省交界处，位于安徽南部低山丘陵地区，从自然地理环境上看，自古以来就是一个相对独立的区域。早在南宋时期，据淳熙《新安志》所述，该地区"山垠壤隔，民不染他俗"，就已经形成了相对封闭而又独具特色的风俗民情。

徽州明清时为府级的行政单位，下设有歙县、黟县、休宁、祁门、绩溪和婺源六县。由于千百年来徽州地区的发展相对稳定，再加上得天独厚的条件，遂积淀出了富有体系且独具特色的地域文化——徽州文化。其内容涵盖了徽商、徽州宗族、徽州名人、徽州土地制度、徽州教育、徽派建筑、新安理学、新安医学、徽州戏曲、新安画派、徽派版画、徽州工艺、徽州文书、徽州方言、徽州民俗以及徽菜等文化形态。在我国异彩纷呈且能自成体系

第一章 世为徽州歙县籍

的地域文化中,徽州文化因独树一帜,成为地域性文化的代表,具有丰富的内涵、勃勃的生机和广泛的影响力。

其中的歙县设置于秦朝,汉时属丹阳郡,隋末以后一直被作为州治、府治,府县同城长达一千余年。歙县不仅是古徽州的政治、经济和文化中心,更是徽州文化的发源地。这里盛产徽墨、歙砚,素有"东南邹鲁、徽商故里""文物之海""程朱故里""礼仪之邦"等美誉。而鲍廷博的祖居地即位于古歙县城西的长塘村。

鲍氏在古徽州的各姓氏中无疑是大户名族。据成书于明代嘉靖年间,记录了徽州各宗族迁入和繁衍历史相当完备的《新安名族志》记载,徽州鲍氏当时就分居于歙县邑西十五里的棠樾、鲍屯、大址村阶檐上和赤坎,邑西三十里的蜀源、八里的古溪、十里的上洋村,以及邑东三十里的新管等地。

赵怀玉在《恩赐举人鲍君墓志铭》中说,鲍廷博"远祖某自山东南徙,世为徽之歙县人"。据《新安名族志》等文献的记载我们可知,鲍氏先祖叫鲍伸,原是山东青州人,西晋太康年间(280—289)曾官拜护军都尉,后被委派南下镇守新安,永嘉之乱后子孙亦随之避居江南。到了东晋咸和四年(329),鲍伸后人鲍弘又出任新安郡守,考虑到这里与外界相对隔绝的地理环境,遂占籍郡城之西门,鲍弘也就成为歙县鲍氏的始迁祖。

古人曾感慨道:"欲识金银气,多从黄白游。一生痴绝处,无梦到徽州。"独特的地理环境,使得徽州成为动乱年代里中原南下移民理想的寄身之地。在定居新安后不久,鲍弘出于长远考虑,在郡西十五里牌营建了别墅,作为家人的聚居之所。经过几代的繁衍生息，鲍氏不仅开枝散叶，逐渐分散于歙县各地，而且在商业、科举等方面人才辈出，俨然巨族。到了明代初年，出了一个叫鲍时昌的人，当时他居住在大址村阶檐上。他被人记住是因为"举贤良不就，捐赀开筑燕坑、石堨、长塘，以兴水利"①。在封建时代，水利兴则农耕兴，而且水利运输也为商旅往来提供了便利的交通，一向被视为最大的民生工程之一。由于造福乡里，有利国家，鲍时昌还受到了朝廷的表彰，被赐予"免征"的匾额。他的恩泽延续了数百年，不仅"乡民至今赖之"，长塘这个地方也渐渐成为鲍氏的聚居地之一，而我们的主人公鲍廷博一族就是从这里走出来的。

除了前文所说的藏书印，在目前可以见到鲍廷博所作的题跋中，落款也不厌其烦地署"歙长塘鲍廷博以文氏""歙西长塘鲍氏""长塘鲍廷博""歙长塘鲍廷博"，等等。可以说"长塘"这个地名，成为鲍廷博一生的籍贯标签。

那么长塘村到底在哪里呢？

关于这个村，见诸文献的资料十分稀少。民国时歙县学人许承尧（1874—1946）曾得到一部鲍廷博所校之书，为此作了《题鲍渌饮手校书》一诗，诗云："逸致悠然鲍夕阳，炉薰坐老勘书堂。圣湖亦自宜樱笋，不为丰溪忆故乡。"诗后有他的自注："渌饮家长塘，在丰溪侧。"据此可知，民国时长塘村尚在，位于丰溪之侧。《鲍廷博评传》的作者在书中说他们曾访知，"长塘村旧址在县城西15里，当地叫作长塘林村，清时属棠樾，因区划变更，今

---

① ［明］戴廷明、程尚宽等撰：《新安名族志》，黄山书社2007年版，第93页。

从棠樾划出,属徽州区西溪南镇"①。棠樾现为著名旅游景点,棠樾牌坊群作为明清徽州建筑艺术的代表作更是闻名遐迩。但据查,现存的乾隆二十五年(1760)一木堂所刻鲍光纯等纂修的《重编棠樾鲍氏三族宗谱》和嘉庆十年(1805)所刻鲍琮等纂修的《棠樾鲍氏宣忠堂支谱》,均与鲍廷博一支无关②。而长塘鲍氏的谱牒至今未被发现,更多详细的资料只能留待后人去挖掘了。

笔者在搜索长塘村信息的过程中,偶然从名为"半溪斋"的公众号中读到一篇署名吴军航的文章,其中写到了"长塘村"。现摘录如下,以便考索:

> 鲍廷博故乡长塘村距西溪南镇约四华里,现在黄山高铁西站边上。长塘村小巧玲珑,村落人家不多,但绿水环门,青山入牖,桑麻竹树,弥望一色。更有塘池三五,点缀其村。古代是读书耕隐之佳境。村子以村东头长形水塘命名。细观此塘,颇有特色。四面山岗紧围,不为外人所知。今天尽管交通便利,客人寻觅也得费时。如身临其景,塘奇村古,代有学人,诚可信也。③

笔者与吴军航取得了联系,据其介绍,该村为一自然村,村名就叫长塘村,现归属安徽黄山高新技术产业开发区(简称黄山高新区)管辖。村中仍有鲍姓人家,后人多不读书,以务

---

① 周生杰、杨瑞:《鲍廷博评传》,凤凰出版社2014年版,第2页。
② 刘尚恒:《鲍廷博年谱长编》,国家图书馆出版社2017年版,第38页。
③ 吴军航:《藏书家鲍廷博》,见"半溪斋"微信公众号2020年9月2日。

农为主。除了静默无语的青山和逝者如斯的长塘流水,村中同样找不到任何与鲍廷博家族有关的遗迹。

歙鲍氏知不足斋藏书

第二章　经营冶坊为世业

鲍廷博家族的谱牒虽然至今没有现身,但自其曾祖以来的家世却是有据可查的。赵怀玉《恩赐举人鲍君墓志铭》中说,鲍廷博"曾祖永顺、祖贵、考思诩,清德未耀"。经进一步查考,虽然曾祖鲍永顺的生平仍然不详,但可以确定的是从鲍永顺开始,到鲍贵再到鲍思诩,前后三代人"以冶坊为世业"。所谓"冶坊",即旧时冶炼金属和铸造铜铁器的作坊。作为私人的作坊,相较于一炉常聚数百人的官营大作坊,规模自然不会很大。那时的私人作坊往往以一个家庭为生产单位,由家长带领子侄从事铸铁生产。这种具有鲜明封建宗法性质的小作坊,如果经营得法,在积累了一定的资金后,少部分会选择扩大生产,大部分则将资金投向其他的商业活动中,以便寻求更丰厚的利润。

由于持续的移民,最终导致了徽州地区人口与资源出现严重失衡的局面。据统计,从明代中期以后,徽州人均耕地已不足二亩。"持续而紧张的人口压力给徽州人的生存带来很大困难,土地贫瘠造成的产量低下更加重了这一困难,这迫使徽州人必须倾注全力应对挑战。"① 正如康熙《休宁县志》中所说的那样:"徽州介万山之中,地狭人稠,耕获三不赡一。即丰年亦仰食江楚,

---

① 徐潜主编:《中国南方地域文化》,吉林文史出版社2014年版,第138页。

十居六七,勿论岁饥也。天下之民,寄命于农,徽民寄命于商。而商之通于徽者取道有二:一从饶州鄱、浮,一从浙省杭、严,皆壤地相邻,溪流一线,小舟如叶,鱼贯尾衔,昼夜不息。"[1] 因为耕地受限,冶业的经营主要又是以农具等生产生活用品为主,所以规模发展到一定程度后就很容易出现瓶颈。面对这种经营上出现的实际困难,鲍廷博的祖父鲍贵就不得不开始考虑走出徽州,跟随浩浩荡荡的徽商之旅,向江浙一带谋求新的发展。

据刘尚恒推测,"鲍廷博的曾祖、祖、父三代约于明代末期至清代初期行商于浙,并寓于此,以业冶坊致富"[2]。明清之际,特别是入清以后,由于战乱平息,政权稳固,康乾治世所带来的商业繁荣使得徽商全面兴起。而带领家族迈出徽州第一步的应该是鲍廷博的祖父鲍贵。翁广平《鲍渌饮传》中说:"(鲍廷博)祖国槐公名贵,父鸿远公名思诩,同服贾,寓于浙。"鲍贵相比于他的上一代,其事迹后人知道的要略微多一些。鲍贵,字国槐,鲍氏后人尊称其为国槐公,生卒年同样不详。与自己的上一辈相比,这是一位不愿画地为牢且颇有魄力和眼界的徽商。虽然资产还不能与大富之家相比,但凭借自己对时局与市场的把握,他选择带上儿子一起到杭州继续经营自己最了解和擅长的冶业。

明清时期,江南是徽商聚集的主要区域,杭州因为与徽州毗邻,且有新安江这条顺畅的水道交通,更是成为他们的首选之地。据清代憺漪子所辑的《天下路程图引》一书显示,"徽州府由严州至杭州水路程"如下:

---

[1] 康熙《休宁县志》卷七《汪伟奏疏》。
[2] 刘尚恒:《鲍廷博年谱长编》,国家图书馆出版社2017年版,第39页。

第二章 经营冶坊为世业

本府。梁下搭船。十里浦口。七里至梅口。三里至狼源口。十里至沦潭。五里至薛坑口。五里庄潭。五里绵潭。五里蓬寨。五里九里潭。五里深渡。十里白石岭。五里境口。对河大川口。五里小沟。五里山茶坪。五里结坞头。五里横石。五里牵䎞滩。五里米滩。五里八郎庙。五里街口。巡司。五里王家潭。三里滚滩。二里常潭。二里和尚岭。三里威坪滩。十里竹节矶。五里至云头潭。五里锡行渡。五里老人窑。十里慈滩。对河檀梓源口。十里仰村冈。对河响山潭。十里小金山。即上石渡。五里羊须滩。五里淳安县。三里东溪源口。七里赖爵滩。十里遂安港口。十里塔行。十里藻河。十里至罗山墩。三里瓦窑埠，即关王庙前。七里至茶园。五里百步街。五里至小溪岩。五里猁猁淇。三里童埠。二里试金滩。七里仓后滩。三里白沙埠，进去寿昌县。十里杨溪。十里下衙。十里马没滩。十里宗潭。十里倒潭插。十里严州府建德县。五里至东馆。富春驿。西南进横港，一百里至兰溪县。十里至乌石滩。十里至胥口。十里张村。十里冷水铺。七里钓台，有严子陵祠。三里至鸬鹚源口。五里黄山察。七里六港滩。三里鹅湾。十里桐庐县桐江驿。十里柏浦。十里至柴埠。十里窄溪，对河新城港口。十五里黄山寺。五里檀梓关。五里新店湾。十里至程坟。十里汤家埠。十里鹿山头。十里富阳县。会江驿。七里大岭头。三里赤松铺。十里庙山铺。十里大安浦。十里渡船埠。十里鱼浦口。绍兴所监在此下船。十里至王家斗。五里至毛家堰。五里半边山。对江。朱桥十里范村。十里进垅浦。十里杭州江头。

陆路。过万松岭,进凤山门。十里至杭州府。①

如此明朗清晰的路线,说明徽州与杭州②之间虽然隔着崇山峻岭,但因为水系相连,水路交通还是相当便捷的。关于这条路线,世人还编排出一首《水程捷要歌》来,歌云:"一自渔梁坝,百里至街口。八十淳安县,茶园六十有。九十严州府,钓台桐庐守。橦梓关富阳,三浙埂江口。徽郡至杭州,水程六百走。"歌词内容朗朗上口,富有情韵地写出了徽州与杭州两地的一脉相连。人们从中也看不出跋涉的艰辛,相反,字里行间展现出的是令人应接不暇的山水画卷,以及由此带来的内心的舒展与期待。

鲍贵父子就是由此一路向东而下的。尽管路线有些七拐八弯,其间也少不了颠簸劳顿,激流险滩更是在所难免,但就是因为迈出了这关键性的一步,不久的将来,这个家族的命运便因此而改变。

廷博

---

① 杨正泰撰:《明代驿站考(增订本)》,上海古籍出版社2006年版,第312页。
② 杭州府,元朝时为杭州路,至正二十六年(1366)改杭州路为杭州府,为浙江省省会,治钱塘、仁和两县。至明末,杭州府辖钱塘县、仁和县、余杭县、临安县、富阳县、海宁县等九县。清代时承袭明制,辖地未变,至乾隆时海宁县升海宁州,即杭州辖八县一州至清末。

第三章　跋山涉水寓于浙

入清后的杭州，建制为杭州府，乃浙江行省的省会城市。因向来是东南名区，入清后其重要性和特殊性亦为统治者所认识。自康熙时代起，最高统治者为了笼络江南，一次次沿着运河南巡。为了迎接皇帝的到来，杭州的市政、市河、江堤、海塘进行了多次大规模的修筑，客观上刺激了杭州城市的发展，抬升了杭州作为江南文化和经济中心的地位。特别是北向有运河这样的交通命脉，东向有辽阔的大海，因水路交通带来的便利，杭州的工商业较明代取得了长足的发展。

此时杭州的丝织业、印刷业、棉布业仍是全国的中心，杭扇、杭粉、锡箔等手工业名扬天下，制药、制伞、制笔等行业也开始声名鹊起。为此，徽州人在万历《歙志》卷十《货殖》中就将杭州与南京、广州等并列为全国的大都会之一。就是这样浓厚的商业氛围和广阔的市场空间，使得"四方之商贾咸辐辏焉"，而与杭州共饮一江水的徽商就是其中的一支劲旅。

徽商在杭州主要经营盐业、木业、典当业、米粮业、饮食业、茶业、贩运业以及海外贸易等行业。因两浙是全国著名的盐场，食盐又是家家不可或缺的生活必需品，所以获利最大，成为徽商竞相逐利的大宗买卖。但是，鲍贵、鲍思诩父子初来乍到时，着力经营的还是自己最熟悉的冶业。因了大环境的改善，方兴未艾的杭州手工业市场对铜铁器的需求也随之扩大。加之徽商生产出来的铁器质量上乘，广受欢迎。鲍氏父子同心，经过一番打拼，果然因此致富，积累了颇为可观的家财，初步达成了当初不顾风险也要出走徽州的意愿。

但是，根据鲍氏家族几代人得以广肆搜罗宋元善本、明清珍本以及后来大量的刻书来看，单纯地依靠冶业，恐怕还无法满足资金需求。为此，有研究者提出，到了鲍思诩主持家政后就转而"以盐业为生，并在盐业经营活动中，积累了雄厚的资本和利润。他为鲍家的藏书活动提供了经济基础"[①]。虽然还没有发现详细的文献以为佐证，但不妨聊备一说。

鲍氏家族，自鲍贵以来一直秉承着"穷则变，变则通，通则久"的传统，正是在这种思想的牵引下，鲍氏才走出了群山，在异地杭州寻得新的发展契机。他们经过两代人的苦心经营，终于积聚了可观的家产。但在当时如铁板一般的"士农工商"的社会序列中，依然被认为是"清德未耀"，也就是其家庭还没有特别值得称道的地方。这对于鲍贵和鲍思诩父子来说，无疑是一块心病。

在等级森严的封建秩序中，传统的力量无比强大，千百年来形成的社会阶层区分，注定了不同职业的人群之间尊卑不同，贵贱悬殊。这其中，士始终站在社会阶层的上位。他们饱读诗书，谙熟律令，或直接或间接地参与到国家机构的设计和管理中。因能直接掌握或左右主流社会的话语权，所以地位尊崇，为天

---

① 张健：《鲍廷博与"知不足斋"藏书》，《大学图书情报学刊》2005年第23卷第3期，第93页。

第三章 跋山涉水寓于浙

下羡。而商人,即使腰缠万贯,富甲一方,由于受到文化传统和政策体制的双重桎梏,始终处于四民之末,为正统士大夫所鄙夷。所谓"贾为厚利,儒为名高",轻利重义,说的就是这番道理。所以,和当时的多数徽商一样,鲍氏父子对典籍和科举也表现出了极大的向往,"贾而好儒",热忱地希望借此实现家族命运的蝶变,以便跻身士大夫阶层。

鲍氏的"贾而好儒",同样也是从鲍贵开始的。他不仅自己有儒士之风,雅好读书,对儿子鲍思诩更是抱以很大的期望。这从他给儿子取的名字和字号中就可以看得出来。鲍思诩,字鸿远,号敏庵。据《说文解字》,"诩,大言也"。《康熙字典》注为"大也"。那么,"思诩"和"鸿远"就是希望儿子胸怀大志,志向高远了。诩字还有另外一个义项是"敏而有勇",鲍思诩以"敏庵"为号就是从这里来的。无论此号是其父所取抑或鲍思诩自己成年后所加,那份为理想而果敢执着的意念和勇气都是显而易见的。

金天翮《鲍廷博传》说:"父思诩,凝众懋迁,好读书。"作为追慕风雅的徽商之子,鲍思诩因为得益于父亲的耳提面命,在子承父业的同时,对图籍的热爱与其父相比有过之而无不及。虽然最终鲍思诩未能走上仕进之路,但利用家中的经营所得,开始大量购藏图书。据与鲍廷博同时代的吴长元所述,其"先世藏两宋遗集多至三百余家"①。这些"遗集"虽然未必都是宋版书,但鲍思诩的"佞宋之癖"以及对书籍的那份狂热之情无疑都将感染到即将出世的鲍廷博。

---

① 吴长元:《斜川集跋》,[清]鲍廷博辑:"知不足斋丛书"第二十六集,中华书局1999年版,第463页。

第四章　知不足斋有后人

鲍思诩早年娶胡氏为妻，没几年胡氏就因病早逝了。由于鲍思诩是鲍家独苗，胡氏又没有留下子嗣，这突如其来的变故是鲍家无法接受的。就在胡氏去世后不久，鲍贵又为鲍思诩续娶了杭州仁和的顾氏为妻。仁和顾氏，是杭州颇有名望的官宦之家，入清后出现过顺治乙未进士顾豹文、广州知府顾光等人物。鲍氏之所以要与杭州本地大户联姻，一者是有意融入当地，结成自己的关系网；二者恐怕还有攀附名流以提升自家社会地位和声望的考虑。

顾氏过门后果然不负众望，于雍正六年（1728）十二月初一日为鲍家生下了期盼已久的男婴。那正是旧年腊月的第一天，常言道"进入腊月便是年"，男婴的降生，不仅使得辞旧迎新的气氛愈加浓烈，更是驱散了久久郁结在鲍思诩心头的丧妻之痛和无后之忧。这似乎也预示着，新生儿的诞生将注定给这个徽商之家带来新的转机。

就像鲍贵当年对鲍思诩充满了期许那样，鲍思诩对自己的儿子也充满了期待。他给儿子取名廷博，字以文。稍微读过一点儒家经典的人都知道，《论语·子罕》篇中有"夫子循循然善诱人，博我以文，约我以礼，欲罢不能"的名句，鲍思诩以此来为爱子命名，从中正可见这位父亲的良苦用心。

后人都以为知不足斋是鲍廷博的专用书斋名，殊不知其实是其父鲍思诩的首创。鲍思诩天性爱书，一生都以购读前人书籍为乐，特别是定居杭州后，这里浓厚的藏书氛围和发达的书业更是激发了他对好书的渴求，所得之书既多且精。再加上生意越来越红火，资本越来越雄厚，为其大量购藏提供了充足的经济条件。经年累月，鲍家的藏书不论是规模还是质量都已十分可观，这在亲友间也渐渐成为美谈。但鲍思诩并不满足于此，在放弃科举后，仍以能够得到善本珍本为人生快事。

鲍思诩眼看着家里的藏书越来越多，于是想到应该有一个响亮一点的斋号，以便增强家族藏书的知名度，从而扩大自己的交游。这既是多年经商得出的经验，也是自古以来读书人的雅趣和风尚。经过一番琢磨，鲍思诩想到了《小戴礼记》中的"学然后知不足"之语，遂将自家的书斋命名为知不足斋。让鲍思诩没有想到的是，这个书斋名将成为这个家族的文化标签，被写进光辉灿烂的文化史。

其实，鲍思诩以此为书斋名还有一个深藏着的意图，那就是借此教诲儿子鲍廷博，让他知道什么叫学无止境。这无异于是一种独特的家训，无论是名字还是书斋号，父亲的良苦用心，以及名号本身所具有的暗示作用显然在鲍廷博身上共同发挥了潜移默化的作用。年少时的鲍廷博在父亲和家人的悉心培养下，也成为一只名副其实的小书虫。他天资聪颖，不仅喜欢书爱读书，还以孝知名，从小就深得其父真传。最令人津津乐道的是鲍廷博打小就知道以好书投其父之所好，"力购前人书以为欢"，用这种方式来取悦堂上，表达自己的孝心。随着年龄的增长，因为浸淫书香日久，鲍廷博自己也成了"少有书癖"的爱书人。在科举场上失意的鲍思诩，很显然在对下一代的家庭教育中得到了心灵的补偿。

对于祖辈、父辈为自己所开创的家族藏书事业，鲍廷博是铭感于心的。他成年后以"知不足斋后人"自居，在书跋中就常常以此为落款。比如他在《"知不足斋丛书"凡例》的文末就郑重其事地署上了"知不足斋后人鲍廷博谨识"，他是要以刊刻一套丛书的方式向自己的先人致意。这种文脉传承的潜意识，时时在鲍廷博那里以不同的形式流露出来。

世守陈编之家

第五章　幼而聪敏知大义

和几乎当时所有的读书人一样，鲍思诩、鲍廷博父子也试图通过科举成就一番功名，从而使自己和家族的社会地位得到根本性的改变。为此，父子两人都曾多次参加科考，奈何均名落孙山。

据翁广平《鲍渌饮传》记载，鲍廷博"九岁就傅，二十三岁补歙县庠生，两应省试不售，遂绝意进取"①。

"就傅"，清李桓《国朝耆献类征初编》卷四四一《文艺十九·鲍廷博》②转录时作"就外傅"，也就是说鲍廷博九岁之前是在家里读的家塾，九岁开始才到外面的私塾去上学。原因无外乎两点：一是父亲鲍思诩多次科场失意后，从此心灰意冷，无心仕途，便将主要的心思转移到了生意上；二是他心有不甘，于是将全部希望寄托到了儿子的身上，为之物色了更为优秀的老师。

鲍廷博从小就"酷嗜书籍"，对书表现出一种本能的热爱，他"幼而聪敏"，敏而好学，而且博闻强识，有过目不忘的本事。上文已经介绍，鲍廷博幼时就知道以好书投"性好书"的父亲

---

① ［清］翁广平撰：《听莺居文抄》卷二十《鲍渌饮传》，《清代诗文集汇编》第466册，上海古籍出版社2010年版，第230页。

② ［清］李桓辑：《国朝耆献类征初编》卷四四一，《清代传记资料》第184册，明文书局1985年版，第252页。

之所好。随着年龄的增长，因为浸淫书香日久，自己也成了"少有书癖"的爱书人。

除了"幼而聪敏"，鲍廷博"又有至性"，而且从小即"知大义"，为此深受亲友及世人的好评。当时鲍思诩"饥驱四方"，为生计而奔波劳碌，以致无暇照顾年迈的父亲。鲍廷博小小年纪却最能体谅父亲的难处，便"恒以孙代子职"，在求学读书之余悉心侍奉祖父，替父亲尽孝，为此深得鲍贵的欢心。

这样的日子持续了很多年，直到有一天鲍贵去世，鲍思诩遵照父亲生前落叶归根的遗愿，将其送回歙县西乡入土为安。鲍廷博自然要送祖父最后一程，于是跟随父亲一起回了一趟老家。祖父辈的这种方式无疑给鲍廷博上了极深刻的一课，这就不难理解为何鲍廷博虽然出生和成长于浙江，却终身以"歙人"自居了。那种来自祖父辈强烈的乡土情怀在其幼年时已深深地扎根于心中。

因为路途遥远，鲍廷博青少年时代回老家的机会并不多。目前可知，除了这次送祖父归葬，还因为暂时没有取得商籍，按朝廷的规定曾回原籍参加过一次童试。

那是乾隆十五年（1750），这一年鲍廷博二十三岁。按规定，童试在每年的二月举行。童试，又称童子试，是明清两代参加科考的资格考试，应试者不论老幼统称童生。童试包括县试、府试和院试三个阶段。只有院试考取者才可进入所在地的府、州、县学为生员，或称庠生、诸生，就是俗称的秀才。鲍廷博参加童试的详情现已不得而知，但根据赵怀玉《恩赐举人鲍君墓志铭》可以确定，鲍廷博顺利通过了这次资格考试，并成为"歙县生员"。

第五章 幼而聪敏知大义

对此,翁广平《鲍漆饮传》中记作"补歙县庠生",文字虽略有差异,但意思却是一样的。

成为生员,亦即秀才,就意味着已经初步取得了功名,根据朝廷的规定也就拥有了一定的士子待遇。有清一代秀才的待遇虽不能与进士、举人相比,可实际享受的特权还是为一般老百姓所不及的。比如生员不受地方官吏管辖,犯了罪则归学官办理。如果犯罪情节严重,由地方选报学政,待革除功名之后方能治罪。此外,还有免田役、免差徭、免笞刑、赐廪膳、进阶缙绅等实惠。

对此,清初学者顾炎武曾在《生员论》中一针见血地指出:

> 下之人犹日夜奔走之如鹜,竭其力而后止者,何也?一得为此,则免于编氓之役,不受侵于里胥,齿于衣冠。得以礼见长官,而无笞捶之辱。故今之愿为生员者,非必慕其功名也,保身家而已。①

这些对出生于地位卑贱的商贾之家的鲍氏父子来说,都是十分重要的。特别是借此可以"礼见长官",进一步扩大官商合作,寻求政治庇护,最终实现"保身家"的目的,成为生员就显得尤为必要。

---

① [清]顾炎武撰:《清代诗文集汇编》43《亭林文集》卷二《生员论上》,上海古籍出版社2010年版。

第六章　两应省试终不售

鲍氏一族虽然已经在杭州经商定居多年,但鲍廷博之所以还要回到原籍歙县参加童试,是因为当时他还没有取得商籍。

一、何谓商籍

据《清史稿》记载:"凡民之著籍,其别有四:曰民籍;曰军籍,亦称卫籍;曰商籍;曰灶籍。"① 所谓"商籍",按《大清会典》的解释是:"商人子弟,准附于行商省分,是为商籍。"② 亦即商人到一省经商,只要能得到当地官府的批准,其子弟就可以获得依附于该省的户籍,此即商籍。而没有取得商籍的考生,就只能回原籍参加科考了。

关于商籍,有一点需要特别指出,即并非所有的商人都拥有这个权利,实际情况是,"这项制度乃是朝廷专为盐商子弟应考而设,与其他行业商人无涉"③。据《两浙盐法志》记载,

---

① [清]赵尔巽等撰:《清史稿》卷一百二十《户口》,中华书局1977年版。
② [清]允裪等撰:《大清会典》卷十一,清乾隆二十九年(1764)刻本。
③ 周晓光:《徽学与明清史探微》,《周晓光学术文集》,安徽大学出版社2018年版,第244页。

商籍的出现最早可追溯至明中叶的嘉靖年间："明嘉靖四十年（1561），两浙纲商蒋恩等为商人子弟有志上进，比照河东运学事例具呈，巡盐都御史鄢懋卿批提学道议，允行，运司录送附民籍收考。"①那时可能还没有商籍的明确提法，但商人子弟已经拥有了"附民籍收考"的权利。一直到了万历二十八年（1600），商籍在巡盐御史叶永盛的大力提倡下得以正式确立，成为有利于盐商子弟就近考取功名的一项特殊制度。叶永盛本人就是安徽人，万历二十八年至三十年（1600—1602）担任两浙巡盐御史，上任伊始，即上书皇帝奏称："淮扬、长芦等盐场行盐商人子弟俱附籍应试，取有额例，惟两浙商籍子弟岁科所取不过二三人而止，浙地濒海最迩，煮贩十倍他所，取数若少则遗珠可惜，回籍应试则阻隔为忧，伏乞圣慈广作人之化，悯旅寄之劳，敕令在浙行盐商人子弟凡岁科提学使者按临取士，照杭州府仁和、钱塘三学之数另占籍贯立额存例，庶商籍广而世无迁业，赋有常经矣。"②此议后来得到朝廷的允准，商籍从此成为一种新的户籍制度。

从叶永盛的奏疏中也可以看出，淮扬、长芦等处的盐商子弟在此之前就已经"俱附籍应试，取有额例"，只不过被录取的人数实在太少，不能满足盐商群体的迫切需要。叶永盛此举对于两浙盐商子弟来说，无疑是善政惠政，以至在叶氏去官后"商

---

① ［清］延丰编：《两浙盐法志》卷二十四《商籍》，浙江古籍出版社2012年版，第648页。

② 同①。

士思之，就其地建书院"①，名崇文书院，又于书院内建叶永盛生祠，与朱子一起享受被常年祭祀的礼遇。

正是有了商籍带来的便利和优势，盐商子弟得以在科场上大显身手。有研究者据《两浙盐法志》统计："明朝两浙商籍进士共12人，其中休宁8人，歙县4人，均为徽人；两浙商籍举人共35人，其中休宁14人，歙县13人，占总数的77%。清朝商籍进士共140人，徽人41人，其余主要是浙江仁和、钱塘两地之人；商籍举人489人，徽州籍贯94人。从上述统计结果看，徽人在明朝两浙商籍中占有绝对优势，而清朝时其比例有所下降，但人数仍不少。"②

盐商子弟在科场上的飞黄腾达，直接刺激了徽商对子女教育的重视程度，鲍氏几代人的科举追求就是明证。

根据以上对商籍制度的考察，也可以反过来证明，鲍氏迁居杭州后除了早期经营富有家族传统的冶业，后来确实转而经营盐业，并因此获得更大的商业利润，同时也取得了更高的社会地位。否则，单纯地以冶业为主，实在无法满足鲍氏几代人藏书、刻书所需的大量资金需求。还需要特别强调的是，商籍自明万历年间设立以来体现的是朝廷对盐商的优待，但这种特权只限于大盐商。正如一些研究者所指出的那样，"这种'商籍'曾在科举中生效，但只是大盐商的专利，一般商贾所占的籍不

---

① 《崇文书院》，丁丙编，王国平总主编：《杭州文献集成》6《武林掌故丛编》6，杭州出版社2014年版，第607页。

② 唐丽丽、周晓光：《徽商与明清两浙"商籍"》，《安徽师范大学学报（人文社会科学版）》2011年第39卷第3期，第277页。

能与之相提并论,同时通行范围也很狭隘"①。从这个意义上说,鲍氏家族当时已经跻身于杭州的大盐商之列了。

关于立商籍的理由,《两浙盐法志》说得很清楚:"自古鱼盐贩负之中杰士间出,而志乘所载,凡名流侨寓,采摭无遗。盖事因人以著,人附地而传,况夫盛治涵濡,旁招俊彦,广作人之化以砥砺风俗者乎!浙省素称才薮,其自安徽等属来浙业鹾者,贸迁既久,许其子弟附近就试,异地之才与土著无殊,此商籍所由立也!"②明面上,朝廷是出于为国抡才的目的而设立商籍,但这显然是冠冕堂皇的理由。实际上,是食盐这种特殊的商品决定了朝廷和盐商双方都需要制定这样的政策。在封建时代,盐业是国家财政的支柱性来源之一,一直是官营或者半官营。而食盐的经销和买卖几乎为盐商所垄断,政府从中收取高额的盐税。这样一来,朝廷有赖盐商的财力以自给,而社会地位相对低下的盐商也要寻求官府的庇护,彼此之间互为倚傍,这即是商籍产生的历史根源之所在。对此,《两浙盐法志》也做了交代,明确说:"盖念伊父兄挟资远来,为国输将,所以隆优恤之典,广进取之阶。"③

明清两朝,两浙盐场是全国仅次于两淮的主要产盐区,在这一区域的盐业经营中,由于特殊的历史原因和地缘优势,徽商又占据了最重要的地位。他们不仅在两浙商籍人数中占绝对

---

① 许敏:《明代商人户籍问题初探》,《中国史研究》1998年第3期,第125页。
② [清]延丰编:《两浙盐法志》卷二十四《商籍》,浙江古籍出版社2012年版,第648页。
③ [清]延丰编:《两浙盐法志》卷二十四《商籍》,浙江古籍出版社2012年版,第649页。

优势，其影响亦不可小觑。"《两浙盐法志》之《商籍·人物》，主要表彰和褒奖对于两浙盐业发展作出贡献的人。该篇共收录人物164人，其中注明籍贯为徽人者有94人，注明仁和、钱塘籍者有26人，其余未注籍贯者根据前后内容及相关资料，也基本可确定为徽人。这一方面彰显了两浙商籍人物中徽人的成就，另一方面也说明了徽商在两浙盐业发展中所发挥的巨大作用。"①

二、蹭蹬场屋

在童试阶段鲍廷博还算幸运，第一次应考就考上了，取得了庠生的身份。庠生入学后除了教官的月课外，第一年还须参加岁考，第二年参加科考，而到了第三年为大比之年就迎来了至关重要的乡试。乡试因是在各省省城举行，所以又称作省试；又因是在秋天举行，别称秋试、秋闱、秋榜、桂榜等。

前文已提到鲍廷博曾先后"两应省试不售"，那么这两次省试他又是在哪里考的呢？目前存在原籍地和附籍地两种可能，因没有直接的文献依据，只能结合当时的历史情况作些推测。

首先，《鲍廷博评传》的作者很明确地认为是"回原籍歙县应举"，理由是：

> 从史料记载来看，鲍廷博应该出生在杭州，但是，他只能是徽州歙县人，这与清政府的户籍制度有关。

---

① 唐丽丽、周晓光：《徽商与明清两浙"商籍"》，《安徽师范大学学报（人文社会科学版）》2011年第39卷第3期，第277—278页。

第六章 两应省试终不售

由于连年战争，清统治者军费开支巨大，朝廷财政极其拮据，因此急需向百姓征取钱粮以为支撑，而户籍制度的一项重要职能就是给统治者提供征调的基本依据。封建社会的户籍与徭役紧密相连，户籍一旦登记确定，人户的徭役即随之定下来。但从明朝万历时期起，朝廷为了照顾在外省经营盐业的商人，创设了"商籍"制度，允许各地盐商的子弟在其经营所在地参加科举，不过条件十分严格。这是因为，盐业由官方掌握，食盐的经销权、具体的买卖，大都由盐商垄断，政府收取盐税。盐税是朝廷财政收入的重要来源，因此，朝廷有赖盐商的巨大财力支持，而盐商们则希望有官府的许可与庇护。他们之间相互依赖，互为表里，关系紧密。清初沿袭明代的"商籍"制度，但条件更为苛刻，乾隆时期朝廷规定占有"商籍"的主要条件有三：第一，行盐执引者；第二，在别省行商；第三，其亲子弟侄不能回籍应试。此三者必须同时具备，缺一不可。具体来说，这些盐商须是得到国家准许，即领有盐引的，且眼下正从事这一行业的合法盐商。显然，以经营冶业为主，且来杭州时间不长的鲍思诩不具备上述条件，因而其子鲍廷博只能称作"歙县人"，只得回原籍歙县应举。①

诚如上述所言，清代沿袭了明代的"商籍"制度，且"条件更为苛刻"，但值得注意的是，鲍廷博留在杭州参加省试的可能性并不是没有。对于《鲍廷博评传》的说法，笔者以为至少有以下两个方面值得商榷。

---

① 周生杰、杨瑞：《鲍廷博评传》，凤凰出版社 2014 年版，第 10—11 页。

一是关于鲍廷博有无取得商籍的问题,《鲍廷博评传》作者对此是予以否认的。为此,他们主要是从清代的户籍(财政)制度和商籍制度本身的苛刻条件两个方面加以论证。但他们很显然忽略了两条十分重要的史料:其一,据《(光绪)嘉兴府志》卷六十一《列传·桐乡流寓》记载,鲍廷博"以商籍生员寄居桐邑青镇之杨树湾";其二,徐珂所编《清稗类抄》中亦说鲍廷博"本歙人,以商籍生员寄居杭州,后徙桐乡青镇之杨树湾,遂为桐乡人"①。这两处均明确指出了鲍廷博"商籍生员"的身份。徐珂之说虽在《(光绪)嘉兴府志》之后,但他更是把鲍廷博取得商籍的时间提前到了"寄居杭州"之时,而且据其语意可以理解为,是因为成了"商籍生员"后才得以"寄居杭州"的。

根据以上两处记载,我们可以大致判断鲍廷博取得商籍的时间界限:最早是从歙县迁居杭州之时,约在取得庠生资格的清乾隆十五年(1750);最晚是从杭州迁居乌镇之时,即乾隆四十九年(1784)。这期间鲍廷博不仅获得了生员的资格,而且还拥有了商籍,这就为其到杭州参加省试提供了最有力的条件。特别是《(光绪)嘉兴府志》由时任嘉兴知府许瑶光主持编修并刊刻于光绪四年(1878),编修者对辖区内的户籍情况可谓了如指掌。更何况鲍廷博还是备受两代帝王垂注的当朝红人,且时代不算久远,其可信度笔者以为不应被忽视。

其实,《鲍廷博年谱长编》就认为,鲍廷博早在乾隆十五年(1750)春二月,就"以商籍补歙县庠生"。又于该年"秋,以

---

① 《鲍渌饮藏书于知不足斋》,[清]徐珂编撰:《清稗类抄》第九册《鉴赏类》,中华书局1984年版,第4263页。

商籍参加乡试,落第"①。需要指出的是,《鲍廷博年谱长编》关于鲍廷博于乾隆十五年(1750)就取得商籍的论断不知依据何在,该书并未援引相关文献出处。而目前可以确定的是,鲍廷博确实于乾隆十五年(1750)即二十三岁时"补歙县庠生",但其参加乡试的时间肯定不在同一年。因为根据清代的科举制度,乡试时间当在童试取得庠生资格后的第三年,也就是说,鲍廷博首次参加乡试的时间应该是乾隆十八年(1753)。而第二次参加乡试的时间则在此两年后的乾隆二十一年(1756)或更晚,因还没有发现确切的文献记载,有待进一步考证。

二是关于鲍氏是否经营盐业,《鲍廷博评传》作者的判断也是十分肯定的,即认为"鲍家有经营冶业的传统,鲍思诩来到杭州之后,所从事仍为冶业,不久之后即积攒了大量的财富"②。为此还转引了清代钱泳《履园丛话》卷六《耆旧·渌饮先生》中的话说:"'鲍廷博……少习会计,流寓浙中,因家焉,以冶坊为世业。'鲍思诩就是习会计出身,而今鲍廷博也从事这一行当,为其日后从事商业活动打下了专业基础。"③对此,也存在不同的说法,研究者张健就认为:"廷博的父亲鲍思诩以盐业为生,并在盐业经营活动中,积累了雄厚的资本和利润。他为鲍家的藏书活动提供了经济基础。"④桑良至甚至认为早在鲍贵时就因经营盐业而致富,后来家业为鲍思诩所继承。"鲍贵爱读书学习,

---

① 刘尚恒:《鲍廷博年谱长编》,国家图书馆出版社2017年版,第42页。
② 周生杰、杨瑞:《鲍廷博评传》,凤凰出版社2014年版,第3页。
③ 周生杰、杨瑞:《鲍廷博评传》,凤凰出版社2014年版,第13页。
④ 张健:《鲍廷博与"知不足斋"藏书》,《大学图书情报学刊》,2005年第23卷第3期,第93页。

有儒士风度。鲍贵对儿子鲍思诩期望很大,他要求儿子好好读书学习,将来争取科举及第,以光宗耀祖。但鲍思诩屡试不中,没有实现其父的愿望,无奈之下只好继承家业而经商。"[①]

关于这一问题,笔者在前文中已有论述,即作为一种带有明显特权性质的户籍制度,鲍廷博只有从事盐业经营,而且成为具有较强实力的大盐商后才有可能取得商籍。为此笔者认为,鲍氏"以冶坊为世业"不假,但为了取得商籍以满足应举的需要,以及家族藏书、刻书所面临的资金需求,从鲍思诩这一代开始也同时经营起了盐业。

至此,再回到鲍廷博应试的这个问题上来。根据笔者的综合考察,以为在附籍地杭州参加省试的可能性要大于原籍地徽州。理由如下。

首先,《两浙盐法志》在交代明万历年间叶永盛倡议设立商籍的理由时就说得很清楚,即举子"回籍应试则阻隔为忧",所以希望皇帝能"广作人之化,悯旅寄之劳"。具体的做法是:"敕令在浙行盐商人子弟,凡岁科提学使者按临取士,照杭州府仁和、钱塘三学之数另占籍贯立额存例,庶商籍广而世无迁业,赋有常经矣。"[②]说到底,让盐商子弟就近应试的真正目的固然包含了返乡路途遥远、"阻隔为忧"的考量,根本上说还是要保证所在地盐业税收的稳定。

其次,进入清朝后,两浙商籍学额不仅数量可观,而且有

[①] 《鲍廷博——豆花棚下结书堂》,桑良至编著:《徽州儒商》,安徽师范大学出版社2017年版,第49页。

[②] [清]延丰编:《两浙盐法志》卷二十四《商籍》,浙江古籍出版社2012年版,第648页。

逐渐增长的趋势，录取率较之其他生员存在更大的优势。据《两浙盐法志》显示：

> 本朝顺治十六年（1659），提学佥事谷应泰批行该学查议，据议复：两浙商籍向分杭、嘉、绍、温、台、松六所，每所合照小县例，取入八名。内杭州所为各商聚集之处，量增二名，共五十名，拨入杭州府学二十名、仁和县学十五名、钱塘县学十五名。通详督抚，达部准行。顺治十二年（1655），巡盐御史祖建明檄行，查得学政于州县正考之外，另试盐商子弟。盖念伊父兄挟资远来，为国输将，所以隆优恤之典，广进取之阶。①

《钦定学政全书》也有类似的记载：

> 浙江商籍，额进五十名。内拨杭州府学二十名、仁和县学十五名、钱塘县学十五名，廪、增无额，与民籍凭文考补。②

到了清代中晚期，两浙学额数又逐渐增加，最多的时候一次就多达八名。这都为盐商子弟的科考之路提供了便利。

其实，关于商籍生员的应试地，史籍中本就有明文记载，据《钦定科场条例》规定：

---

① ［清］延丰编：《两浙盐法志》卷二十四《商籍》，浙江古籍出版社2012年版，第649页。
② ［清］素尔讷等纂修，霍有明、郭海文校注：《钦定学政全书校注》卷六十二《商籍学额》，武汉大学出版社2009年版，第236页。

生童进学后，或仍在商籍考试，或归本省考试，均宜酌量情形，妥协筹议。若实因道路窎远，必在商籍就近应试，当照直隶从前另编卤字号之例，定额取中。……五十名取中一名。虽应试多至数百名，总不得过二名之额。如有因人数过少，不敷取中，情愿改回本籍者，准其呈明改归。①

从中可知，商籍考生既可以在附籍地参加科考，也可以选择回原籍地，换句话说，他们比一般民籍考生多了一种选择的权利。

两浙的录取名额一般是从五十名中录取一名，即便应考人数过多也不能超出规定的名额。但实际情况是，商籍考生的录取率仍然高于其他考生。就这一点而言，商籍考生选择在附籍地应试的可能性自然会更大一些。鲍廷博早在乾隆十五年（1750）就取得了庠生的资格，选择到杭州参加省试，才是明智的选择。

歙西长塘鲍氏知不足斋藏书印

---

① ［清］杜受田等修，英汇等纂：《钦定科场条例》卷三十五《冒籍》，北京燕山出版社 2006 年版，第 2698 页。

第七章　所好在此慰平生

天不遂人愿,鲍廷博先后两次参加省试均名落孙山。科场失败的经历让鲍廷博十分丧气,他从此绝意仕进,转而以藏书为毕生志业,将主要精力投入于购书、藏书、校书和刻书事业中,并因此得以跻身著名藏书家之列。

一、少有书癖

鲍廷博转而以藏书为志业,科场失意只是外因,根本上说还是他自己的志趣使然。在他的心中,书籍有着非同一般的意义和价值。他说:

> 聚散者,天地人物,古今不易之定理也。丽于天者,有日月、星辰、云霞之属,而日有出入,月有盈亏,星辰有昼夜明灭,若云霞之缥缈,其甚焉者已;载于地者,有名山大川,山之高,祖于昆仑,南支北干,曼衍于中原,五岳四镇之大,散步四方,终古无可聚之局。若夫南条北条江河之水,汇众流而归于海,固由散而聚矣,而海气细缊,蒸云降雨,复散为细流。其在于人,君臣、父子、夫妇、昆弟、朋友,人伦聚首最久者,不

过百年。其在于物，布帛、菽粟，为日用所必需者，流通人间无久积之势，而珠玉货财，世所宝贵，留贻子孙之数世者鲜矣。若夫书，则为人精神之所寄，而其人即天地灵气之所钟，虽为百物中一物，而世之宝贵又不与珠玉货财同。盖珠玉货财，尽人而好也。尽人而好，则尽人得而有之，其散也速。嗜书者，千万人中仅一二焉，于好最为癖。既为癖好，自不难为独聚，然而无好之者继起，则烟云纷乱，又率先珠玉货财而散落人间。思及此，则当为谋所以聚之之方矣。①

在鲍廷博看来，世间万事万物皆有聚散，这是古今不变的定理。即便如珠玉货财，为世人所宝贵，但能留贻子孙达数世者也极为罕见。何况书这种东西，并非人人所好，嗜之者仅千万人中之一二而已，其聚散零落比之珠玉货财就更要弗如远甚了。

更为重要的是，我们从以上文字中看出了鲍廷博对书籍的基本认识，即他认为"若夫书，则为人精神之所寄，而其人即天地灵气之所钟"。换句话说，能著书的人都是"天地灵气"所钟的人杰，而所著之书又是作者智慧的结晶，总的来说是人类最可宝贵的精神财富。其实，这样崇拜知识、敬畏文化的观点，并非始于鲍廷博。从传说中仓颉造字时的"天雨粟，鬼夜哭"，到三国时魏文帝曹丕的"盖文章，经国之大业，不朽之盛事"之论，都是在将著述之事视为国家的重大事业，而且是流传万代的不朽盛事。也正是因为有了这样清晰的认识和郑重其事的态度，

---

① 《知不足斋丛书序》，[清]鲍廷博撰，周生杰、季秋华辑：《鲍廷博题跋集》，浙江古籍出版社2012年版，第1页。

鲍廷博才得以从科举的失败中重拾信心，重觅人生方向，开启了新的人生天地。

前文已有介绍，鲍廷博由于受到祖父和父亲所营造的"贾而好儒"良好家庭氛围的影响，从小耳濡目染，对典籍表现出天然的亲近和喜爱。鲍廷博对书籍的这种狂热之情，在其遗留下来的诸多题跋中多所流露。比如乾隆二十年（1755），鲍廷博在苏州偶然抄得孙承泽的《庚子销夏记》八卷，时近除夕，有些欣喜若狂地在书前的目录后题跋道：

> 退谷先生际沧桑之后，杜门却轨，日以书画自娱，名迹灿然，备著于录，周草窗之《云烟录》、都南濠之《寓意编》不是过也。偶于吴下抄得之，窃有贫儿暴富之喜，惜多误书，无从是正，纸窗竹屋，风雨萧然，惟迟吾友身山居士来，焚香沦茗，细商略之。①

退谷先生即孙承泽（1592—1676），字耳北，号北海，又号退谷、退翁等，山东益都（今山东青州）人。明崇祯进士，富收藏，精于书画鉴别。《庚子销夏记》为其所藏字画的著录之书，以题跋为详，间有品议与考证，因鉴裁精审，为学者所重。鲍廷博将之与周密的《云烟过眼录》和都穆的《寓意编》媲美，可见其喜爱程度，难怪在得书之后会发出"贫儿暴富之喜"。

鲍廷博的爱书之切在时人的笔下也多有记载。年长于鲍廷博、与之亦师亦友的卢文弨就曾不吝溢美之词地赞叹道：

---

① ［清］孙承泽撰：《庚子销夏记》，清乾隆二十六年（1761）鲍氏知不足斋刻本。

若吾友鲍君以文者,生而笃好书籍,于人世一切富贵利达之足以艳人者,举无所概于中。而唯文史是耽,所藏弆多善本,并人间所未尽见者,进之秘省之外,复不私以为枕秘,而欲公之。晨书暝写,句核字雠,乃始付之梓人氏,枣梨既精,剞劂亦良,以是毁其家不恤也。同志者乐斯举也,而率金以为助,已衺然成数十百种行于世,世之学者每闻"知不足斋丛书"出,必争先购之以为快,抑其未尽出者尚多也。向之相助者,鲍君之交游也;闻风而踊跃者,近地之人也。人之欲善,谁不如我,而肯让人之为君子乎?特未有闻之者耳。今好行其德者世多有。有佐公上之急者,有助国家养其民者,其善之所及,可以济一乡一邑,即久而不倦,亦仅及身而止耳,孰如传书之利益于人也。中国海外罔不暨焉,传之二三百年犹不尽,纸敝而墨渝焉,二三百年中,亦必有能继斯志者,鲍君岂必独享其名。嘉鲍君者,必嘉众君子相与为助之功。旧刻之班班具列者,至今犹未沫也。年寿有时而尽,荣禄止于其身,孰若斯名之不朽也。或曰:今天下富于文学而欲自著者众矣,何暇及古人?应之曰:述而不作,圣人之所为圣,亦凡学者之所当师法也。今人不爱古人,后人岂复能爱今人?以耳目所逮及而论,如萧山毛西河、武进陈椒峰,其学岂不赡,其所著岂不富哉?百年已来,其版日就零落甚,且子孙析以为薪,不闻有为之改刊者,况才不逮若人而可轻为衒卖,徒为人所掎摭哉!至于桑间陌上牛鬼蛇神导淫语怪之书,尤为得罪名教而王法之所必诛也。盲词小曲,乡里无业穷氓,或贪小利而为之焉,有俨然为士夫而可出此者,今鲍君之为此,既远于害,亦非以徼利也。古人精神之所寄,即天地英华之所聚,百世之上,百世之下,咸其嘉赖之,其为利益也广矣大矣。不佞与之交甲子几一周,深信其人之直谅多闻也,而深愿其尽发所藏也。用是不惮觍缕以告,当世之贤而有同心者,相与合力以成其美。天之所以厚吾生者,亦即为天地用。推其利益,一乡一世之心而更上,以仰副吾皇兴文劝学之盛意,用以答大造之恩,而因以为天下后世利。不朽之名,舍此安归?即以福德而论,亦岂较逊于流传竺乾氏之教者哉。乾隆五十有七年(1792)八月二十七日,杭东里人卢文弨疏,时在石门舟中书。①

芸芸众生,能成为圣贤的毕竟是少数,试问又有几人能够真正做到面对人世的富贵利达而无动于衷呢?鲍廷博不仅自己做到了,还知道独乐乐不如众乐乐,自觉地将这种喜悦传递给别人,这种近乎有点天真的襟怀是很值得称道的。

对此,与鲍廷博过从甚密的忘年之交翁广平有更为具体的记录,他说这位前辈"生平酷嗜书籍,每一过目,即能记其某卷某叶某讹字。有持书来问者,不待翻阅,见其板口,即曰此某氏板某卷,刊讹若干字,案之历历不爽"。② 这种过目不忘的本领很有助于版本的鉴定与校勘,也是鲍廷博能够成为一代版本目录学家的前提条件。

因仰慕鲍廷博之名而对其礼遇有加的阮元也曾说过:"歙县

---

① [清]鲍廷博辑:"知不足斋丛书"第二十六集,中华书局1999年版,第288—289页。

② [清]翁广平撰:《听莺居文抄》卷二十《鲍渌饮传》,《清代诗文集汇编》第466册,上海古籍出版社2010年版,第230—232页。

鲍君以文,少有书癖,搜罗繁富,凡古今人之长笺小疏、谰言剩语,一一掌录。"①在友朋笔下,鲍廷博活脱脱是一个书痴的形象,他的世界里似乎已装不下典籍以外的任何东西。

在友人的描述中,"生而笃好书籍""唯文史是耽""生平酷嗜书籍""少有书癖"等语几乎是异口同声地出现,从一个侧面反映了鲍廷博的性情与志趣。后来的事实也告诉我们,像卢文弨、翁广平、阮元这样的师友,他们对鲍廷博不只是停留在口头上的推崇与表扬,更是有感于鲍廷博对文化事业的赤诚,以实实在在的行动给予他诸多方面的支持。

二、书慰平生

在现存的鲍廷博唯一一部诗集《花韵轩咏物诗存》②中,也能见出他的爱书之心。该诗集所收皆为咏物诗,所咏之物中就包含了与书相关的诸种物事。言为心声,正是鲍廷博仁人爱物情怀的诗意表露。

其中有五题十首,分别如下:

书香

重帏深下暗香饶,班氏传来一脉遥。
阆苑芳随红杏折,月宫寒带桂花飘。

---

① [清]阮元:《花韵轩咏物诗存序》,《花韵轩咏物诗存》卷首,转引自刘尚恒:《鲍廷博年谱长编》,国家图书馆出版社2017年版,第273页。

② 国家清史编纂委员会编:《清代稿抄本》(第一辑)第25册,广东人民出版社2007年版,第543—570页。

子孙能读留应久，笔研微沾洗不消。
别有清芬染襟袂，还应亲侍紫宸朝。

书味

一编相向食先忘，玩索回时味转长。
要识中边□有别，欲求烹饪岂无方。
酸咸与俗原殊嗜，辛苦从前总备尝。
一盏儿时旧灯火，夜深犹自耿龟堂。

书声

一灯青处久琅琅，声彻东风出苑墙。
醉读《离骚》音激楚，冷吟蟋蟀韵谐商。
月中飘去和仙乐，花底传来袭暗香。
最惜夜深帘幙静，却将弦管误诸郎。

书声其二

键户咿唔手一编，晨鸡未动响先传。
澜翻不竭倾瓶水，圆美初调转轸弦。
时慰老怀来枕上，已占佳兆在灯前。
鸣皋清唳君曾听，嗷嗷犹能彻九天。

书厨

曹仓邺架隐相侔，万卷□愁散不收。
愧我岂惟输两脚，笑君偏似省双眸。

版扉勤启防新蠹,银钥严扃避巧偷。
莫诮深藏同韫玉,当年曾副石渠求。

原注:乾隆甲午(三十九年,1774)诏求遗书,恭进七百种,抄入《四库全书》后,仍许给还原本。

书灯

清漏谁能枕上闻,短檠特与继斜曛。
前修薪火犹堪续,懒妇脂膏岂足焚。
囊解焰还萤自照,案明光谢雪重分。
他年墙角休轻弃,银烛金莲看策勋。

书灯其二

青藜吹焰灿银台,漫共烧棋赌酒猜。
未许携归妆阁去,何妨传自佛厨来。
壁容隔院分光凿,窗待邻家乞火开。
借问西园谁秉烛,花前烛泪枉成堆。

书灯其三

向晚相依似乐群,纸窗竹屋助劬勤。
壁间影瘦怜儿共,机上丝明喜妇分。
未免有情偷弄月,可能无愧梦为云。
此中佳趣思同享,寒灯重挑敢寄闻。

书灯其四

深院焚膏继苦辛,皎如明月暖于春。

兴方酣际花争稠，味似儿时老益亲。
续焰与留烧弃火，回光不到下帷人。
还怜凿壁分余照，大有书生胜我贫。

书灯其五
深涒兰缸玉露盈，清光溢几古今横。
秋声触户欧阳子，夜雨敲门都少卿。
银漏遥传神益王，金虫方灿眼增明。
满堂珠翠无颜色，不买长檠弃短檠。

"诗言志，歌咏言"，鲍廷博以诗人之眼、诗性之语，描摹日常书式生活中原本枯索乏味的"书香""书味""书声""书橱""书灯"等书事书物，所展现出来的正是一介书生奉儒守素、安贫乐道、书慰平生的生活情趣与人生境界。当一个人的寄托摆脱了基本的物质需求，孜孜以求于典籍文化所能给予的精神愉悦，他的内心世界无疑是充盈自足、怡然自得的。

鲍以文藏书记

第八章　嗜奇好古借抄勤

在鲍廷博的青少年时代，祖父辈已经积蓄了一定量的藏书，其好友吴长元就曾说过，其"先世藏两宋遗集多至三百余家"。这些最初的家族藏书，既为鲍廷博后来的藏书事业奠定了基础，更是深刻影响了他的个人趣味和藏书品位，使其渐渐成为一个"嗜奇好古"的"佞宋"之人。

也正是因为有了这批可观的家族藏书，鲍廷博才得以博览群书。这不仅丰富了他的学识，开阔了他的视野，而且一再激发着他的求知欲，使其对个人藏书品种与质量的要求越来越高。于是他开始大量借抄好书，来完成他心目中的理想藏书。

一、参合有无

鲍廷博年轻时聚书主要就是以借抄起步的。关于借抄书，清代学者叶德辉有过这样的论述：

> 士生宋元以后，读书之福，远过古人；生国朝乾嘉后者，尤为厚福。五代、北宋之间，经史正书，鲜有刻本，非有大力者，不可言收藏。既有刻本，又不能类聚一处，即有大力

第八章 嗜奇好古借抄勤

搜求，亦非易事。古人以窥中秘读老氏藏为荣幸者，今则有赀一日，可获数大部。国朝诸儒，勤搜古书，于四部之藏，十刻七八；仅宋、元、明人集，未得刻尽，究为不急之书。至于日本卷子、唐抄，中原故家久藏秘笈，其为乾嘉诸儒未见之足本，不传之孤本，以及秦、晋、齐、鲁发地之古器古物，好事者绘图释义，著为成书，既日出而不穷，亦石印之简便。居今日而言收藏，可以坐致百城，琳琅满室矣。而犹有待于传录者，盖其书或仅有抄本，不能常留，过目易忘，未存副录，校刻则有不给，久假复不近情，惟有彼此借抄，可获分身之术。①

按叶德辉的说法，古代刻书鲜有，搜求亦不易，一般的读书人想要聚书多数时候就只能依赖于借抄。其实，即便是到了印刷术出现以后，抄书之风亦未曾终止。原因有四：一是不少书仅有抄本，未曾刊刻，爱书人占有欲强，不得不抄；二是虽可以假借于人，却不能常留，自录一份，可得朝夕相伴；三是刻书家出于完善版本的需要，或整饬体例，或修订讹误，誊抄新稿后用以典藏或付梓，皆非抄不可；四是通过抄书加强记忆，这在古人是很流行的读书之法。对此，晚清藏书家傅增湘说得明白："好学之士，偶睹觏孤本异籍，亦复留传副本，储为枕秘。以余所见，如明之柳大中，钱叔宝、功甫父子，清之周砚农，吕无党，吴枚庵，金孝章、亦陶父子，张青芝、充之父子，皆露抄雪纂，矻矻不休。"②

---

① 叶德辉撰，紫石点校：《藏书十约》，《书林清话（外二种）》，北京燕山出版社1999年版，第338页。
② 傅增湘：《题赵声伯手书九僧诗》，《藏园群书题记》，上海古籍出版社1989年版，第957页。

而对于科场失意、有志藏书的鲍廷博来说，借抄就显得尤其必要了。

关于鲍廷博的抄书历史，目前可以确切知道的最早时间是乾隆二十年（1755），鲍氏时年二十八岁。在这一年当中，鲍廷博先后抄录过四部书。

其中八月二十八日那天，鲍廷博据明刊本抄完了宋代文人柴望等著的《柴氏四隐集》。此书为诗词文的合集，共三卷。作者除了柴望，还有其从弟柴随亨、柴元亨和柴元彪，兄弟四人因品性高洁，被世人称作"柴氏四隐"，遂以此名集。鲍廷博对此书甚为珍视，不仅精心抄录了全书，还用朱、蓝、墨三色进行了批校，并于书上钤了"天都鲍氏困学斋""廷博""以文"等章以为印记。

到了嘉庆三年（1798），鲍廷博对此书又抄过一次，改作五卷，卷一柴望诗词，卷二柴望文，卷三柴随亨诗，卷四柴元彪诗，卷五柴元彪词。末附《秋堂集补遗》，有词三阕诗一首，系鲍廷博自赵闻礼《阳春白雪》、谢翱《天地间集》中辑得。据此可知，鲍氏传抄书籍，绝非机械复制，不仅勤于校勘，还完善体例，使之尽善尽美。嘉庆十七年（1812），此抄本被嘉兴戴光曾借去抄录过一次，其所看重的正是鲍氏校勘的水准。鲍廷博的这两个抄本，前者乾隆年间修《四库全书》时亦列入鲍氏进呈的书目中，被收在集部总集类，后发还，原本现仅存卷末墨书，藏于上海图书馆；后者现藏于国家图书馆，《宋集珍本丛刊》曾据此影印（线装书局2004年版），得以嘉惠学林。

同样在乾隆二十年（1755）的八月，鲍廷博还抄得两位元代诗人的著作，分别是朱名世的《鲸背吟集》一卷和严士贞的《桃溪百咏》一卷。两书合为一册,有鲍氏题跋,现存于中国台北"中央图书馆"。前书上钤有二印,"鲍廷博印""一字臼賨";后书上亦钤有"廷博""以文"二章。邓邦述《寒瘦山房鬻存善本书目》对此均有著录。

这一年抄录的最后一种就是上文中提到的孙承泽《庚子销夏记》八卷,鲍廷博偶然从苏州抄得。鲍廷博对此书不仅自作题跋,宝爱有加,还于乾隆二十六年(1761)二月将其与《闲者轩帖考》一起付梓,并延请卢文弨、余集、周二学[①]、张宾鹤[②]作了序跋。

二、互为借录

清代是我国私家藏书的鼎盛时期,据范凤书统计,整个清代确有文献记载藏书事实者计有2082人,其中藏书达到万卷以上者543人,"超过了前此历代藏书家的总和"[③]。清代也是浙江藏书史上的黄金阶段,不仅藏书家数量史无前例,影响巨大者也是比比皆是。据吴晗《江浙藏书家史略》统计,古代浙江共有藏书家399人,其中清代就多达267人,真是亘古所未有,也是其他省份所无法比拟的。清代浙江藏书家善于交际,热衷交

---

① 周二学,字幼闻,号药坡,又号晚崧居士,钱塘(今浙江杭州)人。清诸生,康熙至乾隆年间书画鉴藏家。家藏甚富,工书画,精鉴赏,通装潢。著有《一角编》《延素赏心录》。

② 张宾鹤(1724—1790),字仲谋,号云汀,别号尧峰,钱塘(今浙江杭州)人。工书,尤长颜体。善诗,著有《云汀诗抄》。

③ 范凤书:《中国私家藏书史》,大象出版社2001年版,第269页。

流,为了互通有无,彼此之间互相借抄的现象十分普遍。鲍廷博的老朋友朱文藻就曾记录过与其互为借录的私人藏书家名单:

> 浙东西藏书家,若赵氏小山堂、卢氏抱经堂、汪氏振绮堂、吴氏瓶花斋、孙氏寿松堂、郁氏东啸轩、吴氏拜经楼、郑氏二老阁、金氏桐华馆,参合有无,互为借抄。至先哲后人家藏手泽,亦多假录。一编在手,废寝忘食,丹铅无已时。一字之疑、一行之缺,必博征以证之,广询以求之。有得则狂喜,如获珍贝;不得,虽积思累岁月不休。溪山薄游,常携简策自随。年几五旬,精明不怠,勤勤恳恳,若将终身。①

根据朱文藻的记录可知,鲍廷博借抄的对象主要有两类:一类是"先哲后人",从他们手上借抄第一手的"家藏手泽";另一类就是同时代的其他藏书家,抄录以善本、珍本为主,因彼此志同道合,惺惺相惜,多数之间还结下了深厚的友谊。

朱文藻提到的总共九家,其中位于杭州的有六家,分别为郁氏东啸轩、汪氏振绮堂、吴氏瓶花斋、赵氏小山堂、卢氏抱经堂、孙氏寿松堂;位于嘉兴的有两家,海宁的吴氏拜经楼和桐乡的金氏桐华馆;位于宁波的仅一家,即慈溪的郑氏二老阁。从地域分布来看,主要集中于浙江省内,数量杭州第一,嘉兴次之,宁波再次之。但朱文藻所罗列的并非全部,像杭州城内厉鹗的樊榭山房、汪启淑的飞鸿堂和桐乡金檀的文瑞楼,都没有被提及,

---

① [清]朱文藻:《知不足斋丛书序》,[清]鲍廷博辑:"知不足斋丛书"第一集卷首,中华书局1999年版,第7—8页。

加上这些才共同组成了鲍廷博借阅传抄的超强方阵。

在鲍廷博所抄录的书籍中,质量最高、品种最理想的部分主要就来自他的这个朋友圈。与此同时,其好友,如海宁的吴骞、仁和的朱文藻等也从知不足斋借抄了不少好书。他们之间的借阅传抄留下了许多书林佳话,以下将择其要者加以分别介绍。

郁氏东啸轩

东啸轩是杭州藏书家郁礼的藏书处。郁礼(1725—1800),字佩先,一字陛宣,号潜亭,钱塘诸生。鲍廷博说他"家世素封,储书充牣,潜亭又增益所未备,成巨观焉"。东啸轩的轩额为董其昌所题,据鲍廷博的描述,"庭前古桂二树,相传明万历间所植,交柯接叶,清阴覆檐。室中牙签万轴,都成碧色。君凭几校录,晨夕不休,经其庭,闃如也"①,显然是典型的藏书人家。

东啸轩不仅环境优美,在郁礼的悉心营构下藏书亦蔚为大观。东啸轩的藏书来源主要有两个方面:一是当时赵氏小山堂藏书散佚,所余残帙尚多异本,于是郁礼尽力购藏,在数量上得到了提高。二是郁礼家住城东,与厉鹗樊榭山房相距不到一里,于是时常前往抄录,所得秘册尤多,藏书质量因此也得到很大的提升。厉鹗去世后,郁礼又从其家人手上以四十金购得其所著《辽史拾遗》手稿。只是中间缺失了五十张纸,郁礼百般求索,始终不得。一日,郁礼与鲍廷博到青云街访书,见一拾字僧肩上背负着两大竹箱的"废纸",于是上前检视,发现竟然都

---

① [清]鲍廷博撰,周生杰、季秋华辑:《鲍廷博题跋集》,浙江古籍出版社2012年版,第101页。

是厉鹗家人所遗弃的故纸,而厉鹗生前誊录的另一份《辽史拾遗》也在其中,于是急忙全部购归。因东西纷如乱丝,郁礼闭户两月,将之一一缀辑成编,其中就包含了郁礼先前所藏缺失的部分。

郁礼为人"恂恂儒雅,与人交有晏子之风",他与鲍廷博极为友善。鲍廷博自称两人"无三日不相过,过必挟书而来,借书以去,虽寒暑风雨,不为少间"①。正是因为有了这样的交情,东啸轩是目前有据可查的鲍廷博最早借抄书籍的私家藏书楼,时在乾隆二十一年(1756),前后两次。一次是该年十月,鲍廷博借抄了郁礼所藏的元代王翰所著《友石山人遗稿》一卷《附录》一卷。此抄本鲍廷博后来又于乾隆二十四年(1759)复校于仁和吴氏留耕草堂,嘉庆十年(1805)再重抄一过,并请其孙鲍正言和好友马以艮作了复校。书上除了留有鲍廷博的手泽,还有鲍正言、马以艮的题记。书高30.2厘米,宽19.2厘米,厚14.4厘米,黑格,10行21字,白口单边,版心上方印"友石山人遗稿",下题"知不足斋藏书",毛边装。

另外一次是同年冬十二月,鲍廷博以乌丝栏本从东啸轩借抄了宋代李季可的《松窗百说》一卷,系藏书家、刻书家汪立名的抄本。鲍廷博对此书珍爱万分,之后分别又于乾隆二十二年(1757)、乾隆二十三年(1758)、嘉庆二年(1797)和嘉庆六年(1801)四度作了复校,书上依次留下了其历年的题记:

乾隆丙子季冬,传汪西亭立名写本于郁佩先礼。

---

① [清]鲍廷博撰,周生杰、季秋华辑:《鲍廷博题跋集》,浙江古籍出版社2012年版,第102页。

第八章　嗜奇好古借抄勤

明年丁丑正月二十五日，校于知不足斋。

戊寅四月二十六日，仍借汪本覆勘一过，更正四五处，惜元本多误，未得别本正定耳。

嘉庆二年正月二日，通介老人重阅于西湖沈氏山庄，去丙子借录时四十二年矣。

嘉庆辛酉重阳前二日，闭门再阅一过，时年七十四。①

从初次传抄到反复校阅，前后历时四十四年之久，其爱书之情，笃好之深，令阅者为之动容。此抄本于嘉庆八年（1803）被鲍廷博刻入"知不足斋丛书"第二十二集，后又被阮元当作世所罕见的珍本秘笈辑入《宛委别藏》，身价因之而倍增。原本今藏于中国台北"中央图书馆"。

吴骞曾论及东啸轩的藏书，认为以"抄本最佳"，如《笠泽丛书》《安禄山事迹》《说文解字系传》《东城杂记》等均为人所重。这也是鲍廷博时常会向郁礼借抄书籍的主要原因。乾隆二十七年（1762）正月，鲍廷博再次从东啸轩借抄了龚翔麟玉玲珑阁所藏抄本《芦浦笔记》十卷，并于当月先后两次题跋，对此抄本的递藏史作了梳理。此后，鲍廷博又于乾隆三十二年（1767）借吴江沈彤藏本，四十八年（1783）借归安丁杰藏本两度校正，并最终于嘉庆三年（1798）刻入"知不足斋丛书"第二十集。

鲍廷博自述郁礼"尤与予昵"，可知在杭州众多的藏书家中郁礼始终是与鲍廷博友谊最为深厚的一位。也正是因为有了这份情谊作基础，两人之间的互动愈发频繁而深入。

---

① 刘尚恒：《鲍廷博年谱长编》，国家图书馆出版社2017年版，第45—46页。

郁礼生前曾持赠鲍廷博一部元代盛如梓的《庶斋老学丛谈》手抄本。在郁礼过世后的嘉庆十年（1805），鲍廷博特意将此书刻入"知不足斋丛书"，以广流布。为了纪念这位挚友，鲍廷博在题跋之外还专门撰写了一篇附记，对郁礼其人其事作了深情的追述，大有为其树碑立传的意思。其中写到郁礼常邀其到东啸轩做客时的情景，往事仍历历在目：

> 花时每招余信宿其中，时出法书名画以相评品，或随意抽架上书共读，或谈往事，或赋小诗，香炉茗椀，婆娑竟日。更深月上，两人徘徊花影下，意思闲适，仿佛东坡与张怀民承天寺之游，尚惜两公不在金粟世界中耳。解衣就寝，香染襟袖，扑之不消。联床对话，往往达旦。自予移家乌戍，遂无复有此乐矣。君弃世不数年，邺架曹仓渐就零落，主人避客，尘榻空悬，惟旧时明月流光碧树间耳。因校刻所赠书，为之凄然搁笔。①

鲍廷博与郁礼属于志趣相投的君子之交在鲍廷博心中留下了太多美好的记忆。他们交流的话题除了珍本秘籍还有历代的法书名画，或品评共赏，或谈往赋诗，闲情逸致并不输于像苏东坡那样的风流名士。只是后来鲍廷博因故移居乌镇，东劳西燕，不复有此乐矣。

但地理上的距离并不能完全阻隔朋友之间的交往，定居乌

---

① ［清］鲍廷博撰，周生杰、季秋华辑：《鲍廷博题跋集》，浙江古籍出版社2012年版，第102页。

镇后的鲍廷博除了时常为书事而往来于乌镇与杭州之间,与各地的朋友们还不时借助吟咏唱和维持联络。特别是晚年的鲍廷博诗性不减,因有感于岁月无情,作《夕阳诗》二十首,引来各地友朋的酬唱。其中就有郁礼所作的一首,其诗云:

> 诗人好句夕阳多,偏耐闲窗细揣摩。
> 愁思茫茫接榆塞,余情渺渺诧烟波。
> 何人肯赠金丹诀,无计能停玉女梭。
> 只有玲珑知此曲,晚来还为使君歌。

基调与鲍廷博原作大体相近,面对时光的无情流逝,无奈中有寄托,均可见彼此积极乐观的人生态度。

相传郁礼过世后,其东啸轩藏书大部分归于鲍廷博的知不足斋。尽管物是人非,但对着满架的图籍,想必鲍廷博并不感到孤单,因为校书、刻书的方式,仍然延续着爱书人仁人爱物的人文精神,这是足以传之于后世,遗爱于无穷的。

汪氏振绮堂

汪氏振绮堂是继东啸轩之后鲍廷博借抄书籍时间较早且数量较多的杭州私家藏书楼。振绮堂藏书始于藏书家汪宪,前后绵延至少四代人,成为江南著名的藏书世家。

汪宪(1721—1771),字千陂,号鱼亭,清乾隆九年(1744)举人,十年(1745)进士,官刑部主事,迁刑部陕西司员外郎。生性爱读书,人称"点注丹黄,终日不倦",尤长于《易经》之学,著有《易说存悔》《说文系传考异》等。又酷嗜典籍，以亲老致仕，后专力于收藏，"有求售者，不惜丰价购之"，先后建静寄东轩、振绮堂为藏书之室。

汪宪交游广阔，尤其与鲍廷博、朱文藻、严可均、吴焯、赵昱、赵信等藏书家、学者往来密切。吴晗在所著《江浙藏书家史略》中说其"家有静寄东轩，具花木水石之胜。朱文藻尝介严可均见宪，宪即馆之东轩，偕同志数人，日夕讨论经史疑义。又悉发所藏秘籍，相与校雠"①。鲍廷博向汪宪借抄书籍甚多，朱文藻居中起了重要的纽带作用，朱氏曾言："余馆于振绮堂十余年，君（鲍廷博）借抄诸书，皆余检集。君所刻书，余尝予点勘。余与君同嗜好，共甘苦。君以为知之深者，莫余若也。"②

据现有史料显示，在汪宪生前，鲍廷博曾向其借阅和借抄善本多次。最早那次是在乾隆三十年（1765）仲春，鲍廷博从振绮堂借得赵昱所校的唐高彦林著《唐阙史》，用于勘定自家的版本，并过录其题跋。此书后以鲍士恭名义进献四库馆，被收录到《四库全书·子部·小说家类》中。书发还时还意外得到乾隆皇帝御笔题诗的殊荣，这其中少不了汪氏藏本所发挥的作用。

第一次整本借抄是在两年后的乾隆三十二年（1767）。该年十月，鲍廷博借去振绮堂所藏宋代陈经国所著的《龟峰词》一卷。此书现藏于中国台北"中央图书馆"，书上留有鲍氏的两次题识，其中一次对作者陈经国的生平爵里作了考察，虽未最终

---

① 吴晗：《江浙藏书家史略》，中华书局1981年版，第35页。
② ［清］鲍廷博辑："知不足斋丛书"第一集，中华书局1999年版，第7—8页。

第八章　嗜奇好古借抄勤

确定，却足见鲍氏治学态度之谨严。

随后几年，鲍廷博又陆续从振绮堂借抄了多种珍贵版本。其中，乾隆三十三年（1768）十月借去元代尹廷高所著《玉井樵唱》三卷，为汪氏抄本；乾隆三十四年（1769）二月借去元代成廷珪所著《居竹轩诗集》四卷，则为汪氏刻本。两书上均留有鲍氏题跋手迹，现一并为国家图书馆所珍藏。在两本书的题跋中，鲍廷博均写明是从"东轩"借得，"东轩"即汪氏的静寄东轩，亦是其藏书及与师友文朋谈经论史、饮酒赋诗之处。

乾隆三十四年（1769），鲍廷博还从振绮堂借录了一部体量较大的书，即宋代刘安上的《刘给事文集》五卷《附录》一卷。此书鲍廷博于本年七月二十六日抄完，到十二月时对其作了反复校对，留下了多处题跋手迹。鲍廷博的这部抄校本共一册，封面钤有满汉文"翰林院印"大方印及"海陵钱犀庵校藏书籍""重修东观帝王书""犀庵藏书""海陵钱氏小天目山馆图书"数印。可见底本在进献四库馆后曾被泰州钱桂森（号犀庵）所藏。另有木记，知是乾隆三十八年（1773）浙江巡抚三宝送到四库馆的鲍士恭家藏本，后被收录《四库全书·集部·别集类》。内页半叶10行20字，黑格，左右双边，双鱼尾，书口下刻有"知不足斋正本"六字。另有抄手过录的朱彝尊跋文，今藏上海图书馆。

汪宪比鲍廷博年长七岁，不幸于乾隆三十六年（1771）八月病逝，年仅五十一岁。知交以壮年而零落，鲍廷博的内心是十分悲戚与惋惜的，不久写下的一首挽诗，坦露了自己的心迹。诗曰：

挽汪鱼亭比部

整整牙签万轴陈,林间早乞著书身。

种松渐喜龙鳞老,埋玉俄惊马鬣新。

清白家声钦有素,丹黄手泽借还频。

西风谁送山阳笛,偏感春明僦宅人。

诗作从汪氏的万卷藏书写起,有感于他不慕荣利,辞官以著述的那份舍得自适。颔联以婉转的方式直陈其去世的事实,所用典故则隐含着对其不凡成就的充分肯定。颈联则表达了对汪氏清白家风的钦佩,更有对其人慷慨大方愿意出借善本的真心感念。尾联借晋时向秀经山阳旧居,因听到邻人吹笛,不禁追念亡友嵇康、吕安而作《思旧赋》的典故,再次表达了他对这位故友的倾慕与悼念之情。

诗中还有作者自注云:"先生既捐馆,余尚向邺架借书。"可见鲍廷博此诗是在汪宪过世后不久作的,同时也交代了一个事实,即汪宪去世后鲍廷博与其后人之间仍保持较为密切的交往,两家的交谊并未因为汪宪的过早谢世而中断。

汪宪有二子,长子汪汝瑮,字坤伯,号涤庵,生卒年不详。曾捐官大理寺丞,乾隆时四库馆征召天下遗书,汪汝瑮将振绮堂所藏珍善本219种进呈,后又重选百种,共献书达300余种,最终被著录151种,存目122种。因积极献书,深得乾隆赞赏,御笔题诗四首于发还的《曲洧旧闻》与《书苑精华》卷端,并赐《佩文韵府》一部、文绮二端,以兹褒奖。

次子汪璐(1746—1813),字仲连,号春园,乾隆五十一年

(1786)举人,著有《松声池馆诗存》四卷。因其兄汪汝瑮年事已高,幼弟汪瑜又乔居吴门,振绮堂藏书遂归汪璐保管,用心研读,辑有《振绮堂藏书题识》四卷。

振绮堂的第三代传人是汪璐之子汪诚(？—1820),字孔皆,号十村,乾隆五十九年(1794)举人,官刑部主事。汪诚幼承家学,笃志缥缃,能尽发所藏,详加考索,撰成《振绮堂书目》五册。此书目著录图书共计3300余种,65000余卷,使得世人有机会领略汪氏藏书的风貌。

第四代汪远孙(1794—1836,一作1789—1835),汪诚之子,字久也,号小米,嘉庆二十一年(1816)举人,候补内阁中书。汪远孙有爱书之癖,能守家业,遍读家藏,著述甚多,撰有《诗考补遗》《国语考异发正》《借闲生词》《古注汉书地理志校勘记》等。曾为其父所编《振绮堂书目》向名士陈用光索序,陈序称:其藏书"分经、史、子、集为四部,部各有子目。而所考证其书之佳否、真伪及得书之缘起,自注于上方甚详,且秩然有条理也"。

汪宪之后,鲍廷博与振绮堂虽有联系,但借书甚少,有据可查的只有一次,借抄了元代邓文原所著《巴西文集》(不分卷)。乾隆四十年(1775)夏四月,鲍廷博因见到了新仓带经楼本,计有八十余篇,"始悉汪氏藏书未称完善,尚有缺憾。今托友人重借带经楼本付手民补录,庶后之皮藏家得窥全豹,岂非快事"[①]。由此可见鲍廷博对振绮楼藏书的基本认识,这或许也是

---

① 《巴西文集》鲍廷博抄本扉页,今藏南开大学图书馆,转引自刘尚恒:《鲍廷博年谱长编》,国家图书馆出版社2017年版,第100页。

其渐少再向振绮楼借书的原因之一。此书知不足斋还有一嘉庆抄本，书名作《巴西邓先生文集》，正文一卷，补遗一卷，曾经鲍廷博手校并抄补序目，现藏上海图书馆。

另据《中国古籍善本书目》记载，此书国图、浙江、上海、清华大学、中山大学、中科院历史研究所、中科院考古研究所均藏有抄本。民国学人谢国桢曾据浙江图书馆所藏知不足斋抄本在其《江浙访书记》中转录过鲍氏题跋，文字与南开藏本颇有出入，不知何故。

振绮堂自汪宪创始，至咸丰年间散出，至少有四代人专注于藏书事业。著名诗人龚自珍曾作杂诗咏叹道：

振绮堂中万卷书，乾嘉九野有谁如？
季方玉粹元方死，握手城东问蠹鱼。

龚诗对振绮堂藏书作了高度肯定，也对其不可避免的衰败表达了惋惜。其实历代藏书，大抵如此，如之奈何！

吴氏瓶花斋

据朱文藻称，瓶花斋与振绮堂"衡宇相望"，"距振绮堂数百武而近。两家主人常以文酒娱佳日，借书之伻往来无虚日。今俱相继辞世，追忆旧事，不觉黯然"[①]。其实，鲍廷博与瓶花斋的互动亦相当频繁，据史料显示，从乾隆二十五年（1760）至

[①] ［清］汪璐，傅以礼，李希圣撰：《藏书题识华延年室题跋雁影斋题跋》，上海古籍出版社2018年版，第32页。

四十年（1775）多有借抄，是目前可知鲍廷博传录版本最多的藏书家。

瓶花斋由吴焯（1676—1733）创建。焯字尺凫，号绣谷、绣谷老人，祖籍安徽歙县，迁浙后入钱塘籍，国子监生。吴焯性喜聚书，凡宋雕元椠及旧家善本，皆费力搜集，若饥渴之于饮食。家住杭州九曲巷，园子内有古藤一株，花时柔条下垂，宛如璎珞，遂以"绣谷"为名构亭其间。吴焯与小山堂主人赵昱往来最密，相与借抄，赵曾言："绣谷藏书颇矜惜，不轻借人，独许予抄。予所藏多绣谷亭本。予偶得善册，先生见之，亦必取以勘定。"① 吴焯著有《薰习录》二卷，专记所藏秘籍及藏书原委。好诗工词，与厉鹗等频相唱和，著有诗集《药园诗稿》《径山游草》《玲珑帘词》《陆渚飞鸿集》等。

吴焯是鲍廷博祖父辈的人，去世时鲍廷博才六岁，不可能有交往。与鲍廷博有往来的应该是吴焯的两个儿子，长子吴城，字敦复，号瓯亭，监生，承继父辈藏书，凡所未齐备者，数十年搜求校勘，不遗余力。次子吴玉墀（1737—1817），字兰陵，号小谷，乾隆三十五年（1770）举人，历任太平教谕、贵阳长寨同知，著有《味乳亭集》《绣谷亭书录》。四库馆征书时，吴城已去世，吴玉墀作为藏书传人，向朝廷进献了《陆氏易解》等 305 种，被著录 152 种，存目 120 种。同样因为献书较多，得蒙乾隆御笔题诗于徐铉《说文解字篆韵谱》和吕祖谦《历代制度详说》二书上，并获赐《佩文韵府》一部，以示嘉奖。

---

① ［清］丁丙编，王国平总主编：《杭州文献集成》12《武林掌故丛编》12，杭州出版社 2014 年版，第 493 页。

目前可知，鲍廷博较早向瓶花斋借书的时间是在乾隆二十五年（1760）十一月二十八，所借之书为元代郑元祐所著《侨吴集》十二卷，系海宁马思赞抄本。此书因体量较大，一直抄至除夕那天才抄完，到了次年的正月二十八才最终校正完毕。鲍氏此抄校本现为《北京大学图书馆藏〈大仓文库〉书志》著录，另上海图书馆藏有他人过录之本。

鲍廷博向瓶花斋借书更多的集中于乾隆二十九年（1764）至四十年（1775），既有借其善本以校勘自家藏本的，也有整本抄录以丰富个人收藏的。举例如下：

乾隆三十年（1765）五月，鲍廷博校刻宋代汪元量《湖山类稿》和《水云词》。在《水云词》题跋中说"《水云集》诗二百余首，刻于石门吴氏《诗抄》者，误书错简，往往而是，读者病之"①。据此得知，鲍廷博校刻《水云词》的初衷是现行版本的种种不尽如人意，在他眼里像吴之振等选刻的《宋诗钞》就"误书错简，往往而是"，为读者所诟病。为了作出一个自己满意的本子，鲍廷博除了依托自家珍藏的善本，还特意向吴城借了吴焯旧藏的另一个版本用以复勘。要知道鲍廷博自藏的这个版本可是"流传有自"的"故家珍秘"，它原是陆嘉颖的旧抄，陆从史兆斗处抄得，而史又借抄自钱谦益的绛云楼。按理说，有了这许多前辈名家的层层把关，鲍廷博该把心放进肚子里才是，可他偏还要不厌其烦地借名抄、校名抄，其精益求精的态度令人叹为观止。对此，吴城在序言中赞誉说："嗜古之士，广其传抄之意，踵吾鲍子后，家自为刻，举一切遗编坠简，咸登梨枣，亦庶足以息

---

① 转引自刘尚恒：《鲍廷博年谱长编》，国家图书馆出版社2017年版，第60页。

第八章　嗜奇好古借抄勤

蜡车覆瓿之焰，此则鲍子之素志，而乞予讼言于士君子之前者也。"余集在跋文中也不吝赞美之词地表扬道："以文发其幽光，刊以行世，洵不朽之盛业也。"①

同年，鲍廷博还分两次借抄了瓶花斋的三种藏书。一次是在九月，抄了两种，分别是宋代陈深著的《宁极斋稿》一卷和陈植著的《慎独斋稿》一卷。其中一种鲍廷博"一日而毕，为之大快"，两年后又以别本勘误。尽管鲍廷博生前对心爱之书倍加呵护，反复校勘，但总避免不了"花自飘零水自流"的命运，此书在其身后历经仁和劳权等藏书家之手，今归国家图书馆所有。

另一次是在十二月，借录了吴焯旧藏的元代许有壬著《圭塘欸乃集》。鲍廷博在题跋中交代：

　　元本虽出倦圃曹氏（溶），但未经勘定，脱误甚多。卷中诗词录入《圭塘小稿》者，仅十余篇，间取是正，得三数字而已。末后洹滨跋云："友人躬录装潢，兵后见存，惟有此本。"则此集在当日初未入梓，宜乎今日流传者寡也。洹滨为安阳（许有壬）弟有孚号。《圭塘续集》中，别有洹滨所作《圭塘十二咏》及欧阳圭斋（玄）所撰《圭塘记》，俱宜附录，以表其胜概云。②

鲍廷博的跋文告诉我们，此珍本虽是名流曹溶旧藏，但同

---

　　①　以上鲍廷博跋、吴城序、余集跋均转引自刘尚恒：《鲍廷博年谱长编》，国家图书馆出版社2017年版，第60—61页。
　　②　《标点善本题跋集录·集部·总集类》，刘尚恒：《鲍廷博年谱长编》，国家图书馆出版社2017年版，第63页。

样因为"未经勘定,脱误甚多",被其列入需要精心校核的重点对象。除了校勘错字,鲍廷博还对内容作了增补,使之成为一个全新的版本。是书经过反复校勘后终于达到了鲍廷博的要求,多年后他便将其放入进呈四库馆的书单中,被收录在《四库全书》集部总集类。鲍氏抄校本原本现藏于中国台北"中央图书馆"。

瓶花斋所藏多宋元抄本,这是鲍廷博钟情于吴氏藏书的主要原因。乾隆三十二年(1767),鲍廷博又一次向瓶花斋借抄了宋代李心传著的《建炎以来朝野杂记甲集》二十卷。鲍氏抄本后归周星诒、傅增湘先后典藏。据周星诒题跋所言,鲍廷博还曾以明代赵琦美藏本补校。傅增湘《藏园群书经眼录》著录时说"卷首有翰林院官印,又浙江巡抚三宝进书木记。每卷后有惇典堂、芦浦寓庐、知不足斋、绣溪寓舍等志,均在乾隆丙戌、丁亥间,皆渌饮钦(亲)笔也"[①]。今则下落不明。

此后鲍廷博向瓶花斋借书的次数逐渐减少,只乾隆四十二年(1777)闰十月,又直接从瓶花斋借录了宋代刘芳实著、刘茂实注的《敏求机要》一卷,有题跋。是书现藏上海图书馆。

除此外,乾隆三十八年(1773),鲍廷博、鲍士恭父子向四库馆进献图书后,有机会向当时新设立的浙江分办书局借抄过几种书,其中就有瓶花斋旧藏的元鲜于枢著《困学斋杂录》。是书因"脱误甚多"一直被鲍廷博闲置斋中,直到乾隆四十二年(1777)才借得陆氏所藏明抄本进行了勘误,在其故世后由鲍士恭刻入"知不足斋丛书"第二十九集。

---

① 《藏园群书经眼录》,转引自刘尚恒:《鲍廷博年谱长编》,国家图书馆出版社2017年版,第69页。

或许是为了报答瓶花斋主人的慷慨借阅,乾隆三十八年(1773)鲍廷博以钱曾所著《读书敏求记》抄本一卷持赠吴玉墀,吴有短跋记之。

赵氏小山堂

小山堂是杭州仁和赵昱、赵信兄弟的藏书处所。兄赵昱(1689—1747),原名赵殿昂,字功千,号谷林,诸生,著有《爱日堂集》。弟赵信(1701—?),字辰垣,号意林,国子监生,著有《同林唱和集》《秀砚斋吟稿》。兄弟二人并工于诗,与杭世骏、厉鹗、全祖望等相唱和,时称"二林",有名于当时。

赵氏家于文龙巷内,其春草园中有二林书屋、倚晴楼、西池、选句廊、南华堂、小山堂、风木庵、旷亭诸胜,人称"池馆之胜,甲于一郡"。小山堂即其藏书主楼,有异书数万卷。

赵氏兄弟性皆好藏书,这源于其父母赵汝旭与朱氏的影响。朱氏是绍兴旷园澹生堂主人祁承㸁的外孙女,舅舅即是一代重臣兼名士祁彪佳。当其还是少女时,"尝追随中表姑湘君读旷园书。既归于赵,时时举梅里书签之盛以勖诸子"①。赵汝旭与朱氏就是在澹生堂内成的婚,当时赵汝旭就对旷园藏书表示出了明显的兴趣,因朱氏不忍开口而作罢。南明败亡后,祁彪佳自沉,澹生堂典籍渐次散出,除了部分归了黄宗羲和吕留良,亦有部分为赵氏兄弟所购得。兄弟俩对这部分具有特殊意义的藏书倍加珍护,"别贮而弆之",以"不忘母氏之遗也"。此外,小山堂

---

① [清]全祖望著,《清代诗文集汇编》编纂委员会编:《清代诗文集汇编》303《鲒埼亭集外编》,上海古籍出版社2010年版。

还曾购入嘉兴朱氏曝书亭所藏的十七册宋本书和福建连江陈氏世善堂的部分珍籍。还借抄了许多宁波天一阁和扬州马氏的珍藏，又与吴焯瓶花斋相互借抄，前后经过三十年的经营，终于成就了"小山堂插架之盛，遂与代兴，为吾浙河东西文献大宗"①。其中尤以方志收藏最见特色，除有宋版开禧、宝庆《四明志》外，明代成化以前的版本也多达千余种。

赵氏兄弟的藏书观念比较开放，对于自己的藏书并不像大多数藏书家那样秘不示人，而是乐于与同道分享资源，共同促进。正是因为具有这样豁达开放的气度，鲍廷博也得以向小山堂借录了不少好书。其中就包括《药房樵唱》四卷、《云麓漫钞》十卷、《农书》三卷、《黄氏日抄》一卷、《吴礼部诗话》一卷等。

最早的那次是乾隆二十五年（1760）八月，鲍廷博传抄了小山堂本元代吴景奎的《药房樵唱》三卷附录一卷。书从十四日开始抄，到二十一日抄毕，又于次日作了校定，这才算暂告一段落。是书现藏于国家图书馆，10行22字，左右双边，版心下刻有"知不足斋藏书"字样，另钤有"知不足斋鲍以文藏书""华阳高氏藏书，子孙保之""孙毓修印""小绿天藏书""周暹"等印。

乾隆二十七年（1762）五月，鲍廷博先后两次向小山堂借阅图籍。一次是借赵氏所藏宋代赵书向所著《肯綮录》一卷，用以校勘自家藏本。还有一次是校抄了小山堂所珍藏的宋代赵彦卫所著《云麓漫钞》十卷。此书明代商濬刻入《稗海》时只有四卷，小山堂藏本较商氏所刻整整多出了一倍。鲍廷博对此

---

① ［清］全祖望撰，朱铸禹汇校集注：《全祖望集汇校集注·赵谷林诔》，上海古籍出版社2000年版，第351—353页。

罕见版本视如拱璧，乾隆三十一年（1766）五月又作了一次复校，时隔九年之后的乾隆四十年（1775）十二月又意外从小山堂再次抄得第十一卷至十五卷，至此方允为善本。正是因为有了鲍廷博这股子坚持不懈的较真劲，此书的版本价值才广被认可，为藏书家们所反复传抄。吴骞就曾从知不足斋借录了此书十五卷本，嘉庆十一年（1806）陈鱣又从吴骞处借得此书，于次年抄录完毕。书上留有鲍氏三次题跋，吴、陈均有过录。

卢氏抱经堂

抱经堂是定居杭州的余姚籍藏书家、学者卢文弨的藏书楼。卢文弨（1717—1795），初名嗣宗，字绍弓，号矶渔、檠斋、弓父等，学者称抱经先生。卢文弨的父亲叫卢存心，曾应博学鸿词科，从他那辈起，便将家从余姚搬到了杭州。卢文弨幼承庭训，刻苦勤学，于乾隆十七年（1752）中一甲第三名进士（俗称探花），被授翰林院编修，历任上书房行走、翰林院侍讲学士、广东乡试主考、湖南学政等职。乾隆三十一年（1766）因条陈学政事被降职还京，不久便辞官南归，先后主持钟山书院、紫阳书院，并担任崇文书院、龙城书院、娄东书院、暨阳书院、晋阳书院等处讲席。

卢文弨为人博学嗜古，尤喜聚书、校书，曾合经史子集三十八种，摘字而注，撰成《群书拾补》。后与所校释的其他著作合刻为"抱经堂丛书"，世称精审，广受好评。段玉裁在为他所撰的《墓志铭》中说："早昧爽而起，翻阅点勘，朱墨并作，几间缤纷无置茗碗处。日且暝，甫出户散步庭中，俄而篝灯如故，至夜半而后即安，祁寒酷暑不稍间。官俸脯修所入，不治生产，仅以购书。闻有旧本，必借抄之；闻有善说，必谨录之。一策之间，分别迻写诸本之乖异，字细而必工，今抱经堂藏书数万卷皆是也。"①学术上他还精研《说文解字》，晚年又留意金石之学，都有出色的表现，著有《钟山札记》《龙城札记》《抱经堂文集》等。卢文弨为人方正刚直，又真诚厚道，所以在师友中具有很高的威望。

卢文弨比鲍廷博年长十一岁，两人的结识应该是在卢氏辞官回乡之后。虽然彼此政治地位悬殊，但都对宋版书和宋人著述表现出相同且浓厚的兴趣与爱好。杨立诚、金步瀛编著的《中国藏书家考略》说卢文弨"闻有藏异书者，辄百出其计以借抄，精审无误，宋次道、刘原父皆莫能及也"②。他们的结识，很大可能还是卢文弨慕名找上门去的。

因为志同道合，两人之间的往来日渐频繁，交流亦愈加紧密，逐渐成为杭州藏书圈内不可多得的莫逆之交。卢文弨特别钟情于知不足斋所藏的宋版书和名家抄本，多次向其借阅，或用以校勘，或用于抄录，甚至只是一般的研读，每次都能得到满足。如乾隆三十九年（1774），卢文弨就先后两次从知不足斋借走两部秘籍。二月份借去的是鲍氏珍藏的宋刻本《咸淳临安志》（潜说友撰），用于校阅自家的抄本；另一次是明代冯舒的手抄本《徐公文集》（徐铉著），卢文弨说："余又为正其所未尽者，录成复请江阴赵敬夫曦明复审，又得十数条，其本脱者尚无从补正之，

---

① ［清］段玉裁：《清代诗文集汇编》389《经韵楼集》卷八《翰林院侍读学士卢公墓志铭》，上海古籍出版社2010年版，第160—161页。

② 杨立诚、金步瀛编著：《中国藏书家考略》，上海古籍出版社1987年版，第314页。

然此已可信为善本矣。"①四年后,乾隆四十三年(1778)夏又借过一次宋刻本《东观余论》(黄伯思著),系文学家楼钥之校定本,所以显得异常珍贵。

其中的《咸淳临安志》需要多说几句,其珍贵程度用鲍廷博的话说叫"历世浸久,传本绝少",所以历来是藏书家梦寐以求的和璧隋珠。关于此书的递藏,鲍廷博在题跋中写得非常详细:

> 我朝朱检讨(朱彝尊)先后从海盐胡氏(胡震亨)、常熟毛氏(毛晋)得宋椠本,去其重复,辑成八十卷。又从他氏补抄十三卷,尚阙七卷,无从补录,其跋载《曝书亭集》中。检讨既没,归之花山马氏(思赞)道古楼。马复售之桐乡汪氏(森),今则散佚,莫可踪迹矣。方在道古楼时,钱塘吴绣谷(焯)先生从之借录,予钱二十千仅得其半,又历十余寒暑始毕业焉。雍正辛亥(1731),检讨孙稼翁(稻孙)以重出宋椠本三十五卷售小山堂赵氏(昱)。赵氏从吴本补录其余,未及整装即归北墅王氏(德溥)宝日轩,顷复为吴氏(城)存雅堂所有。吴氏之居去予家只数舍,予每欲借抄,辄因病止。今年正月,偶得平湖高氏本,凡二十二册,中间节次阙失而尽于八十一卷。每册有季沧苇(振宜)图记。以《传是楼宋板书目》证之,其卷帙相符,盖即东海(徐乾学)旧物也。内第四卷迄第九卷实季氏补抄,中称理宗为"今上",应是施愕《淳祐志》

---

① [清]卢文弨撰:《抱经堂文集》卷十二《徐常侍文集跋》,中华书局1990年版。

屦入。(旸①谨按：家藏本第四卷乃宋刻，第五至第十，并知不足斋补抄，先生殆偶误记耳)，余二十册纸墨精好，较胜于赵氏本，而六十五、六十六两卷，又竹垞（朱彝尊）先生所未见也。因拆去季氏补抄施志六卷，就吴氏借赵本补录。凡影宋刻抄者一十六卷，影抄者二十八卷，又影宋刻抄序目三十人，翻合刻本通得九十五卷，仍缺者第一卷、卷首、序录二翻、第六十四卷及九十卷、九十八卷至一百卷，留心稽访，异日或成全书未可知也。吴本有绣谷（吴焯）先生手跋，赵本有董浦（杭世骏）先生手跋，记述颇详，并录于左，俾后之好古者有所征信，且知吴、赵二家购求遗籍不惜重资，有足法者。②

《咸淳临安志》是南宋咸淳四年（1268）起，由时任临安知府潜说友主持纂修的一部地方志，凡一百卷。因年代久远，刻本传世甚少，向为藏书家所宝爱。鲍廷博辗转购得"二十四册，中间节次阙失而尽于八十一卷"，于是通过各种渠道借抄补缀成九十五卷，是足以令无数爱书人艳羡的风雅乐事。尽管如此，因有感于此书流传曲折，聚散无常，鲍廷博不无感慨道："嗟乎！聚书、藏书良非易事，即如泰兴季氏，花山马氏，桐乡汪氏，武林赵氏、王氏，以及健庵、江村之富且贵焉，而此书不数十年间屡易其主，若传舍然。况余之薄弱，其能长守而弗失乎？

---

① 吴寿旸，吴骞次子。
② [清]鲍廷博撰，周生杰、季秋华辑：《鲍廷博题跋集》，浙江古籍出版社2012年版，第188—189页。

亦冀后我者知所爱护而已。"①

话说回鲍、卢的交往，以上是目前可知的最早记录。关于这次借书，卢文弨有题跋记之："乾隆三十八年(1773)，始抄是书，不得别本详校。鲍君以文出其所藏宋刊示余，乃知外间皆为俗子删节贸乱，少有完善者，因借以校此本，庶几复其旧观云。"②从中不难发现，此宋刻本是鲍廷博主动出示给卢文弨赏鉴的，还慷慨地允其传录，如没有较深的交情恐怕不容易做到。我们也可以据此猜测，鲍、卢之间早在此前就已经相交有年了。我们从卢文弨的记述中也能感受到相互借抄这样的互动方式对于学术研究所起到的促进作用。

除了《咸淳临安志》和《徐公文集》，卢文弨后来还陆续向鲍廷博借阅了不少其他珍稀的版本。其中，乾隆四十二年（1777）委托弟子李育芬抄录了鲍氏所得汲古阁旧抄本《钓矶立谈》（史虚白著）。次年鲍廷博据毛抄本校以曹寅《楝亭藏书十二种》本刻入"知不足斋丛书"，成为最完善的一个版本。卢文弨从外地回杭见到此新刻本，"因再阅一过"，足见他对此书及鲍氏新刻的偏爱。

鲍廷博与卢文弨的借阅传抄是双向互动的，不可否认他也向抱经堂借过不少善本。比如刘祁的《归潜志》、吴仁杰的《两汉刊误补遗》、张世南的《游宦纪闻》等，均是宋人的著述。在"佞宋"情结这一点上，两人之间达成了某种高度的契合。

鲍廷博与卢文弨的相识是从互借书籍开始的，但随着交流

---

① [清]吴寿旸撰，郭立暄标点：《拜经楼藏书题跋记》卷三，上海古籍出版社 2018 年版，第 189 页。

② [清]陆心源编，许静波点校：《皕宋楼藏书志》卷三十一，浙江古籍出版社 2016 年版。

的加深，特别是在学术的研讨中两人之间的情谊得到了进一步的升华。此一话题将在后面再作论述。

吴氏拜经楼

拜经楼是海宁藏书家吴骞的藏书之所。吴骞（1733—1813），字槎客，又字葵里，号兔床、小桐溪旅人、漫叟等，祖籍安徽休宁，至曾祖吴万钟始迁海宁长平乡，居新仓里小桐溪。诸生，一生未仕，耽于典籍，遇善本不惜倾囊购归。曾得同乡马思赞道古楼、查慎行得树楼藏书，以此为基础，日积月累至数十万卷，其中尤以宋元名抄名刻为多，达四五万卷。对此吴骞甚为得意，于乾隆四十五年（1780）建拜经楼以庋藏其书。

拜经楼之名因袭学者臧庸之室名，鲍廷博在得知好友以"拜经"名其楼时，恰巧在老家徽州购得一幅明代画家郑旼所绘的《拜经图》，归来后遂以之相赠，以为祝贺。吴骞得画后，欣喜之余作了两首七绝以记其事。诗云：

学古名楼事偶符，故人携赠出天都。
只缘个里诗书气，不共烟云化绿芜。

三径荒烟带草青，千竿纤竹自娉婷。
主人未必全如我，不解穷经只拜经。

诗句中除了表达作者对挚友的感激之情，也一再流露出自己崇拜经典的旨趣。后来为了体现个人的藏书特色，吴骞又为藏书楼取名千元十驾，意指自己拥有千部元刻本书，以期与苏州黄丕烈的百宋一廛并美于世。对此黄丕烈曾交代："予向名藏书所曰百宋一廛，其时海昌吴槎客闻之，即自题其居曰千元十驾。盖吴亦藏书者，谓千部之元板，遂及百部之宋板，如驽马十驾耳。"①

拜经楼落成后，吴骞愈加倾注于藏书和治学，在刻书上也取得了令人瞩目的成绩。藏书家陈鳣曾赞誉过其人其学："吴槎客先生品甚高，谊甚古，而学甚富，著述等身，故不屑为流俗之文，夙共当世贤士大夫相往还，与之上下议论。晚年益深造自得，远近学者宗之。"②不难看出，吴骞与鲍廷博有着多方面的相似之处，两人志趣相投，惺惺相惜，这就为彼此间的友谊奠定了基础。

吴骞与鲍廷博一样，也是一位交游广博之士，与他们时相往来的都是一批共同的师友，除了黄丕烈、陈鳣，还有杭世骏、卢文弨、钱大昕、周春等名士。他们之中尤以吴骞与鲍廷博最为相知相契，两人相识于杭州，时间约在向四库馆献书前后。彼此借阅的最早记录是在乾隆三十九年（1774）四月十二，吴骞到杭州从知不足斋借抄了宋代王应麟的《困学纪闻》二十卷，抄写工作是在西泠客舍中完成的。此书曾经全祖望、赵一清校跋，今藏于北京大学图书馆。次年（1775），鲍廷博购得《王梅溪集百家注东坡先生诗集》和《唐音戊签》何焯评本。吴骞闻讯后，再往鲍府借抄一份。乾隆四十二年（1777）秋，吴骞又一次向鲍氏借得更珍贵的王禹偁著《东都事略》（一百三十卷）宋刻本，

---

① ［清］黄丕烈撰，余鸣鸿、占旭东点校：《黄丕烈藏书题跋集·席上辅谈跋》，上海古籍出版社2015年版，第363页。

② 《愚谷文存》陈鳣序，《清代诗文集汇编》编纂委员会编：《清代诗文集汇编》第380册，上海古籍出版社2010年版，第185页。

还延请同邑的朱型与拜经楼自藏的一册影宋抄本进行了互校。吴骞为此感叹说:"百卅卷之书辄复求将伯之助,予之勤惰于此亦可征矣。"对于鲍廷博给予自己的帮助,吴骞是深自感念的。

鲍廷博定居乌镇后,因为与海宁距离相近,依托便捷的水路,两人的交往变得更加紧密起来。他们出行主要依赖于舟船,一条小桐溪将分居两地的朋友轻易地联结在了一起。就在迁居当年的乾隆四十九年(1784)夏,吴骞在一次拜访后写下了《夏夕,从小桐溪泛舟径硖石至乌青访绿饮道中即事二首》,为我们呈现了当时杭嘉湖平原梦幻般的江南景致。诗写道:

其一

微凉生远梦,竹露月初明。
紫硖连星动,青溪浴鸟惊。
故人葛句漏,词客庾兰成。
萧瑟乡关计,何时感慨平?

其二

渔火沿汀白,蘋香到枕浓。
忽闻歌水调,知已出云峰。
草没乌墩戍,风传宋堡钟。
平明聊倚棹,隔岸见晨春。

江南水乡的旖旎风光不仅触发了藏书家的诗情画意,也见证着彼此的君子风谊。这有可能还是鲍氏定居乌镇后吴骞的首次来访。

有时吴骞还会带着其他朋友一起去访问鲍廷博,比如次年(1785)三月小寒食那一天就偕同桐乡本地画家方薰泛舟乌青。吴骞有诗三首记录此事,其一有云:

> 蠹鱼堆里辟蚕丛,踪迹年来似转蓬。
> 野水平桥寻宋堡,人间何处鲍清风。[i]

原注:i.绿饮移居宋堡。

吴骞诗中两次提及的"宋堡"位于乌镇南栅,如今这里仍保留着"宋堡弄"的地名,鲍廷博定居的杨树浜在其东面不远处。

他们还一度相约"仿昔人岁月为书会",每月一会,相互切磋学问。吴骞有诗记其事:"尤喜鲍明远,岁月成交会。……奇觚每传抄,秘册互钩寄。契勘敢辞劳,丹黄亦有致。犹惭闻见陋,谁与发聋聩。"[①]随着交往的加深,借抄赠阅之事更是家常便饭。比如乾隆五十二年(1787)秋,吴骞先后从鲍廷博处借抄了元代吴师道所著《吴礼部别集》和宋代赵孟奎所著《分类唐歌诗》二书。特别是后一种,是吴骞寤寐求之而不可得者。鲍廷博在得知好友的需求后,即赶往苏州访书,虽然最终没能遇见宋版书,却在不久之后购得了扬州马氏玲珑山馆旧藏的六册旧抄本。吴骞得书后有文记其事,称"抄手端整,犹为中郎之虎贲",欣悦之情,溢于言表。

[①] 《拜经楼诗集·诗集续编》卷一,《中华大典(文献目录典文献学分典典藏)》,《中华大典》编纂委员会编纂,广西师范大学出版社2015年版,第83页。

嗜书之外，鲍廷博与吴骞均是性喜交游之人，经常相伴外出，或寻师访友，或寄情山水，陶醉于江南的诗情画意之中。他们曾于乾隆四十一年（1776）初秋偕画家奚冈一同拜访"心上人"，吴骞有诗记其事，其中有"漫携三笑侣，言访六朝僧。竹暗还幽径，云深最上乘"等句。乾隆四十三年（1778）七月十六，又应陈亦亭之招，与吴骞等集于湖舫观荷，诗酒酬唱，乐以忘忧。而据吴骞日记记载，乾隆四十五年（1780）二三月之间，鲍廷博与吴骞、卢文弨、陈鳣等往来更其频繁，或同游杭城的湖山胜景，或相与鉴赏各家珍藏的书画名品，声气相求，风雅同在，快何如之。

吴骞有不少记录他们一同出游的诗作，如作于乾隆五十二年（1787）春的《同绿饮、家枚庵访杨慧楼进士于松陵，小集湖楼，王西庄光禄适至》云：

其一

蹑屐下姑苏，扬帆径石湖。
为怜扬子宅，可钓季鹰鲈。
屏拓峰千叠，楼高酒百壶。
此中容啸傲，身世一菰芦。

其二

远塔垂虹外，孤城钓雪边。
碧萝三径雨，芳树五湖烟。
客至巾初垫，春移景未迁。
三高祠下水，相与定忘年。

这是吴骞偕鲍廷博、吴翌凤同访杨复吉于吴江，巧遇王鸣盛时的诗作。作诗是鲍廷博与吴骞的另外一个共同爱好，他们之间的来往也多赖这些诗作得以记录其事。只是鲍廷博善于咏物，吴骞则以纪事为主，所以很少见到两人之间的唱和之作。但这并不是说两人在作诗这件事上就没有互动，鲍廷博晚年编成《花韵轩咏物诗存》后，吴骞就为此诗集题过五首诗，对鲍氏的夕阳诗进行了一番赞美。其一有云："玉尺纱橱汗简量，白头涵泳尚青箱。定香亭下清风在，争看诗人鲍夕阳。"[1] 从中可知，鲍廷博曾以夕阳诗闻名当时，同题唱和者达数十人之多。

吴骞比鲍廷博小五岁，自述两人"以文字交垂五十年"。因为有了这样的交情，哪怕是都到了耄耋之年，依然互动频繁。就在嘉庆十七年（1812），鲍廷博时年八十五岁高龄，吴骞也已是八十岁了。正月，鲍氏为明刘绩《霏雪录》作跋。十月，因知吴骞甚爱此书，便以此善本慨然相赠，书上还留有鲍氏题跋手迹和"世守陈编之家"等藏书印。吴骞得此好书，风檐展读，只见鲍氏的墨迹"笔画端谨挺秀，无异少壮"，感叹其"诚可谓熙朝之人瑞矣"。

这一年鲍廷博送给吴骞的还有元刻本《仪礼图》（宋杨复著）十七卷，吴氏得以据此核校自藏的通志堂刻本，其子吴寿旸有跋记之。吴骞也老当益壮，还于该年十一月从知不足斋借去了明刻本《荆南倡和集》（元马治、周砥著）一卷传抄，并附录其传记，使之更为精善。

---

[1] 《拜经楼诗集续编》卷二，转引自刘尚恒：《鲍廷博年谱长编》，国家图书馆出版社2017年版，第210页。

在他们的晚年，愈发想念一位共同的朋友——卢文弨。在卢氏身后，鲍廷博牵头为之汇刻遗集，书刻成后一直没有人作序，鲍廷博便延请吴骞来弥补了这个遗憾。序言写得情真意切，面对故交半数凋零，吴骞既高扬了卢文弨的治学精神，也为彼此间的深情厚谊作了总结。次年，吴骞遽归道山。又过一年，鲍廷博也溘然长逝。但他们的风谊借着故纸墨痕，得以长留世间。

三、抄书无数

古人尝言："著书不如抄书。"互相之间传抄珍本善本在清代的藏书家中是一种颇为流行的风尚，很多藏书家因此而开启了藏书的生涯，也因此得以提升个人的藏书数量和品质。

但抄书不是简单的依葫芦画瓢，作机械的复制。其中还伴随着研读、校勘、考辨、注释等工作，可以视为一种带有深度研究性质的学术行为。清初学者全祖望曾提出一个抄书的原则："流传于世者概置之，即近世所无而不关大义者亦不录，但抄其所欲见而不可得者。"[①] 这也是绝大多数优秀藏书家取舍时的标准，毕竟人的精力和时间都是有限的。对此，清代另一位学者王鸣盛做过更具体的论述，他说："好著书不如多读书，欲读书必先精校书。校之未精而遽读，恐读亦多误矣；读之不勤而轻著，恐著且多妄矣。"[②] 王鸣盛是鲍廷博十分敬佩的同辈学者，其观点

[①] [清]全祖望：《鲒埼亭集外编》卷十七《抄永乐大典记》，《续修四库全书》本。

[②] 山右历史文化研究院编：《山右丛书初编10》，上海古籍出版社2014年版，第390页。

第八章 嗜奇好古借抄勤

在清代学人中应该说还是很有代表性的。

有了以上的出发点,精抄精读遂成为清代藏书家的共同追求。这也就促发了藏书家之间乐于互借互抄、互通有无的良好风气。根据上一节的介绍,鲍廷博与藏书家朋友之间的借阅借抄不仅频繁而且深入,那么鲍廷博的一生到底抄录了多少书籍呢?关于此,顾广圻曾说鲍廷博:"偶闻他处有奇文秘册,或不能得,则勤勤假抄厥副,数十年无懈倦。"① 据说鲍氏所抄书籍不计其数,仅流传至今有名可辑考者就有140余种,而实际数量当远在此之上。

《鲍廷博年谱长编》作者刘尚恒曾据《中国古籍善本书目》、王重民《中国善本书提要》、中国台北《"中央图书馆"善本题跋集录》等书目,辑成《鲍氏知不足斋抄校本书辑目》,共收书249种,其中可以明确是鲍氏抄本的有109种之多。今举其要者如下,以窥豹一斑。

《相台书塾刊正九经三传沿革例》一卷,宋　岳珂撰

岳珂是岳飞之孙,他鉴于当时所传九经三传舛误甚多,遂合诸本参校异同,成此传世之作。内容包括九经三传的书本、字画、注文、句读、考异等九个方面,以考辨经书版本源流、文字异同为大旨,为经学研究者提供了便利。知不足斋所藏为乾隆二十一年(1756)鲍廷博据汪西亭藏本缮写而成的抄本,于次年春分日校正完毕,又于乾隆五十二年(1787)七月十二依丁杰本作了复校。10行20字,黑格,白口,左右双栏,左栏外

---

① 顾广圻:《思适斋集》卷十二"知不足斋丛书"序,《清代诗文集汇编》编纂委员会编:《清代诗文集汇编》第482册,上海古籍出版社2010年版,第729页。

下方有"鲍氏困学斋"字样。据"傅增湘印""黄裳之印"等印可知，此书先后被傅增湘、黄裳所藏，现则藏于国家图书馆。

《侨吴集》十二卷补遗一卷，元　郑元祐撰

此书由郑元祐手自编订，为其诗文集，收录历年所作诗、铭、箴、赞、题、书、疏、序、记、碑志等，共十二卷。以"侨吴"为书名，是因为郑元祐壮年时侨居吴中，但并非全为居吴时作品。鲍氏抄本乃乾隆二十五年（1760）从瓶花斋借抄而来，所依为花山马氏抄本，于次年正月二十八日校正完毕。另附补遗一卷，为鲍廷博自《玉山草堂雅集》《玉山名胜集》《乾坤清气集》《师子林纪胜集》等十二种书中所辑得的郑元祐诗作103首，及《吕氏春秋序》一篇。今上海图书馆有他人过录本，中国台北"中央图书馆"亦藏有抄本。

《复古编》二卷，宋　张有撰

张有系著名词人张先之孙，此书为其文字学著作，用以校正《说文解字》传写讹谬及王安石《字说》之弊。所收字按平、上、去、入四声排列，据《说文解字》以辨析各体，正体为篆书，另注以别体、俗体。张元济《复古编跋》赞誉道："吾国字书，以许氏《说文》为最古，世俗传写讹谬百出，张氏著此书以正之，曰复古者，将以复于许氏之书也。"鲍氏此抄本乾隆三十一年（1766）夏借录自江宾如处，沈大成曾为之校勘。江宾如生平不详。沈大成（1700—1771），字学子，号沃田，华亭人，康熙诸生，有文名，有《学福斋文集》传世。

《胡澹庵先生文集》六卷，宋　胡铨撰

胡铨因南宋绍兴七年（1137）冒死上疏，要求斩杀秦桧、孙近等，以气节风骨为历代读书人所推崇。此书鲍廷博先是让人用自制的稿纸抄录一过，再于乾隆三十四年（1769）八月至三十五年（1770）二月间，花去整整七个月时间作了精心的校勘。此外还从杨万里《诚斋集》等书中尽可能辑补了胡铨的传记资料和词作，以此表达自己对这位志士仁人的仰慕之怀。书9行20字，左右双边，现藏于上海图书馆。

《孙明复小集》一卷附录一卷，宋　孙明复撰

此书鲍廷博抄于乾隆三十四年至三十五年之间（1769—1770），收文十九篇、诗三首，附录欧阳修撰墓志一篇。半叶10行20字，黑格，左右双边，书口下印有"知不足斋正本"。因曾被进呈四库馆，封面遂留有木记"乾隆三十八（1773）十一月，浙江巡抚三宝送到鲍士恭家藏《孙明复小集》一部，记书一本"，又有满汉文"翰林院印"及"教经堂钱氏章""犀庵手校"等章，现藏上海图书馆。

《咸淳临安志》九十五卷，宋　潜说友撰

知不足斋所藏此书严格意义上说应该是宋刻本加补抄本。10行20字，白口，左右双栏，现藏于国家图书馆。书成于南宋度宗咸淳四年（1268），除了鲍氏藏本，还有宋刻本、小山堂赵昱抄本、琴趣轩黄滢江抄本、渊谷抄本、四库全书本、振绮堂仿宋刻本等。全书原共一百卷，门类横排，纵贯时间，记人记事，条理井然，被视为是"临安三志"中最详备、最完整的一部。鲍廷博此本是乾隆三十八年（1773）正月从平湖高氏处购得，凡二十四册，中间节次有缺失，鲍廷博向瓶花斋借抄补录，"凡影宋刻抄者一十六卷，影抄者二十八卷，又影宋刻抄序目二十八翻，合刻本通得九十五卷"。鲍廷博所缺的其他五卷，本想"留心稽访"，后却因故辗转流入吴骞等人之手。

《芳兰轩集》一卷，宋　徐照撰

此为徐照诗集，又名《山民集》，原为三卷，后人并作一卷，又从《瀛奎律髓》辑诗六首,《东瓯诗集》辑诗二首,《东瓯续集》辑诗一首，合称补遗，附于书后。知不足斋藏本鲍廷博于乾隆三十八年（1773）三月抄毕，并于该年四月随其他书一起进献四库馆，被收录在《四库全书·集部·别集类》。鲍氏手抄本今藏于中国台北"中央图书馆"。

【附知不足斋部分抄本表】（据丁学松辑、季秋华补辑《鲍氏知不足斋抄校本书辑目》整理）

书名	卷数	朝代	作者	现藏地
敷文郑氏书说	一卷	宋	郑伯熊	未知
相台书塾刊正九经三传沿革例	一卷	宋	岳珂	上海图书馆
庚申君遗事	一卷	清	万斯同	国家图书馆
桂林田海记	一卷	清	雷亮功	国家图书馆
黑鞑事略	一卷	宋	彭大雅	上海图书馆
蜀梼杌	不分卷	宋	张唐英	国家图书馆
辛巳泣蕲录	一卷	宋	赵与	未知
安禄山事迹	三卷	唐	姚汝能	上海图书馆
南宋六陵遗事	一卷	清	万斯同	国家图书馆
师子林纪胜集	二卷	明	释道恂	上海图书馆
徐霞客游记	不分卷	明	徐弘祖	国家图书馆
千顷堂书目	三十二卷	清	黄虞稷	华东师范大学图书馆
静惕堂藏书目录	一卷	清	曹溶	上海图书馆

续表

书名	卷数	朝代	作者	现藏地
曝书亭集	一卷	清	朱彝尊	上海图书馆
延令宋版书目	一卷	清	季振宜	上海图书馆
南濠居士文跋	四卷	明	都穆	中国科学院图书馆
叶氏箓竹堂碑目	六卷	明	叶盛	未知
宝刻类编	八卷	清	未知	国家图书馆
吴下冢墓遗文	三卷	明	都穆	国家图书馆
名迹录	七卷	明	朱珪	未知
建炎以来朝野杂记甲集	二十卷	宋	李心传	国家图书馆
棠阴比事	二卷	宋	桂万荣	国家图书馆
九章算术注	五卷	魏	刘徽	未知
南宋院画录	八卷	清	厉鹗	国家图书馆
一角编	不分卷	清	周二学	国家图书馆
宝绘录	二十卷	明	张泰阶	未知
松窗百说	一卷	宋	李季可	未知
近事会元	五卷	宋	李上交	南京图书馆
肯綮录	一卷	宋	赵叔问	未知
归潜志	十四卷（附录一卷）	元	刘祁	南京图书馆
筠轩清闷录	三卷	明	董其昌	上海图书馆
云麓漫钞	十卷	宋	赵彦卫	未知
困学斋杂录	一卷	元	鲜于枢	未知
鉴诫录	十卷	后蜀	何光远	未知
敏求机要	十六卷	元	刘实	上海图书馆
吕和叔文集	十卷	唐	吕温	未知
安岳冯公太师集	三十卷	宋	冯山	南京图书馆
北湖集	五卷	宋	吴则礼	南京图书馆
伯牙琴	一卷	宋	邓牧	重庆市图书馆
东观集	十卷	宋	魏野	天津图书馆
东堂集	十卷	宋	毛滂	重庆市图书馆
二薇亭诗集	一卷	宋	徐玑	国家图书馆
芳兰轩集	一卷	宋	徐照	未知

续表

书名	卷数	朝代	作者	现藏地
胡澹庵先生文集	六卷（附一卷）	宋	胡铨	上海图书馆
钜鹿东观集	十卷（补遗一卷）	宋	魏野	南京图书馆
溪堂集	十卷	宋	谢逸	未知
老圃集	二卷（补遗一卷）	宋	洪刍	上海图书馆
谢幼槃文集	十卷	宋	谢薖	未知
刘给事文集	五卷（附录一卷）	宋	刘安上	上海图书馆
龙洲道人集	十卷	宋	刘过	浙江大学图书馆
履斋四明吟稿	二卷（诗余二卷）	宋	吴潜	重庆市图书馆
蒙隐集	二卷	宋	陈棣	国家图书馆
南湖集	十卷（附录三卷）	宋	张镃	南京图书馆
宁极斋稿	一卷	宋	陈深	国家图书馆
慎独斋稿	一卷	元	陈植	国家图书馆
山民诗集	一卷	宋	真山民	上海图书馆
孙明复小集	一卷（附录一卷）	宋	孙复	上海图书馆
邕州小集	一卷	宋	陶弼	重庆市图书馆
西渡集	一卷	宋	洪炎	上海图书馆
溪堂集	十卷	宋	谢逸	国家图书馆
徐公文集	三十卷	宋	徐铉	南京图书馆
彝斋文编	四卷（补遗一卷）	宋	赵孟坚	国家图书馆、南京图书馆
赵宝峰先生文集	二卷	宋	赵偕	上海图书馆
泠然斋诗集	八卷	宋	苏泂	未知
吾汶稿	十卷	宋	王炎午	未知
燕堂诗稿	一卷	宋	赵公豫	未知

续表

书名	卷数	朝代	作者	现藏地
疏寮小稿	一卷	宋	高似孙	未知
毅斋诗集别录	一卷	宋	徐侨	未知
棠湖诗稿	一卷	宋	岳珂	未知
古梅吟稿	六卷	宋	吴龙翰	未知
古逸民先生集	一卷	宋	汪炎昶	未知
巴西邓先生文集	一卷	元	邓文原	上海图书馆
白云集	三卷（题赠附录一卷）	元	释英	南京图书馆
北郭集	六卷（补遗一卷遗集一卷）	元	许恕	上海图书馆
陈刚中诗集	三卷（附录一卷）	元	陈孚	上海图书馆
存悔斋诗	一卷（补遗一卷）	元	龚璛、朱存理	国家图书馆
丁鹤年集	四卷（附诗一卷诗补一卷集外诗一卷附录一卷）	元	丁鹤年	未知
拱和诗集	一卷（附一卷）	元	曹志	国家图书馆
江月松风集	十二卷（续集一卷补遗一卷）	元	钱惟善	南京图书馆
江月松风集	十二卷（补遗一卷）	元	钱惟善	未知
侨吴集	十二卷（附录一卷补遗一卷）	元	郑元祐	上海图书馆
书林外集	七卷	元	袁士元	山东省博物馆
蜕庵诗	四卷	元	张翥	南京图书馆
闻过斋集	八卷	元	吴海	上海图书馆
五峰集	六卷（文集一卷雁山十记一卷）	元	李孝光	中山大学图书馆
兴观集	一卷	元	元仇远、明瞿佑	重庆市图书馆

续表

书名	卷数	朝代	作者	现藏地
虚谷桐江续集	四十八卷	元	方回	南京图书馆
药房樵唱	三卷（附录一卷）	元	吴景奎	国家图书馆
友石山人遗稿	一卷（附录一卷）	元	王翰、吴海	中山图书馆
羽庭集	六卷	元	刘仁本	湖北省博物馆
玉井樵唱	三卷	元	尹廷高	国家图书馆
玉笥集	十卷	元	张宪	北京大学图书馆
月屋樵吟	四卷	元	黄庚	上海图书馆
揭文安公文集	九卷	元	揭傒斯	未知
燕石集	十卷	元	宋聚	未知
周翰林近光集等	七卷	元	周伯琦	未知
近光集等	六卷	元	周伯琦	未知
滦京杂咏	二卷	元	杨允孚	未知
友石山人遗稿	一卷（附录一卷）	元	王翰	未知
圭塘欸乃集	一卷	元	许有壬	中国台北"中央图书馆"
柴氏四隐集	二卷（附录一卷）	宋	柴望等	上海图书馆
柴氏四隐集等	七卷	宋	柴望等	国家图书馆
江湖后集	二十四卷	宋	陈起	北京大学图书馆
宋八家诗抄	十二卷	宋		黑龙江省图书馆
唐宋八家词	十卷	唐宋		国家图书馆
阳春白雪	八卷（外集一卷）	宋	赵闻礼	上海图书馆
安乐集词	四卷	宋	张先	上海图书馆
龟峰词	一卷	宋	陈经国	未知

第九章　购书为乐饱蠹鱼[①]

关于藏书，黄宗羲曾说："藏书非好之与有力者不能。"对于鲍廷博来说亦是如此，他一生嗜书如命，不仅勤于抄书，而且不惜重金求购珍本、善本，到了晚年更是因此而倾尽家财，沦落到不得已而鬻书度残年的境地。鲍廷博生前有一枚印文为"黄金散尽为藏书"的藏书印，正是对自己形象的概括。

由于知不足斋没有书目存世，无法确切知道鲍氏藏书的详细情况，成为藏书史上的一大憾事。尽管如此，关于知不足斋藏书的内容与特色，除了以上抄书所见，我们大致也可以通过考察鲍廷博的购书渠道来略窥一二。

一、购求之始

对于一般士人来讲，购书以藏又谈何容易，古人对此心中可谓五味杂陈，冷暖自知。清代藏书家孙从添就此引发过一番感慨，他说：

[①] 蠹鱼：一种蛀食书籍、衣服等物的小虫。体被银色细鳞，无翅。常栖息于衣服和书籍中，啮食其上的糨糊及胶质物。也因此常被称为"书虫"。

购求书籍，是最难事，亦最美事、最韵事、最乐事。知有此书而无力购求，一难也。力足以求之矣，而所好不在是，二难也。知好之而求之矣，而必欲较其值之多寡大小焉，遂致坐失于一时，不能复购于异日，三难也。不能搜之于书佣，不能求之于旧家，四难也。但知近求而不知远购，五难也。不知鉴识真伪，检点卷数，辨论字纸，贸贸求购，每多阙佚，终无善本，六难也。有此六难，虽爱书之人，而能藏书者鲜矣。①

按孙从添的意思，购书存在"六难"，条条不易。

第一难就难在"知有此书而无力购求"，说的就是经济条件对购买藏图书的限制，这对于绝大多数读书人来说都是至关重要的一条。特别是随着商品经济的发展，善本、珍本形同古董，书商囤积居奇，待价而沽，真不是一般清贫的读书人所能轻易占有的。清末学者叶德辉在《书林清话》中就此表示过强烈的愤慨，他说：

宋椠贵至千金，插架等于古玩；廖板齿侪十客，牟利甚于榷场。以故鬻书者日见其多，读书者日见其少。士大夫假雕印而造交会，大都唐仲友之贪污；收藏家因字画而及古书，无非项子京之赏鉴。吾生也晚，恨不如菉翁、南涧，生际圣明，后之视今，恐犹有一蟹不如一蟹之慨者。②

---

① [清]孙从添：《藏书纪要》，仿宋斋光绪九年（1883）刻本。
② 叶德辉撰，紫石点校：《书林清话（外二种）》卷九"都门书肆之今昔"，北京燕山出版社1999年版，第154页。

第九章 购书为乐饱蠹鱼

叶德辉所诟病的是晚清时期藏书读书领域的诸多不良风气，我们从他的话里也能感受到他对李文藻（号南涧）、黄丕烈（号荛翁）时代的向往之情。李、黄所处的乾隆、嘉庆年间正是封建王朝由盛到衰的转折时期，但之前的"康乾盛世"毕竟持续了一百多年，国家统一、经济发展、人口与耕地面积的持续增长直接或间接地带来了文化的繁荣，这些都为藏书与读书事业提供了历史性的发展机遇。鲍廷博煞费苦心经营知不足斋藏书事业就遇到了这样一个相对安定繁荣的历史时期。

第二难难在财力足以求之，却非其所好，一切枉然。

第三难难在斤斤计较，患得患失，往往因此而错失了好书，留下深深遗憾。

第四难难在缺乏好书的来源，理想的藏书可遇而不可求。

第五难难在交通不便，只能近取，不能远得，藏书质量就不免受到制约。

第六难难在没有学问支撑，以致"不知鉴识真伪"，所藏之书也就良莠不齐，乏善可陈。

以此"六难"对照鲍廷博，正可以看出鲍氏藏书之不易，其孜孜以求的一生即是大多数藏书家的人生缩影。

说到鲍廷博的购藏图籍，最早可以追溯至其青少年时代。据清赵怀玉《恩赐举人鲍君墓志铭》所说，鲍廷博"以父性好书，力购篇帙为养志之具，储积既富，卓然成藏书家"[1]。这与阮元的

---

[1] [清]赵怀玉：《亦有生斋续集》卷六，清道光元年（1821）刻本。

说辞如出一辙①。这种购书以娱长辈的做法正是得自父亲鲍思诩的言传身教，应该说小小年纪的鲍廷博已经体会到书籍给家人和自己所能带来的快乐。谁又能想到，这幼年埋在心中的书香种子他日竟会促成一代大藏书家的诞生。

目前可以确切知道的是，鲍廷博早在二十岁之前就已经开始大量购书。据乾隆四十一年（1776）朱文藻所作《知不足斋丛书序》云：

> 盖嗜书累叶如君家者，可谓难矣。三十年来，近自嘉禾、吴兴，远而大江南北，客有旧藏抄刻异本来售武林者，必先过君之门，或远不可致，则邮书求之……②

乾隆四十一年（1776）鲍廷博虚龄四十九岁，往前推三十年，即是二十岁不到的年纪。这一说法与翁广平所说的"二十三岁补歙县庠生，两应省试不售，遂绝意进取，竭力购求典籍"③的时间大体吻合。正是因为有了前期的积累与经验，在其科场失意后才会变本加厉地投入，这份决心和魄力显然是在告知世人，自己将以藏书为毕生志业了。

---

① 阮元在《知不足斋鲍君传》中说："君事父又以孝闻，以父性嗜读书，乃力购前人书以为欢，既久，而所得书益多且精，遂蔚然为大藏书家。"

② ［清］朱文藻：《知不足斋丛书序》，［清］鲍廷博辑："知不足斋丛书"第一集卷首，中华书局1999年版，第7—8页。

③ ［清］翁广平撰：《听莺居文抄》卷二十《鲍渌饮传》，见《清代诗文集汇编》第466册，上海古籍出版社2010年版。

二、购书南北

古今藏书家聚书,方式大体相同,除了抄书,购书无疑是同等重要的途径。对于鲍廷博来说,其购书的首选之地莫过于书贾所开设经营的书肆、书船,那里品种繁多,选择性大,是其购书的主要来源。此外他还通过与藏书家朋友之间的互通有无和海外求书,弥补了书商图书品种"多而滥"的不足,使得个人藏书中善本、珍本的数量远在他人之上。

购于书贾

"书贾"是书商的古称,是专门从事书籍贸易和贩卖的人。早在《周礼·天官》中就有记载:"商贾,阜通货贿。"郑玄注云:"行曰商,处曰贾。"意思是,当时商人分两种,流动供应者为商,坐守经营者为贾。到了公元1世纪,我国就出现了书贾这样一种专门从事书业经营的商人。书贾大抵熟悉书籍的版本及其流传情况。唐代的《尚书故实》一书就说到当时闻名于京城的一对书贾父子:"京师书肆孙盈者,名甚著。盈父曰仲容,亦鉴书画,精于品目,豪家所宝,多经其手,真伪无所逃焉。"可见,早在唐朝时书贾已具有相当的行业素养和知识,并在收藏界拥有较高的声望。因为有过经商的经历,鲍廷博与书贾打交道就显得自然得多,彼此之间没有太大的隔阂。

鲍廷博在老家徽州购书的具体故实目前尚不得而知,刘尚恒著《鲍廷博年谱长编》中明确著录的最早一次已经是乾隆十六年(1751)的事了,当时鲍廷博二十四岁。所购之书为《晞发集》五卷、《外集》一卷,系南宋爱国诗人谢翱所著诗文集。谢翱(1249—1295),福建长溪(今福建福安)人,字皋羽,号宋累,宋末遗民诗人。早年率乡兵数百人投文天祥抗金,任咨议参军。兵败后脱身潜伏民间,避地于浙东,有《登西台恸哭记》等名作传世。鲍廷博所得为明万历四十年(1612)张时升刻本。这也是目前可以明确时间且还存世的鲍廷博最早的藏书,现藏于国家图书馆。此书《北京图书馆古籍善本书目》有著录,9行18字,白口,四周单边,书上钤有"鲍以文藏书记"朱文长印。

除了时间,朱文藻序中的这段话还透露出不少其他重要的信息。首先同样是慨叹鲍氏累世嗜书之难,从鲍贵到鲍思诩到鲍廷博再到鲍士恭,朱文藻此时所能知道的就有前后四代爱书人。四世书香,这对于以商业起家的鲍氏来说实属不易,是足以令熟悉鲍氏出身的人刮目相看的。这不禁让人联想到明末清初另一位藏书家吕留良写给长子吕公忠(乳名大火)的警示诗《得山阴祁氏澹生堂藏书三千余本示大火(二首)》,其一有云:"阿翁铭识墨犹新,大担论斤换直银。说与痴儿休笑倒,难寻几世好书人。"康熙五年(1666)夏,山阴祁氏澹生堂藏书因故出售,吕留良得知后委托长期在他家处馆的黄宗羲代为求购,得书三千余册。此作是在吕留良购得祁氏藏书之后给自己的儿子写的警示诗,希望其能从中吸取教训,不使藏书聚散的悲剧在自家重演。藏书家的爱书之情,对子孙的叮嘱之切,溢于言表。有前车之鉴,朱文藻所赞叹的即是接连"几世好书人"的鲍氏之诗书传家。

朱文藻的话中还揭示了一个重要的史实,即鲍廷博一生的活动范围并不广,虽晚年到过北京,但足迹主要还是集中于徽州、杭州、嘉兴和苏州等江南地区。这些地方即是鲍廷博开展购书活动的核心区域。

"嘉禾"即如今的嘉兴地区,"吴兴"即现在的湖州一带,再加上鲍氏定居的杭州,就是现在常说的杭嘉湖地区。"大江南北"虽是一个比较宽泛的地理概念,但其核心地域则包含了南京、苏州、常州、无锡等地。以上均为江南腹地,自永嘉南渡后社会经济加速发展,文化也逐步走向兴盛。特别是进入清代以后的康乾时期,工农业生产和商业的进一步发展,使得该地区的文化教育事业迎来了前所未有的繁荣。这其中刻书、藏书等文化活动异常活跃,均达到了封建时代最鼎盛的时期。

特别是刻书方面,正如古文献学家王重民在《中国善本书提要》中所说的那样:"清初则以南京、苏州、杭州为最多最好。"对此,有研究者指出:"明、清两代江南私人刻家之多,刊书之众,技术之高,印品之精,影响之大,皆是该地区宋、元诸代所无与伦比的,也是同时期其他地区所无法匹敌的。"[①]出版业的兴盛是书业繁荣的表现,而承担刻书与售书业务的书肆也如雨后春笋般涌现。鲍廷博大量的藏书即购于江南一带经营书肆的书商之手。

据清末学者叶德辉考察,"书肆"二字最早见于西汉扬雄编撰的《扬子法言》,随后历经六朝及唐宋元明的发展,规模、数量与影响力到清代乾嘉时期达到顶峰。其论如下:

---

① 叶树声、余敏辉:《明清江南私人刻书史略》,安徽大学出版社2002年版,第1页。

《扬子法言·吾子》二:"好书而不要诸仲尼,书肆也;好说而不要诸仲尼,说铃也。"此"书肆"二字见于文士著述之始。《后汉书·王充传》:"常游洛阳市肆,阅所卖书,一见辄能诵忆。"此后汉时有书肆也。梁任昉《答刘居士诗》"才同文锦,学非书肆",此六朝时有书肆也。唐《柳玭训序》,言其在蜀时尝阅书肆,云"字书小学率雕版印纸";又吕温《衡州集》中《上官昭容书楼歌》:"君不见洛阳南市卖书肆,有人买得《研神记》。"此唐时有书肆也。马令《南唐书·鲁崇范传》:"崇范虽婆,九经子史世藏于家。刺史贾皓就取之,荐其名不报,皓以己缗偿其直。崇范笑曰:'典坟天下公器,世乱藏于家,世治藏于国,其实一也。吾非书肆,何估直以偿耶?'却之。"此五代时有书肆也。至宋则建阳、麻沙之书林、书堂,南宋临安之书棚、书铺,风行一时。迄今如乾嘉间钱景开萃古斋,陶正祥、珠琳父子五柳居,以及李文藻《琉璃厂书肆记》中韦氏瑞锦堂(旧名鉴古堂),刘氏延庆堂,一经文人品题,遂得附名千古。章学诚《文史通义》援周长发之言,目此辈为"横通",著《横通篇》以寓讽焉,亦可谓善于题目也已。①

书肆亦叫"书坊""书林""书堂""书棚""书铺""书籍铺""经籍铺"等,是民间刊刻和经销书籍的店铺或市场。根据叶德辉的考证我们可以知道,书肆在我国汉代已出现,《后汉书·王充传》就有王充常在洛阳书肆看书的记录。到了唐代中叶,因雕版印

---

① 《书肆之缘起》,叶德辉著,紫石点校:《书林清话(外二种)》卷九,北京燕山出版社1999年版,第40—41页。

刷术的兴起，在四川、安徽、江苏和浙江等更多的地方也都发现了书肆的存在。唐以后，书商依托书肆刻书的现象就更为普遍。这些书商，因不少本身就是藏书家，兼事编撰刻印，在文人士大夫间颇有名气。就拿乾嘉期间来说，被叶德辉点到名的就有萃古斋的钱景开、五柳居的陶正祥、陶珠琳父子，以及瑞锦堂的韦氏、延庆堂的刘氏等。他们因藏书与刻书的质量颇佳，受到文人的品题表彰，于是在文化界得以声名鹊起。

有清一代，苏州一直是书业最为繁荣的地区之一，"书肆之盛，比于京师"①，其数量之多，足以与当时的京城媲美。据出身于苏州旧书业世家的江澄波回忆："吴门古旧书历史悠久，明清两代，尤称极盛。刻书之精，藏书之富，书坊之多，除北京外，首推苏州。故海内学者采觅典籍，莫不于此求之。"②笔者据其《苏州古旧书业简史》一文统计，清代苏州旧书坊和书肆的数量多达82家，其中就包括书业堂、扫叶山房、宝翰楼、红叶山房、五柳居、萃古斋、经义斋、宝是堂等闻名遐迩的老店。

鲍廷博经常到苏州购书，就是因为书肆多，可供选择的好书也多。比如乾隆三十四年（1769），鲍廷博就曾到常熟虞山某书肆购得明成化刻本《滦京杂咏》，是相当罕见的元代诗人杨允孚的诗集。他在题跋中写道：

乾隆己丑十二月廿一日，阻风虞山，阅市购此。《滦京杂

---

① 叶德辉著，紫石点校：《书林清话（外二种）》卷九《吴门书坊之盛衰》，北京燕山出版社1999年版，第248页。

② 江澄波：《吴门贩书丛谈》（下），北京联合出版公司2019年版，第401页。

咏》,通百有八首,罗璟跋云:"百首举成数耳。"秀野草堂选元诗,遂乃删去八首,以符其数,举世遂不见其全。中如"故乡不是无秋雨,听过匡庐始怆神",及"不比江南花事早,家家儿女解伤春"诸作,在卷中极风韵,转置不录,不知操选之意何在也。亟为之刊定,以还旧观。①

鲍廷博十分看重此书,后来和其他善本一起进呈四库馆,被收录在《四库全书·集部·别集类》。此跋则作于嘉庆十年(1805)十一月十八,鲍廷博正要将其刻入"知不足斋丛书"第二十三集中。要知道,鲍廷博的购藏、献书与刻书对于此书的命运关系极大,他不仅恢复了原书的本来面目,随着成化本的散佚,鲍氏所藏竟然成为了该书唯一的存世版本。

鲍廷博在苏州的购书经历,目前可以确切知道的还有乾隆五十四年(1789)十二月二十七,于姑苏城外的紫阳居书肆购得毛氏汲古阁所刻《中吴纪闻》六卷。《中吴纪闻》系苏州宋代文人龚明之所著笔记小说,专以记录吴中地区的奇闻轶事和风土民情为主要内容。因多是作者耳闻目睹之事,所以尤为生动而翔实可信,历来受到读书人的喜爱。值得一提的是,书中还收录了唐代诗人张继的名作《枫桥夜泊》,第二句有别于他处,作"江村渔火对愁眠",被认为是厘清了该诗的原委。为此晚清大儒俞樾不无赞叹道:"幸有《中吴纪闻》在,千金一字是江村。"足见此书的文献价值。鲍廷博得到此书后,生前将之作为

---

① [清]鲍廷博撰,周生杰、季秋华辑:《鲍廷博题跋集》,浙江古籍出版社2012年版,第103页。

善本进献四库馆,在其身后又被儿子鲍士恭刻入"知不足斋丛书"第三十集,得以流布书林。

鲍廷博在题跋中时时不忘写明所抄之书的来源,却很少在所购之书上记载购书的出处和价钱。但也有例外,比如乾隆三十六年(1771)他从湖州书贾手上购得一套三十二卷的《千顷堂书目》(黄虞稷著)旧抄本,还特意注明是花费了"六金"才购得的。此书原系同时代的经学家、藏书家杭世骏道古堂藏书,书上还留有杭氏作于乾隆十三年(1748)的题跋。后来鲍廷博将此书转让给了好友吴骞,吴亦有跋记曰:

> 俞邰(黄虞稷)既没,遗书散佚,此稿又未经授梓,是以流传绝少。予属鲍君以文物色之数年,始从苕估购得,审视则堇浦先生(杭世骏)道古堂藏本也,有其手跋。他日面质,先生亦不自知其所以然。盖堇浦晚岁双足恒不良于行,侍史往往窃架上书以卖,不意此本辗转流传,仍为我辈所得,信昔人所谓有翰墨缘者矣。①

原来此书是吴骞嘱咐鲍廷博代为寻觅的,一朝得偿所愿,真是不亦快哉!吴骞之所以会请鲍廷博在书市上代为留意好书,看重的就是鲍氏在购书这件事上所具有的丰富经验。

有些书吴骞会委托鲍廷博代为购买,有些则径直从知不足斋所购之书中借录一过,从而省去一笔开销。比如乾隆四十年

---

① [清]黄虞稷撰,瞿凤起、潘景郑整理:《千顷堂书目》,上海古籍出版社2001年版,第799页。

（1775），鲍廷博刚购得王十朋所注《东坡诗集》三十二卷，即《王梅溪集百家注东坡先生诗集》，胡震亨所编《唐音戊签》并何焯评本，吴骞得知后就立即被他借去抄录了一份留存。

吴骞所说的"苕估"又称"苕贾""苕上书估"，是对当时活跃于太湖流域且声名远播的湖州书贾的泛称。因湖州有东西苕溪，遂以地籍冠名，别称有苕上、苕雪等。湖州书贾最大的特点是常以船贩书，借助四通八达的水网河道，浮家泛宅，往来于江浙之间。所到之处，常常受到士大夫的礼遇，故而被称作"书客"和"书友"。

鲍廷博因为购书数量太多，常将所购之书遗忘在一旁。这种情况乾隆三十年（1765）六月就发生过一回，那日鲍廷博正要出发前往苏州，书客沈丹宪手持吴江沈彤所校的《清波别志》来售。鲍廷博见此书品相颇佳，欣然购得，顺手放在书架上便匆忙出门去了，回家时却将此书忘得一干二净。整整八年之后的乾隆三十七年（1772）四月二十九，他在翻检其他书时才偶然发现，于是"亟取雠勘，据以是正者凡数十字"。

湖州书船不仅贩运新书，也收购旧书，为藏书的聚散流转发挥中介作用，有力地促进了明清江南藏书事业的蓬勃发展。黄丕烈在其《士礼居藏书题跋记》中就记载过一段嘉庆四年（1799）冬鲍廷博与湖州书贾交易未成的往事。他写道：

> 吴姓曰："君真有福分者。是书为海盐人张晋乔物，任杭州府学教授，卒于官，余得诸伊侄孙手，实钱十千文。后送诸鲍以文先生处，渠许过元银十二金，余尚须请益，适渠于

第九章　购书为乐饱蠹鱼

大雪中泛舟往杭州，夜半遭风，舟几覆溺，遂翻然曰：'吾身子尚不免，何况身外物，此书毋使诸失所也。'余取归书船，今为君有，岂非冥冥中有若或使之者乎？"交易既成，书此缘起，并著物之归宿，有在不可勉强者，爰什袭而藏诸读未见书斋，命儿子玉堂归诸金、元文集部。①

"吴姓"指湖州书贾吴步云，从海盐张晋乔侄孙手上购得金刻本《中州集》，先是送到鲍廷博处，鲍许以十二金，吴还要加价，终于未能成交。吴后来转投黄丕烈，为其所购，并作跋文以记之。话说鲍廷博当天冒着大雪泛舟赶往杭州，夜半竟遭遇大风，几乎翻船殒命，遂感人生无常，心中渐生悲凉之感。尽管如此，心中仍挂念好书，嘱咐书贾"毋使诸失所"，待书如待人也。

此次交易虽然没有成功，但书贾送货上门的事当不在少数，比如珍贵的宋版《金石录》一书就可以明确是得自湖州书贾之手。据清何琪所撰《唐栖志略》记载：

冯文昌砚祥，号吴越野民，嘉兴人。司成开之孙也。次子襃仲，赘于栖里沈氏，遂徙家依之。晚年复居河渚，以守司成之墓。著有《吴越野民集》。砚祥既工诗，兼好古书画，有宋刻《金石录》十卷，极宝爱之。手跋其后，又为刻印，文曰"金石录十卷人家"。其书仅四册，吾友鲍以文以十金购于湖州书贾。卷尾有朱文石跋李易安《金石录后序》，其侍儿

---

① ［清］黄丕烈著，潘祖荫辑，周少川点校：《士礼居藏书题跋记》卷六《中州集》，书目文献出版社1989年版，第305页。

书也。笔亦秀整有致,惜冯跋不知何人割去,为可恨耳。是书以文寤寐有年,一旦得之,此欧阳氏所谓"物聚于所好也"。①

《金石录》三十卷是宋代赵明诚、李清照夫妇的心血之作,被后世奉为金石学的开山之作,也是典范之作。宋版《金石录》更是稀世珍品,这一部仅为十卷,系北宋淳熙刻本,原为嘉兴冯文昌所藏。冯文昌乃收藏家冯梦桢之孙,因次子冯褒仲入赘唐栖,即今杭州市余杭区塘栖镇沈氏,全家便跟着迁居唐栖。冯文昌因家学渊源,不仅工于诗,亦兼好收藏,特别是对所藏的这部宋刻《金石录》十卷本极为宝爱,为此还特意刻了一枚"金石录十卷人家"的印章。人事无常,此书后来流落江湖,辗转于众多藏书家之手,鲍廷博之外,客居扬州的歙县籍画家江立、仁和的藏书家赵魏、浙江巡抚阮元,以及更后的韩泰华、甘福、潘祖荫、潘景郑等均曾过手,且多刻"金石录十卷人家"印以示珍重。今则藏于上海图书馆,为镇馆之宝。

相比于外地,杭州本地的书肆也是鲍廷博经常光顾之地。即使是在迁居乌镇之后,仍不顾年老体衰,时常泛舟出行,一个来回就要花费数天时间。比如嘉庆十六年(1811)八月初九,鲍廷博时年八十四岁高龄,于杭州城内的积书堂购得宋宗室赵与容所著《辛巳泣蕲录》手抄本一卷,到家后在题跋中写道:"八月十二日阅于菜市桥舟次。十四日舟过谢村,校雠粗毕,与二

---

① [清]何琪著,王国平主编:《杭州文献集成》1《武林掌故丛编·唐栖志略》,杭州出版社2014年版,第786页。

孙正字舟中看月,至新墅始就睡。十五日午刻抵家记。"① 因年事过高,鲍廷博出门常需家人相伴,这一回陪伴左右的是次孙鲍正字。一老一少忙于书事之余,亦不忘"舟中看月",足见其诗心与爱书情怀一样,并未因年老而荒废。

藏家互通

藏书家之间除了彼此借抄,还可以通过相互转让,以购买的方式从其他藏书楼获得心仪之书。这类书往往最对藏书家的胃口,有些甚至是自己朝思暮想而不可得者,一旦到手,其乐何如!

鲍廷博从杭州藏书家处借抄甚多,购书亦不少。早年,就从钱塘藏书家吴允嘉所营构的四古堂购得五代时期和凝、和㠓父子合著的《疑狱集》三卷。

吴允嘉(1657—?),字志上,一字州来,号石仓、甑山,别署筹山道者。平生嗜学好古,以藏书自娱,丹铅点勘,寒暑不易,凡山经地志、家乘墓碣、百家小说之书,均能苦心搜求,不遗余力。藏书印有"吴印允嘉""吴石仓""石仓老人""石仓手校""州来氏藏书记"等。又工诗善书,书法醇茂之中挟萧散之趣。编著有《吴越顺存集》《石甑山房诗》《浮梁陶政志》等。生前曾口占示儿辈诗警示后人,云:"几卷残书几亩田,祖宗相守已多年。后人穷死休相弃,免使尔翁恨九泉。"

虽有谆谆告诫在前,奈何在其身后藏书仍免不了要散落民间,

---

① [清]陆心源编,许静波点校:《皕宋楼藏书志》卷二十四《史部·杂史类》,浙江古籍出版社2016年版。

为他人所有。近水楼台先得月，杭州的多位藏书家就从其后人手中购得不少好书，其中尤以汪氏振绮堂所得手抄本最多，达数百册。据吴长元作于乾隆二十六年（1761）十月的题跋所述，《疑狱集》乃鲍廷博"得于石仓吴氏"[①]，应是从吴允嘉后人手上购得。

《疑狱集》是我国现存最早的案例选编，载有大量古代典型的侦察、断案技巧。书前有和㠓自序和元代杜震序，明刻本有李崧祥序，共收录案例65件，时间上至春秋，下迄五代，开启了后世案例故事汇编的先河。此抄本现藏于天津图书馆，9行18字，无栏格，钤有"吴""太初""延陵季子"等藏书印。民国时为藏书家周越然所得，加盖有"曾在吴兴周言言斋""言言斋善本图书"等印。

鲍廷博虽然是在年过半百之后才正式迁居桐乡，但在这之前他已与桐乡本地的藏书家多有来往。目前可知最早的一次是乾隆二十七年（1762）冬，偕吴长元专程寻访桐乡甑山钱氏，向其借阅书籍。除了借书，鲍廷博还与桐乡的藏书家广泛交往，也从他们处购得不少好书。这其中就包括已经迁居苏州桃花坞的金氏文瑞楼，鲍廷博从该处购得宋朱翌所著《猗觉寮杂记》抄本。

文瑞楼为藏书家金檀所创建。金檀（1765—约1826），字星轺，号仑圃，康熙贡生，著有《文瑞楼集》《销暑偶录》《文瑞楼藏书目录》等。他祖籍安徽休宁，祖父金秉公游浙江时因钟爱桐乡风土，遂举家迁居于此。文瑞楼藏书十分丰富，在当时

[①] ［清］陆心源编，许静波点校：《皕宋楼藏书志》卷四十二《子部·法家类》，浙江古籍出版社2016年版。

的桐乡一地可谓首屈一指，这主要得益于金檀的用心营构，他把毕生的精力都倾注于此。清《（嘉庆）嘉兴府志》为此赞誉他"经史图书无不遍览，好聚书，遇善本虽重价不吝，或假归手抄。积数十年，收藏之富，甲于一邑"①。

金檀有兄名金樟，字匡秀，号南庐，康熙三十九年（1700）进士，亦雅好藏书。到了他们的后代，侄子金弘勋和孙子金可埰均能自觉以书香传家，固守家业。此外仍居住在桐乡的从孙金德舆及金德舆之侄金锡鬯，也都热衷于收藏，皆有名于世。

话说这部《猗觉寮杂记》共二卷，凡四百三十五条。卷上以论诗为主，卷下则杂论文章，兼及史事。四库馆臣评价说："其引据精凿者，不可殚数。在宋人说部中，不失为《容斋随笔》之亚，宜迈序之，相推重也。"②迈指洪迈，其在所作序言中对此书评价甚高，历来被视为公允之论，可见此书是很受读书人推重的。只是《猗觉寮杂记》成书后，数百年间一直以抄本流传，直至鲍廷博从文瑞楼购得后，才于乾隆四十年（1775）刻入"知不足斋丛书"第三集，首次以刻本流传。

此外，鲍廷博还有过多次向苏州藏书家购书的经历。乾隆三十年（1765）八月初二，从木渎吴铨创始的璜川书屋购得元代郑元祐所著《侨吴集》明弘治刻本。鲍氏题跋中说："暇日校正一过，尽正写本之误，亦人生乐事也。"得书之乐，校书之趣，溢于言表。

璜川书屋创始人吴铨，字容斋，号璜川，祖籍徽州休宁，

---

① ［清］伊汤安等修，冯应榴等纂修：《（嘉庆）嘉兴府志》，清嘉庆六年（1801）刊本。

② ［清］永瑢、纪昀主编，周仁等整理：《四库全书总目提要》，海南出版社1999年版，第617页。

早年随父定居松江,后又移居苏州吴县,雍正年间官至江西吉安府知府。吴铨归田后长居木渎,筑遂初园,建璜川书屋,因珍藏有大量乡间文献和宋元善本而名重江南。吴氏藏书前后绵延数世,继吴铨之后长子吴用仪增购典籍数万卷,次子吴成佐则再起书楼三楹,以乐意轩名之。孙辈中的吴泰来、吴元润、吴英虽因家产分割而起争端,却都热衷于收藏。到了曾孙吴志忠,更是将吴氏藏书刻书事业推向了顶峰。吴志忠,字有堂,号妙道人,除了继承璜川书屋的藏书,又建真意堂以储书。其人精于校雠、目录之学,平日与顾广圻、黄丕烈等名家相往还,是当时吴中的著名藏书家。

鲍廷博还曾以高价向吴江沈氏①购得宋钱文子著《补汉兵志》抄本一卷。此书曾为朱彝尊所藏,朱氏评价颇高,说:"言近而旨远,辞约而义赅,此非高谈性命之学者所能括也。"②朱过世后书流入吴江沈氏之手,今又为鲍廷博所得,跋中说"反覆班(班超《汉书》)、范(范晔《后汉书》)二书,详加雠比,正讹补阙,颇于陈注有小补焉,锓梓家塾,再广其传"。因内容珍贵,鲍廷博后来将其刻入"知不足斋丛书"第五集,以广流传。

沈氏家族是明清时期吴江地区显赫的文学世家,但从乾隆年间起,科场不振,文学上亦少有知名者,遂开始逐渐走向衰弱。藏书散佚,正是其衰败的表象之一。

---

① 《鲍廷博评传》误作"吴兴沈氏",见该书第59页。
② 清曝书亭钞本《补汉兵志》,江澄波:《古刻名抄经眼录》,北京联合出版公司2020年版,第133页。

三、远周海外

有清一代,在收复台湾之前,曾实行禁海政策,严禁商民出海贸易。待收复台湾后,逐渐放宽海禁,并开放广州、漳州、宁波等沿海城市为对外贸易港口。可是到了乾隆朝,因西方列强的屡屡挑衅,本身就高傲自大的清政府又一次加强了对外贸易的管控,以最严厉的措施开启了闭关锁国政策。尽管如此,最终还是留出了广州一处作为通商之地,这就给了中外文化的交流以一线希望。

差不多同时,日本也开放长崎作为唯一的对外贸易港口,随着商品经济的发展,特别是中日文化交流的密切,中日之间书籍贸易的份额也日渐增加。为了便于开展中日间的书籍贸易,日本政府还在长崎设置了专门管理书籍进口的检察官,名为"书物改役"。其职责是对自长崎港输入的书籍进行检查,按照一套严格的规定鉴定品种,议定价格。中国商人千里迢迢运到日本的图书只有经过"书物改役"的检查后,方才获得贸易许可,最终在市场上销售。

文化的交流始终是双向互动的,将书籍运往日本售卖的商人,同样收罗了不少域外汉籍带回国内销售,其中往往包括十分罕见甚至久已失传的稀世珍本,为此受到中国藏书家和学者的格外重视。

鲍廷博就从这些从事海外贸易的商人手上获得了不少珍稀版本。比如,于乾隆四十一年(1776)二月校刻的《古文孝经孔氏传》,即由好友汪鹏从日本购回。他在跋文中写道:

> 《古文孝经孔传》一册，吾友汪君翼沧市易日本得之，携归，举以相赠。博留意郑、孔二注有年矣。往读《宋史》载日本僧奝然①于雍熙元年浮海而至，献《郑注孝经》一卷、越王《孝经新义》第十五一卷，皆金缕红罗缥，水晶为轴。窃意郑、孔亡逸于五代，诸家簿录中皆未见复有藏本，而宋时日本既经进献郑注，则其国中留贻，或尚可问，因属汪君访之，不意其所得者，更为奝然之所未献也。②

原来此书是鲍廷博特意委托汪鹏到日本寻觅的。汪氏觅得后慷慨相赠，了结了他的一桩夙愿。更令其感到惊喜的是，此书还是"奝然之所未献也"，这对于竞相以收藏珍本秘籍为荣的藏书家来说，真可谓喜出望外。

鲍廷博后来将《古文孝经孔氏传》刻入了"知不足斋丛书"第一集，并邀请卢文弨、吴骞和郑辰各作一序，足见其郑重其事的态度。

卢文弨序中说：

> 新安鲍君以文，笃学好古，意彼国之尚有是书也，属以市易往者访求之。顾郑氏不可得，而所得者乃古文孔氏传，遂携以入中国。此书亡逸殆及千年，而一旦复得之，此岂非

---

① 奝然（938—1016），日本僧人，北宋太平兴国八年（983）率徒弟数人搭乘商船到达中国。获准进京后受到宋太宗召见，呈献日本铜器及本国书籍多种，还有中国的佚书《孝经郑氏注》等二卷。

② [清]鲍廷博撰，周生杰、季秋华辑：《鲍廷博题跋集》，浙江古籍出版社2012年版，第7页。

天下学士所同声称快者哉！鲍君不以自私，亟付剞劂，而以其本示余。①

我们从卢文弨的序言中确乎能够感受到当时"天下学士所同声称快者哉"的那种群体性欢呼。而鲍廷博尤为难能可贵之处还在于对自藏的秘籍"不以自私，亟付剞劂"，将发现的愉悦化身千万，迫不及待地要与同道共享。

吴骞在序中也赞叹道：

《古文孝经》，孔安国传，世久失其传。武林汪君翼苍随估舶至日本，访求以归，吾友鲍君以文得之甚喜，遂刻入"知不足斋丛书"……以文搜访之勤，远周海外，其有功于斯道，又岂在颜贞、孔惠诸人之亚哉？②

郑辰序亦云：

今国家开四库之馆，征天下之书，以秘府储蓄之多，海内弆藏之众，似此异本，岂乏留贻？而偏隅闻见狭隘，窃以为目未经见，便足珍奇，不敢秘诸经笥，亟欲公之同好，此吾友鲍君以文重付剞劂之本意也。鲍君所刻"知不足斋丛书"，大率闸发隐微，搜罗废坠，而得此千百年久佚之本以列前编，欣喜之怀，形诸寤寐。辰寒乡下士，言不足为是书取重，然

---

① [清]鲍廷博辑："知不足斋丛书"第一集，中华书局1999年版，第57—58页。
② [清]鲍廷博辑："知不足斋丛书"第一集，中华书局1999年版，第59—60页。

吾友耽书公世之心知之最深。受读既竟，不容默也，遂书于简端。①

无论是"有功于斯道"，还是"耽书公世之心"，都可谓知人之言，既道出了鲍廷博的良苦用心，也表达了朋友们对鲍廷博历史性文化功绩的由衷感佩之情。

这里提到的汪鹏是一位颇具传奇色彩的人物。汪鹏，字翼沧（一作翼昌），号竹里山人，监生，浙江钱塘人。汪鹏与一般的商人有所不同，是一位颇有学养和文化眼光的儒商。他著有《日本碎语》（又名《袖海编》），对日本山川风物多有记录。书由学者梁玉绳作序，其中说："余尝怂恿鲍君以文刻入'知不足斋丛书'，尚未果。"此书后来在日本刊行。

汪鹏原是浙江巡抚王亶望的幕僚，后以善画客游日本，每年往返一次，前后二十年，从未有过例外。他为人豪迈仗义，光绪《杭州府志》说他"慷慨好施予，朋好中孤寒者助膏火以成其名，亲串有婚嫁不克举者成全之"。而他对中国藏书界和学术界最大的功绩就是从日本先后带回了不少早已散佚的古书，光绪年间李濬之编撰的《清画家诗史》为此称他"喜购古本书籍，归呈四库馆，或付鲍渌饮与阮芸台，传刻行世"。这说明，汪鹏不仅向鲍廷博和阮元等国内藏书家和学者赠送域外汉籍，还曾向四库馆献书，此事在王亶望写给乾隆的奏折中也有记录，所献之书为日本所刻梁代皇侃著的《论语集解义疏》。此书因世所罕见，亦被鲍廷博刻入"知不足斋丛书"第七集。

---

① [清]鲍廷博辑："知不足斋丛书"第一集，中华书局1999年版，第60—61页。

此外，鲍廷博从日本购回或友朋相赠的日本回流汉籍还有《孝经郑注》一卷、《五行大义》五卷、《全唐诗逸》三卷。其中《孝经郑注》亦由汪鹏携归，鲍廷博得书后刊入"知不足斋丛书"第二十一集。《五行大义》国内失传已久，鲍廷博得书后亦"以公同好"，纳入"知不足斋丛书"第二十六集。《全唐诗逸》原为好友翁广平得之于"海商舶中"，后转赠鲍廷博收藏。鲍廷博生前就打算刻入丛书，未付梓而遽归道山，最终由其孙鲍正言完成了祖父的遗愿，于道光三年（1823）刻入"知不足斋丛书"三十集。另有日本汉学家山井鼎所著的《七经孟子考文》，被视为开日本校雠学先河的名著，最早由商人伊孚九销至中国，鲍廷博亦从伊氏手中购得一部。

知不足斋鲍以文藏本

第十章　献书四库天下闻

《四库全书》是我国古代规模最大的一部丛书,由乾隆皇帝亲自主持,以纪昀、陆锡熊、孙士毅为总纂官,陆费墀为总校官,下设撰修官、分校官、监造官等职,前后约400人参预其事。此外还有抄写人员3000余人,可谓盛况空前。

但这项工程在起步阶段却遇到了困难,主要是地方督抚持观望态度,以致各地藏书家的积极性没有被充分调动起来。乾隆得知后多次下旨,或严饬,或劝慰,这才使局面得以迅速打开。

一、毁誉参半

《四库全书》共收书3460余种,79300余卷(文渊阁本),按经、史、子、集分部①。编成后,先后分抄七部贮存。最初抄好的四部藏于紫禁城的文渊阁、沈阳的文溯阁、圆明园的文源阁、承德的文津阁,即所谓的"北四阁"。后又补抄三部,分藏于扬州的文汇阁、镇江的文宗阁、杭州的文澜阁,世称为"南三阁"。

作为人类文化史上一项浩大的工程,《四库全书》被誉为中华传统文化最丰富、最完备的集大成之作。但因为是在"文字狱"

---

① 《辞海》(第七版)"四库全书"词条。

背景下编纂的，出于政治目的，在最高统治者的胁迫下，纂修者对原始的文献资料进行了篡改，有些原始资料甚至遭到了焚毁，对文化的完整性造成了较大程度的破坏。一代文豪鲁迅对此就有过一番批评。他说：

> 现在不说别的，单看雍正、乾隆两朝的对于中国人著作的手段，就足够令人惊心动魄。全毁，抽毁，剜去之类也且不说，最阴险的是删改了古书的内容。乾隆朝的纂修《四库全书》，是许多人颂为一代之盛业的，但他们却不但捣乱了古书的格式，还修改了古人的文章；不但藏之内廷，还颁之文风较盛之处，使天下士子阅读，永不会觉得我们中国的作者里面，也曾经有过很有些骨气的人。[1]

应该说鲁迅所批判的问题是客观存在的，清朝统治者为了钳制思想，借修书来禁书、焚书是不争的事实。据研究者归纳，被列入焚毁的书大概有四个标准：第一，凡是对清朝统治有所不满（包括客观地记述其暴行的）或对满族有所鄙夷、敌视的，都必须销毁；第二，能引起人们对于明朝的好感或怀念的，都不能保留；第三，凡是跟程朱理学相抵触和不符合传统道德观念的，也应毁掉；第四，作者有问题的，或者在书中多处引用有问题人的著作的[2]。以上这些不仅在编纂过程中一直存在，即使是在抄写阶段也随时面临乾隆的抽查，四库馆臣如履薄冰的心态也就

---

[1] 鲁迅：《鲁迅选集》第4卷，人民文学出版社1995年版，第113页。
[2] 陈正宏、谈蓓芳：《中国禁书简史》，学林出版社2004年版，第225—227页。

可想而知了。

但凡事皆有两面性,《四库全书》客观上所蕴含的文献价值和学术意义也是不容忽视的,更不应该被彻底否定。对此,学者任继愈曾中肯地指出:

> 无论如何,《四库全书》的编纂是一项前无古人的文化伟业,迄今为止,它也是最能代表中华文化博大精深的载体。二百三十多年前,乾隆依托鼎盛的国力和个人的雄心,费去十余年的心力,动员全国成百上千的优秀学者的力量编成此书,这在世界文化史上是无可比拟的。《四库全书》为学术文化界所诟病、诋毁之处是其禁书、改书。说到禁书,这实际上是历代封建王朝皆有的事情,历代统治者莫不为之,在《四库全书》编纂之前、完成之后,亦皆有之。实际上,这是两回事,不能说与《四库全书》的编纂有必然的因果关系。当然,两者是有因果关联的。至于删改典籍,这恐怕也不是乾隆一个人的专利。乾隆从政治需要出发,对许多文献进行删改,其实也是符合历史逻辑的,这是历代统治者所惯用的做法。我们不能因噎废食。《四库全书》的编纂集中了当时众多的著名学者,他们的判断力和学识对《四库全书》的贡献非常巨大,仅从《永乐大典》中辑出的佚书就有三百多种,这本身便是一项了不起的贡献。[①]

[①] 任继愈编著:《中国传统文化的光明前景》,上海教育出版社2020年版,第340页。

确如任先生所言,"禁书、改书"主要是最高统治者的旨意,也确实产生了很坏的影响。但"成百上千的优秀学者的力量"也是发挥了积极作用的,"他们的判断力和学识"对《四库全书》的贡献也是非常巨大的。这之中,除了那些位居庙堂之上,具体参与编务的名公巨卿,以鲍廷博为代表的藏书家和校勘学家,他们也以自己的精心典藏确保了《四库全书》的整体质量,是完全可以记作头功的。

二、征书之始

《四库全书》的编纂第一步要做的就是征集图书,最早始于乾隆三十七年(1772)正月,至乾隆四十三年(1778)结束。这是整个工程的起步阶段,也是至关重要的环节,因为是否有理想的善本作为底本,直接决定了该文化工程的成败。但起初这项工作在地方上未能顺利展开,在乾隆发布"购访遗书"的上谕后,差不多10个月各地的督抚学政都有点应付了事的意思。据刚到任不久的浙江巡抚三宝在奏折中称,其前任熊学鹏仅花钱购得图籍56种应付此事,布政使王亶望亦购有51种,淳安知县宋瑞金则呈献自家收藏的抄本旧书9种以示付出。也就是说,地方官员对此基本持观望态度,只是在小范围内找点儿书,甚至有些偏远省份还以"地居山僻,书籍罕临"为借口搪塞其事。

这显然没有揣摩到乾隆的"圣意",更没有达到他的基本要求,为此他颇有些恼怒起来。同年(乾隆三十七年,1772)十月,乾隆再次颁布了一道谕旨,严饬督抚学政从速访书。次年(乾隆三十八年，1773）二月，还专门成立了四库全书馆，专职负责《四库全书》的编纂工作。到了三月二十八日，乾隆再次传谕内阁，严旨各省督抚限期半年之内完成访书任务。开头这样说道：

> 前经降旨，令各该督抚等访求遗书，汇登册府。近允廷臣所议，以翰林院旧藏《永乐大典》，详加别择校勘，其世不经见之书，多至三四百种，将择其醇备者，付梓流传，余亦录存汇辑，与各省所采，及武英殿所有，官刻诸书，统按经、史、子、集编定目录，命为《四库全书》，俾古今图籍，荟萃无遗，永昭艺林盛轨。①

这里先介绍了《四库全书》的命名和内容的构成，其主体包括有待访求的民间遗书、湮没于《永乐大典》中的"不经见之书"、宫廷的固有藏书和官刻诸书。乾隆以为只要这些书都齐备了，就足以"荟萃无遗，永昭艺林盛轨"了。但各地督抚的反应令他感到失望，接着说道：

> 乃各省奏到书单，寥寥无几，且不过近人解经论学、诗文私集数种，聊以塞白，其实系唐宋以来名家著作，或旧版仅存，或副稿略具，卓然可传者，竟不概见。当此文治光昭之日，名山藏弆，何可使之隐而弗彰，此必督抚等视为具文，地方官亦

---

① 赵之恒、牛耕、巴图主编：《大清十朝圣训》12—15册《清宣宗圣训　清文宗圣训》，北京燕山出版社1998年版，第1611页。

第奉行故事，所谓上以实求，而下以名应，殊未体朕殷殷谘访之意。且此事并非难办，尚尔率略若此，其他尚可问乎！

原来各省上报的书单寥寥无几，内容亦属平常，只不过是些时人"解经论学"的著作和个人的诗文集罢了。那些读书人所渴求的"唐宋以来名家著作，或旧版仅存，或副稿略具，卓然可传者"，竟然一本都不见。在皇帝眼里，这与自己所标榜的文治武功实在太不相称。至此，皇帝的语气变得异常严厉起来，把罪责都一股脑儿推到了各地督抚的身上，还借题发挥，不忘敲打一二——这事都做不好，还有什么事能做得好的？就差没直说：你还想干不干了？

况初次降旨时，惟恐有司办理不善，藉端扰累，曾谕令，凡民间所有藏书，无论刻本、写本皆官为借抄，仍将原本给还。揆之事理人情，并无阻碍，何观望不前，一至于此！必系督抚等因遗编著述，非出一人，疑其中或有违背忌讳字面，恐涉干碍，预存宁略毋滥之见。藏书家因而窥其意旨，一切秘而不宣，甚无谓也。文人著书立说，各抒所长，或传闻异辞，或纪载失实，固所不免，果其略有可观，原不妨兼收并蓄，即或字义触碍，如南北史之互相诋毁，此乃前人偏见，与近时无涉，又何必过于畏首畏尾耶？朕办事光明正大，可以共信于天下，岂有下诏访求遗籍，顾于书中寻摘瑕疵，罪及收藏之人乎？

这里的话更进一层，开始指责藏书家的不通情达理。朝廷只是"借抄"，抄完后允诺"给还"，可他们为什么还要观望不前呢？思来想去，乾隆觉得问题还是出在督抚的身上，因为他们担心如果征集来的书籍中含有违碍的内容，不仅藏家有罪，就连自己也是要受到牵连的。这其实是有清一代酷烈的"文字狱"在臣民心中留下的阴影，对此不可能不有所顾忌。在拿不准、吃不透的情况下，督抚宁愿以不作为或少作为来寻求自保。

面对这种事实，乾隆表现出了自己难得的理解和大度。他一方面承认文人著述"或传闻异辞，或纪载失实，固所不免"，明确提出"不妨兼收并蓄"的原则；另一方面，又信誓旦旦，十分诚恳地表露了自己"办事光明正大，可以共信于天下"的心迹，让人感觉这样开诚布公的体己话不像是出自一位封建帝王之口。

可手握着生杀掠夺之权的帝王还是免不了要显露一下他的无上威严，末了还是憋不住威胁道：

若此番明切宣谕后，仍似从前疑畏，不肯将所藏书名开报，听地方官购借，将来或别有破露违碍之书，则是其人有意隐匿收存，其取戾转不小矣。且江浙诸大省，著名藏书之家，指不胜屈，即或其家散佚，仍不过转落人手，闻之苏湖间书贾、书船，皆能知其底里，更无难于物色。督抚等果实力访觅，何虑于湮。惟当严饬地方官，勿假手吏胥，藉名滋扰，众人自无不踊跃乐从。即有收藏吝惜之人，泥于借书一痴俗说，此在友朋则然，今明旨征求借后仍还，故物于彼毫无所损，又岂可独抱秘文，不欲公之同好乎？再各省聚书最富者，原不尽皆本地

第十章 献书四库天下闻

人之撰著，只论其书有可采，更不必计及非其地产，则搜辑之途更宽，方不致多有遗逸，著再传谕各督抚等，予以半年之限，即遵朕旨，实力速为妥办。俟得有若干部，即陆续奏报，不必先行检阅，若再似从前之因循搪塞，惟该督抚是问。

接到这般绵里藏针、语词严厉的谕旨，督抚们这才感到事态的严重。更何况乾隆又于次日以四百里加急传谕两江总督和江苏、浙江两省巡抚加紧办理此事。皇帝这些雷厉风行的举措终于在这些封疆大吏那里产生了效用，其中浙江巡抚三宝表现最为积极。他在接到皇帝的旨意后立即派人四处查访，于当年（乾隆三十八年，1773）的闰三月二十六日就上奏称，他已访知嘉兴项氏天籁阁、朱氏曝书亭，杭州赵氏小山堂，宁波范氏天一阁的藏书情况，并确定杭州鲍士恭、吴玉墀、汪启淑、孙仰曾、汪汝瑮五家都已明确表示愿意呈献。而各家之所以愿意献书，是因为自己派人"随往各家访问，曲为开导。鲍士恭等俱能仰承德意，佥称：际此盛朝旷典，欢洽儒林，莫不踊跃争先，情愿呈献，以供石渠之选"①。

根据三宝的奏报可知，官府在登门拜访时显然是根据皇帝的指示精神对藏书家们作了一番思想工作的。因为以清朝"文字狱"的酷烈，如果让官府查出自己的藏书中稍有违碍，那将面临动辄得咎，乃至家破人亡的下场。其实针对这一顾虑，乾隆已在闰三月二十六日的上谕中作了一再的解释，说道：

---

① 中国第一历史档案馆编：《浙江巡抚三宝奏查访范氏天一阁等藏书情形折》，《纂修四库全书档案》，上海古籍出版社1997年版，第90页。

闻东南从前藏书最富之家，如昆山徐氏之传是楼，常熟钱氏之述古堂，嘉兴项氏之天籁阁、朱氏之曝书亭，杭州赵氏之小山堂，宁波万（范）氏之天一阁，皆其著名者。又闻苏州有一种贾客，惟事收买旧书，湖州贾客书船，平日兑卖书籍，与藏书家往来最熟。如能向此等人善为咨询，四处借抄，仍将原书迅速发还，谅无不踊跃从事。至书中即有忌讳字面，并无妨碍，必不肯因此加罪。着将此专交高晋、萨载、三宝，务即恪遵朕旨，实力购觅，并即举一反三，设法妥办，以副朕殷殷伫望之意。①

乾隆的这些承诺，对于地方官僚和藏书家来说无疑都是一颗定心丸，一并解除了他们的后顾之忧。这就调动起了以鲍氏家族为代表的一批两浙大藏书家的积极性，他们纷纷把自家最好的藏品捐献给四库馆，有借此避祸，也有以此争功，总之献比不献更安全。据三宝写于乾隆三十八年（1773）十二月一日的奏折显示，在不到一年的时间里，浙江所征集到的书籍已达4318种。

三、献书之冠

因为有了皇帝给的定心丸，在派人查访清楚各家的藏书情形后，三宝随即委派杭州知府彭永年亲自带人前往各家借抄。

---

① 中国第一历史档案馆编：《浙江巡抚三宝奏查访范氏天一阁等藏书情形折》，《纂修四库全书档案》，上海古籍出版社1997年版，第89页。

第十章 献书四库天下闻

他在乾隆三十八年(1773)四月十三日写的奏折中再次向皇帝作了详细的禀告:

> ……随又辗转跟询,访得省城之鲍士恭、吴玉墀、汪启淑、孙仰曾、汪汝瑮等五家,藏书颇富。当即专委杭州府知府彭永年,带同县学等官,亲赴各家,宣布德意,向其借抄。鲍士恭等感戴鸿慈,各愿踊跃呈献。经臣将查办缘由,恭折奏明,并将局内陆续收得遗书一百八种,开列目录,附呈在案。
>
> 兹据鲍士恭、吴玉墀、汪启淑、孙仰曾、汪汝瑮等呈称:士恭等生逢盛世,家守遗经,恭蒙我皇上稽古右文,特下求书之令,恩纶涣布,艺苑腾欢。窃愿以私箧所藏,上充秘府,芹曝之献,实出至诚。谨将书目开呈,伏祈恭进等情前来。臣察其情词,甚为恳切。随将书目饬发局员,逐一查阅。除寻常习见及互有重复各书不列外,计鲍士恭家有六百二十六种,吴玉墀家有三百五种,汪启淑家有五百二十四种,孙仰曾家有二百三十一种,汪汝瑮家有二百十九种,共一千九百零五种,分缮清单,恭呈御览。①

在三宝的奏折中多次提及鲍士恭之名,且常常是放在几大藏书家的名字之前,给人感觉是他们中最富声望的一位。

鲍士恭系鲍廷博与郑氏所生,字志祖,一字清溪,号慎庵。作为鲍家长子,他从小就受到父亲鲍廷博的深刻影响,因时常

---

① 中国第一历史档案馆编:《浙江巡抚三宝奏鲍士恭等五家呈献遗书等事折》,《纂修四库全书档案》,上海古籍出版社1997年版,第97—98页。

沉湎典籍而不知疲倦，很受父辈们的赞誉，也因此对科举仕途表现出心灰意懒的态度。据阮元的说法："高宗纯皇帝诏开四库馆，采访天下遗书，歙县学生鲍君廷博集其家所藏书六百余种，命其子仁和县监生士恭由浙江进呈。"①给人感觉鲍士恭是在献书之前就取得监生的身份。其实不然。

我们可以从鲍廷博乾隆四十三年（1778）闰六月写给金石学家黄易的一封书札中看出来，札云："小儿去秋本以藏拙不就院试，学使王公误以为引嫌，见许代为纳粟入监，期望甚深，弟恐朽木粪墙不堪雕饰，惧深负此知遇耳，屡承垂询，实切惶愧。"②"学使王公"即王杰（1725—1805），字伟人，号惺园，陕西韩城人，乾隆二十六年（1761）状元。其于乾隆四十一年（1776）第二次出任浙江学政，在任满之前为朝廷在浙江选拔得士99人，其中就包括鲍士恭。乾隆四十二年（1777）八月，王杰奉旨回京后署礼部右侍郎。十月，转吏部右侍郎兼署礼部右侍郎，又充四库馆、三通馆、国史诸馆副总裁。

从中可知，鲍士恭是到了乾隆四十二年（1777）由王杰"代为纳粟"才"入监"的，而其代父献书的时间是在乾隆三十八年（1773），显然当时还不是监生。至于其中的原因，一方面固然是王杰的慧眼识人；另一方面恐怕与鲍士恭在献书这件事上的突出表现不无关系。更何况，此时鲍家还担负着承刊"武英殿聚珍版丛书"的重任，我们可以据此推测，是官府对鲍家的一种善意的回馈。

---

① ［清］阮元：《揅经室二集》卷五《知不足斋鲍君传》，中华书局1993年版，第494页。

② 薛龙春撰：《黄易友朋往来书札辑考》，生活·读书·新知三联书店2021年版，第226页。

第十章 献书四库天下闻

话说知不足斋早已名满江南,作为鲍家的长子,父亲藏书的第一继承人,鲍士恭自己想不出名都不行。况且鲍廷博自感人到中年,也是到了把这个长子推出去的时候了,于是将献书之事全权交给他去办理。

在献书这件事上,因为已经得到皇帝不秋后算账的承诺,鲍士恭等就是不想表现得十分积极也不行了。他们还做好了捐献原本的准备,表示"愿以私箧所藏,上充秘府",但乾隆却声称并非要将这些善本据为己有,只是想借作底本,待抄录过后,定会发还各家。对此,乾隆三十八年(1773)四月二十八日在回复三宝的谕旨中已说得十分清楚:

> 据鲍士恭等呈称,愿以家藏旧书,上充秘府,……其原本毋庸复留;即应抄者,皆一律缮写装潢收贮。其本省进到抄本,大小长短不齐,与现写陈设本不能画一,留之亦属无益。或其中并有不必存者,俟编纂书目时,只须载其名,而不必留其书。所有进到各书籍,将来办竣后,仍须给还各本家自行收藏,无藉伊等恭进。将此传谕三宝,转谕鲍士恭等知之。①

按乾隆的说法,无须上交原本的原因是这些藏书家所献之书大小长短不一,与用于抄录的陈设本在形制上不能统一,遂留之无益。清代宫廷所用的陈设本以纸墨装帧精美为皇室喜爱,既然已经占有了文字内容,发黄发臭的旧本自然就可以弃之如

---

① 中国第一历史档案馆编:《寄谕浙江巡抚三宝所有鲍士恭等进到书籍办竣后仍给还各本家》,《纂修四库全书档案》,上海古籍出版社1997年版,第107页。

敝屣了。这也从一个方面反映了这位附庸风雅的封建帝王在爱书这件事上与真心笃好典籍的藏书家之间本质上的区别。

三宝在收到乾隆的谕旨后,立即派人邀请鲍士恭、吴玉墀、汪启淑、孙仰曾、汪汝瑮等到其署衙,亲自向他们宣示了皇帝的旨意。"鲍士恭等跪聆之下,咸以只取抄存,无须呈进,仰见圣主曲体下情,无微不至,同声感戴,实出诚悃。"①

此次献书诸家中以鲍氏知不足斋的数量最多,总共达626种,占五家总数的十分之三。另据三宝本月二十八日向乾隆汇报宁波范氏献书的奏折得知,天一阁虽"收藏书籍,据开不下数千种,第历年久远,不无残缺,更有与臣前奏单内各书重复者颇多,除检去外,现实有书六百零二种"②。也就是说,此次知不足斋实际献书的数量比历史更悠久的天一阁还多出24种。这对于私人藏书家来说,是很可以借此炫耀的。清人李桓为此在其编撰的《国朝耆献类征初编》中赞誉道:"先生之书大半宋元旧板旧写本,又手自校雠,一无伪讹,故为天下献书之冠。"③又,《浙江通志》亦云:"廷博长子士恭以所藏精本六二四种进献,内多为宋元以来之孤本、善本,居私家进书之首。"④

无论是"献书之冠",还是"进书之首",都是后人对鲍廷

---

① 中国第一历史档案馆编:《浙江巡抚三宝奏遵旨传谕鲍士恭等及书局向办章程折》,《纂修四库全书档案》,上海古籍出版社1997年版,第126页。

② 中国第一历史档案馆编:《浙江巡抚三宝奏呈续获天一阁等家遗书目录并〈永乐大典·考工记〉六本折》,《纂修四库全书档案》,上海古籍出版社1997年版,第105—106页。

③ [清]李桓辑:《国朝耆献类征初编》卷441,《清代传记资料》第184册,明文书局1985年版,第252页。

④ 程炳卿等:《浙江通志》之《人物志·嘉兴市》,浙江人民出版社1991年版。

博和鲍士恭献书之举的高度认可。其实鲍氏向四库馆献书，并非只有这一次，据鲍廷博自述，前后加起来的典籍总数达"七百种"①之多。后世对鲍氏献书的具体数目很感兴趣，先后有多位研究者作过统计，其中郑玲认为是718种，蔡文晋算出不少于724种，周生杰的最新统计则是723种。各家虽略有区别，但在700种之上则是可以确定无疑的。

但即便是最高的724种，鲍氏献书的总数虽在浙江位居第一，放到全国来看却未必然。据史料记载，当时向四库馆献书的私人藏书家中，唯有扬州马裕的丛书楼、杭州鲍士恭的知不足斋、汪启淑的开万楼和宁波范懋柱的天一阁数量在500种之上，号称"献书四大家"。其中尤以定居扬州的大盐商兼藏书家马裕出手最阔气，前后三次共呈献了776种，数量上显然比鲍廷博还要高出一筹。

那么，为什么人们还是要把"献书之冠"和"进书之首"的美誉加到鲍廷博的头上呢？《鲍廷博评传》的作者认为"需要从鲍氏所献之书的质量上来考量"②，书中从"多宋元以来孤本、善本""手自校雠""著录书籍多"等三个方面作了充分论述，应该说是很有道理的。

2021年12月，北京泰和嘉成拍卖行流出曾经由鲍廷博收藏的唐皮日休《文薮》十卷，此本为明正德十五年（1520）袁表刻本，线装两册，夹板装。该书经鲍廷博知不足斋、顾千里思适斋、孙毓修小绿天、黄裳来燕榭递藏，可谓流传有序。

黄裳对此书爱之深切，前后共六次题跋。其一跋云："此本

---

① 《花韵轩咏物诗存》之《书橱》自注。
② 周生杰、杨瑞：《鲍廷博评传》，凤凰出版社2014年版，第147页。

刊刻至精，以充宋版，诸家所藏，无一本有袁跋（此本卷末有正德袁表跋语），视其版刻，殆正嘉之际所刊，可以无异议，此殆嘉趣堂精雕旧本之始。此书用明初截纸所印，已断裂，不便翻读，爰付良工重装，毕焕然如新，因记卷尾。"①更为难得的是，此书封面题字小雁为黄裳题，以前书林盛传黄裳题跋多出自其夫人之手，今观此段，可了断一桩公案矣。

按《四库全书总目提要·知不足斋宋元文集书目》，此《皮子文薮》当在鲍氏进呈四库馆之列。该目虽名《知不足斋宋元文集书目》，但是也兼收唐代文集②。《四库采进书目》确有记录："《浙江省第四次鲍士恭呈送书目》著录《文薮》十卷一本。"③可以确定四库选用的是鲍廷博家藏本，由此可见鲍家献书质量之高。

四、好古之劝

由于乾隆的精心谋划，在各地官员的积极配合下，藏书家们纷纷将自家最好的藏书贡献了出来，这就使得《四库全书》的编纂得以顺利推进。乾隆皇帝为此龙心大悦，出于表彰先进，更是为了给天下的藏书家树立榜样，他多次以各种方式对献书有功的藏书家进行了奖赏。知不足斋鲍氏因表现积极，且数量与质量均属上乘，不仅是第一批受赏对象，还得到比别人更为丰厚的赏赐。

---

① 宫晓卫主编，韦力执行主编：《来燕榭书跋》，《藏书家》第14辑，齐鲁书社2014年版，第29—30页。
② 周生杰：《鲍廷博藏书与刻书研究》，黄山书社2011年版，第121页。
③ 吴慰祖校订：《四库采进书目》，商务印书馆1960年版，第151页。

第十章 献书四库天下闻

且看清乾隆三十九年（1774）五月十四日，乾隆给内阁下的一道谕旨：

> 国家当文治修明之会，所有古今载籍，宜及时搜罗大备，以充策府而裨艺林。因降旨命各督抚加意采访，汇上于朝。旋据各省陆续奏送，而江浙两省藏书家呈献者，种数尤多，廷臣中亦有纷纷奏进者。因命词臣分别校勘，应刊应录，以广流传。其进书百种以上者，并命择其中精醇之本，进呈乙览，朕几余亲为评咏，题识简端。复命将进到各书，于篇首用翰林院印，并加钤记，载明年月姓名于面页，俟将来办竣后，仍给还各本家，自行收藏。其已经题咏诸本，并令书馆先行录副，即将原书发还，俾收藏之人益增荣幸。
>
> 今阅进到各家书目，其最多者，如浙江之鲍士恭、范懋柱、汪启淑，两淮之马裕四家，为数至五六七百种，皆其累世弆藏，子孙克守其业，甚可嘉尚。因思内府所有《古今图书集成》，为书城巨观，人间罕觏，此等世守陈编之家，宜俾尊藏勿失，以永留贻。鲍士恭、范懋柱、汪启淑、马裕四家，著赏《古今图书集成》各一部，以为好古之劝。又进书一百种以上之江苏周厚堉、蒋曾莹、浙江吴玉墀、孙仰曾、汪如㻬，及朝绅中黄登贤、纪昀、励守谦、汪如藻等，亦俱藏书旧家，并著每人赏给内府初印之《佩文韵府》各一部，俾亦珍为世宝，以示嘉奖。①

---

① 中国第一历史档案馆编：《谕内阁赏鲍士恭等〈古今图书集成〉周厚堉等〈佩文韵府〉各一部》，《纂修四库全书档案》，上海古籍出版社1997年版，第210—211页。

开头先讲明了编纂此项工程的历史机遇所在,堂而皇之的目的是"以充策府而裨艺林",实际用意是要借此装点太平盛世,宣扬自己的文治武功。接着着重肯定了江、浙两省藏书家的突出贡献,尽管事先有承诺抄录完成后会将各书发还,皇帝还是把持不住,想亲手把玩一下那些稀世的"精醇之本",更重要的是可以趁机在这些珍宝上过一把洒翰题诗的瘾。乾隆爱在古书字画上御笔题诗是人所共知的,笔墨之外,还不忘嘱咐内阁在卷首盖上翰林院的印章。如此这般,都是为了使"收藏之人益增荣幸",从而彰显皇帝的恩威。

鲍氏所献之书在乾隆四十年(1775)被发还,据翁广平说:"内有《唐阙史》《武经总要》二书,并荷御题。"

《唐阙史》一作《阙史》,二卷,系五代高彦休所著的笔记小说集,内容记述唐大历至乾符年间遗事。乾隆题诗云:

知不足斋奚不足[i],渴于书籍是贤乎?
长编大部都庋阁,小说卮言亦入厨。
《阙史》两篇传摭拾[ii],晚唐遗迹见规模。
彦休自号参寥子,参得寥天一也无?

原注:i.鲍士恭家藏书处名知不足斋。ii.是书分上下两卷。

《武经总要》四十卷,是宋仁宗鉴于武备松弛,为提高将帅军事素养特命曾公亮、丁度等编纂的一部大型兵书,历时五年,于北宋庆历五年(1045)成书。该书广采博录,引证详实,大篇幅介绍了兵器、筑城技术、攻城器械的制造方法,被誉为中国古代第一部官修的兼有理论参考价值和实用价值的综合性军事著作。

乾隆对此书颇为看重，在书上作《题宋仁宗〈武经总要〉六韵》，收在《御制诗四集》卷二十一中，全诗如下：

> 论兵千载如聚讼，真是徒工纸上谈。
> 居重驭轻自不易，困民养卒则何堪。
> 若言爱物斯诚有，以日知军或未谙。i
> 庞籍汰多意犹慊，韩琦救后虑惟覃。ii
> 第观册卷称综古，讵足武经为指南。
> 旗籍绿营维内外，iii 慎遵祖制万方戡。

原注：i. 宋仁宗为三代以下令辟其勤民爱物，诚有足称。然优柔畏事之见，在所不免，至于治兵用武诸要务，则固非其所长也。ii. 仁宗时内外禁厢军总一百二十五万，天下患兵冗，帑庾不能给，枢密院使庞籍请议拣汰之法，从之。省兵才数万人，韩琦复云：祖宗时就粮之兵不甚多，边陲有事，则以京师兵益之，其虑也深，而费也鲜，愿诏枢密院同三司，量河北、陕西、河东及三司榷货务岁金帛之数，约可赡京师及三路兵马几何，立为定额，诏撮祖宗来兵数以闻，自是稍加裁制。iii. 宋时召募之兵，藉良民为之，虽有兵之名而不适于用，盖古者寓兵于农，由于列国分界，人户无多，不能复判兵民为二，而非所论于大一统之世也。杜甫诗已见其概，即如绿旗未尝不经训练，尚且葸懦无能，况驱不习之民而归之卒伍乎？宋明之弱未必由乎此。我朝满洲兵制以黄、白、红、蓝正镶各一，列为八旗，分两翼，各案方居京城内，蒙古汉军兵亦如之，复抡其精者，为健锐火器二营。外省营制，则用绿旗汉兵分列营伍，而南北诸大省，亦间用满洲兵驻守，内外相维，深资利用，然总未至十五万之多。祖宗立法尽善，诚万年所当遵守也。

从内容看，以上虽是两首平平之作，却因为是出自帝王之手，遂被视为莫大的恩宠。鲍廷博在刊刻"知不足斋丛书"时，将《唐阙史》置于第一集首册，书名作《御览阙史》，以示荣耀。后来严辰在编《(光绪)桐乡县志》时又将此诗放在"卷首二"的"天章"中,作为乾隆皇帝对地方的恩遇,载诸史志,以为标榜。

乾隆在以上谕旨中再次点了鲍、范、汪、马四大藏书家的大名,鲍士恭自始至终位列第一。因想到他们都是"累世弆藏,子孙克守其业"的"世守陈编之家",遂决定赏赐各家一套《古今图书集成》,"以为好古之劝"。

《古今图书集成》是康熙指示皇三子胤祉与侍读陈梦雷等编纂的一部大型类书,编纂工作始于康熙四十年(1701),至雍正六年(1728)才印制完成,前后历时28年。该书正文一万卷,目录就达40卷,内容分6编32典共6109部,约有1.6亿字。全书涉猎广博、规模宏大,按天、地、人、物、事的次序展开,举凡天文地理、人伦规范、文史哲学、经济政治、教育科举、农桑渔牧、百家考工等无所不包,有"古代百科全书"之誉。成书后,仅印60余部,分藏于皇帝常去的地方,并赏赐给有功大臣。四家能各得一部,实属难得,成为各自藏品中的珍品。

除了《古今图书集成》,乾隆还先后赏赐鲍家《伊犁得胜图》《金川图》等。这些绝非一般的赏赐,物品稀世珍贵不说,一而再再而三的次数也被看作皇帝对一介平民的圣眷不衰。这些都收在了《(光绪)桐乡县志》的"卷首三"中,也是很显要的位置。

此外,乾隆四十五年(1780),乾隆第五次南巡,在杭州召见并加恩江浙士绅。鲍廷博参与迎銮献颂,又获赏大缎二匹。

第十一章　移家槜李续书缘

据赵学敏所作"知不足斋丛书"序言中的夹注可知,鲍廷博"于甲辰岁移家槜李"。槜李,又称醉李,是中国李优质品种之一,以浙江桐乡出产的最为著名,由于品种优良,口感绝鲜,古时即已蜚声四方。清代乌镇医家陆以湉(1802—1865)有云:"嘉兴本槜李地,所产李,即以是为名。色红肉脆,而味绝鲜,吾郡果品以此为最,惜不可多得。"[①] 据此可知,槜李既是果名,也是嘉兴一地的古地名,但具体位置却有七八种不同的说法。

其中一种认为"槜李城,在濮院之西,濮院即古槜李墟也"[②]。清《(康熙)桐乡县志》说得更为明确:"濮院镇,古槜李地,在梧桐乡,去县东北二十里。"[③] 也就是说,槜李在历史文献中除了是嘉兴的别称,也一直是用以称呼桐乡的,这在古诗词中就十分常见。比如清人张尧同所作《嘉禾百咏》中就有《槜李城》诗,附注中就说"即今濮院"。那么,赵学敏所注的"槜李",无疑

---

①　[清]陆以湉撰,冬青校点:《冷庐杂识》,上海古籍出版社2012年版,第264—265页。

②　[明]刘应钶修,沈尧中纂,嘉兴市地方志办公室编校:《万历嘉兴府志》,上海古籍出版社2013年版,第57页。

③　[清]徐秉元修,[清]仲弘道纂:《(康熙)桐乡县志》,清康熙十七年(1678)刻本。

就是指桐乡了。

清代嘉兴诗人、藏书家朱彝尊（1629—1709）也曾在《鸳鸯湖棹歌》中有诗咏槜李："徐园青李核何纤，未比僧庐味更甜。听说西子曾一掐，至今颗颗爪痕添。"①此诗作于清康熙十三年（1674），朱氏未曾想八十八年后的冬日，同样爱书擅诗的藏书家鲍廷博会特地从杭购船访桐，访的还是自己的女婿家——桐乡甄山钱氏。

一、初访桐乡

乾隆二十七年（1762），鲍廷博时年三十五岁。坊间有三十五岁为人生分水岭一说。正是在这一年,鲍廷博因欲亲见"珍秘之本"而初访桐乡，虽然不甚合意，却开启了他与桐乡的不世之缘。

其好友吴长元有跋文记载此事：

壬午（乾隆二十七年，1762）冬，桐乡甄山钱氏云有真本（《斜川集》），与世迥异。余意其为朱竹垞（彝尊）太史之甥，必曝书亭秘册也，偕鲍君以文买舟相访，恳借书而归。阅其首页，即用贾秋壑（似道）半闲堂事，又以燕京为长安，相与大噱，盖又妄人伪作，以欺世者……壬寅（乾隆四十七年，

---

① ［清］朱彝尊著，方田注释：《鸳鸯湖棹歌》，浙江古籍出版社2012年版，第25页。

1782）二月二十九日太初吴长元书于南城张少蓬寓庐。①

吴长元（？—1770），号丽煌，仁和（今浙江杭州）人。喜爱收藏，家有池北草堂，藏书颇丰。后久居北京，著有《宸垣识略》《燕兰小谱》。吴氏与鲍廷博交往甚密，曾将家藏明剑光阁抄本《五国故事》馈赠鲍氏，又曾寄抄自《永乐大典》的宋苏过《斜川集》给鲍廷博，嘱刻入"知不足斋丛书"中。

这一次，因吴长元听闻桐乡甑山钱氏藏有珍本《斜川集》，且钱氏为藏书家朱彝尊之"甥"，臆想所藏必为朱氏曝书亭珍秘之本，故二人专门购船往访，借书而归。到家后细看首页，发觉内容牵强附会，实乃伪作。

按《嘉兴明清望族疏证》一书记载，朱彝尊的二女儿嫁钱枋之子钱琰。琰字又持，清贡生，善诗文，著有《楚江诗余》。其父钱枋为钱贡元孙②，字尔载，为康熙间学者③。朱彝尊相关传记中可见朱、钱二人的翁婿之情，且多与书籍相关。据王利民所著《博大之宗——朱彝尊传》载，朱彝尊晚年还留有遗愿，希望钱琰能帮助自己编成《鹤书集》。据此判断，鲍、吴当时所访者当为钱琰，跋中所说的"甥"当为女婿之意。

桐乡钱氏多系吴越王之后，世为地方望族，其中就以"甑山钱氏"最为著名。据郁震宏《桐乡姓氏录》考证，甑山钱氏

---

① 《皕宋楼藏书志》卷八十七，转引自刘尚恒：《鲍廷博年谱长编》，国家图书馆出版社2017年版，第55页。
② 龚肇智撰，嘉兴市文化广电新闻出版局、嘉兴市文物局编：《嘉兴明清望族疏证》，方志出版社2011年版，第224页。
③ 王利民：《博大之宗朱彝尊传》，浙江人民出版社2006年版，第248页。

原为桐乡洲泉镇人，元朝时迁居至甑山。甑山实则为一座小山，位于狮子浜西去一二里，隔牛塘相望①。虽今已不见，但仍保留着"甑山老"的村名。

"甑山钱氏"中最有影响的人物当属钱梦得。钱梦得（1554—1614），字国贤，号承江，明万历十一年（1583）进士，官至督察院右都御史、河南巡抚，人称"钱察院"。其祖孙三代均为进士，其父钱贡为明嘉靖四十一年（1562）进士，其侄钱允鲸为明天启二年（1622）进士。原桐乡北门立有一"祖父子进士"牌坊，即是为此钱家三进士而立。

地处杭嘉湖平原腹地的桐乡，人杰地灵，文人辈出。俞尚曦《清代桐乡藏书家述略》一文指出，这里不少人读书藏书，多方罗致典籍，筑楼以贮之，成为一地颇有影响的藏书家，这一文化现象，尤以清代为甚②。可见，清代桐乡藏书、著书、刻书氛围十分浓厚。清乾隆三十年（1765）五月，鲍廷博校刻汪元量③《湖山类稿》五卷《附录》一卷、《水云词》一卷《附录》三卷，其《水云词跋》云：

> 《水云集》诗二百余首，刻于石门吴氏《诗抄》者，误书错简，往往而是，读者病之。偶得陆平原（陆嘉颖）采薇堂旧抄。

---

① 郁震宏著，桐乡市档案馆编：《桐乡姓氏录》，《桐乡记忆》第十六辑。
② 虞浩旭主编，天一阁博物馆编：《天一阁文丛》第2辑，宁波出版社2005年版，第104页。
③ 汪元量（1241—1317），字大有，号水云，亦自号江南倦客，钱塘（今浙江杭州）人。宋度宗时以善琴供奉宫掖。诗歌多为纪国亡前后事，有"诗史"之称。著有《湖山类稿》五卷，《水云词》一卷。

陆传于史辰伯（兆斗），史借于钱牧翁（钱谦益），流传有自，允为善本，秘之箧衍，十年于兹矣。今年春，从吴瓯亭先生（吴城）假绣谷（吴焯，吴城之父）遗书，重加勘定，合《湖山类稿》刊之，成合璧焉。集中诗与《类稿》互有增损，桐乡汪氏（汪森）删其重见者，录为《湖山外稿》，于昔人持择之意，或未尽然，予故一仍其旧云。乾隆三十年五月望后一日，古歙鲍廷博识。①

鲍氏跋文中提到"石门吴氏《诗抄》"即为清初桐乡藏书家吴之振所辑刻的《宋诗抄》。吴之振（1640—1717），字孟举，号橙斋，别号竹洲居士，晚号黄叶老人、黄叶村农。其人善诗文，以山林诗最有名，著有《黄叶村庄诗文集》等。亦喜藏书，有藏书处黄叶村庄，并编有家藏书目《延陵吴氏藏书目》一卷。鲍廷博移家桐乡后曾于嘉庆十七年（1812）往借吴氏藏本宋桂万荣《棠阴比事》二卷，留有跋文。

与吴之振合编《宋诗抄》的还有桐乡著名藏书家吕留良（1629—1683），又名光轮，字庄生，号晚村，自号用晦，别署东庄、南阳布衣。明末清初思想家、诗人。酷爱藏书，有藏书处南阳讲习堂、天盖楼、南阳村庄、风雨庵、宝诰堂等。藏书甚富，著述甚丰。留良卒后受湖南曾静案牵连，雍正十年（1732）被定为"大逆"，子孙及门人均遭戮尸或斩首，为清代"文字狱"酷烈之最。辛亥革命后得到平反，蔡元培为其书"先贤吕晚村先生纪念碑"，今桐乡有留良、晚村等地名皆以其名号命名，并于崇福镇筑吕园以为纪念。

---

① 转引自刘尚恒：《鲍廷博年谱长编》，国家图书馆出版社2017年版，第60—61页。

鲍廷博提到的桐乡汪氏亦为著名藏书家。汪氏与鲍氏同为安徽望族,祖上汪可镇时迁居桐乡。汪氏家族中汪森[①]、汪文桂[②]、汪文柏[③]兄弟三人均因藏书而负盛名,共筑藏书楼裘杼楼,黄宗羲称之为"汪氏三子"。汪家藏书万卷,直至曾孙汪孟铜仍保存完好。乾隆中四库馆开,汪孟铜子汪如藻献书137种。乾隆后汪氏万卷藏书渐次散出,部分图籍后为鲍廷博好友吴骞拜经楼所藏[④]。

二、寓居冶塘

鲍廷博移居桐乡的时间,历来说法不一。《鲍廷博评传》的作者根据赵学敏所作"知不足斋丛书"序言中的夹注确定为乾隆四十九年(1784)[⑤],2017年出版的《鲍廷博年谱长编》也基本接受了此说。

但关于这个问题,笔者新近又发现了不同的说法,现将史料陈列于此,并稍作辨析,以供学界讨论。

[①] 汪森(1653—1726),原名汪文梓,字晋贤,号碧巢,一号碧溪,又号玉峰,桐乡人。清康熙十一年(1672)贡生。官至太平府通判、户部江司郎中。精于诗词,与朱彝尊合编《词综》,著书颇多。有藏书处裘杼楼、碧巢、华及堂等。

[②] 汪文桂(1650—1731),原名汪桢,字周士,号瓯亭,桐乡人。清贡生,授内阁中书。好山水,喜吟咏,辑有《海内诗风》,著有《瓯亭漫稿》《西湖近咏》等。有藏书处华及堂、裘杼楼等。

[③] 汪文柏(1659—1725),字季青,号柯亭。清康熙间监生,官北城兵马司正指挥。工诗词,好书画,尤长墨兰,精鉴赏。有藏书处摘藻堂、拥书楼、屐砚斋,有古香楼专贮名画。

[④] 陈心蓉:《嘉兴藏书史》,北京图书馆出版社2010年版,第196页。

[⑤] 参见周生杰、杨瑞:《鲍廷博评传》第一章"桐乡乌镇晚定居",凤凰出版社2014年版,第26—27页。

为《青溪严氏家谱》作序

首先是鲍廷博于嘉庆十七年（1812）孟夏为《青溪严氏家谱》所作的序言。因是首次发现的佚文，现将全文照录如下：

> 氏族之有谱，由来尚已。自宋眉山苏氏之谱出，而谱系始详备。盖将以明亲疏远近，辨尊卑，分长幼，俾后嗣子孙阅是谱者，咸有水源木本之思焉。严君鲁斋，汉子陵先生之裔胄，明季忆椿公由武林迁居乌戍，迄今二百余年。宗族日盛，浸炽浸昌。窃谓家之有谱，犹国之有史，其支分派别，一脉相延。使按图瞭如指掌，当自叙昭穆始。鲁斋如法详辑之，以示予。予乔寓兹十一有年，素仰家风之美，登其堂，尊卑长幼秩如也。尊祖故敬宗，敬宗故收族。世泽之长，其来有自。余既深服鲁斋孝友之敦，而又庆其宗支之繁衍也，遂为弁言如次。若夫墓祭之说，礼无明文，惟《周礼》有墓大夫一官，夫墓者，慕也。原以启后人思慕之心，其与谱，有相为维系者，本俗六之。联兄弟即次于坟墓之后，非此义欤？鲁斋因辑宗谱而并绘之，尤足见教孝之深意。至其渊源世系之长，姚君镜塘已备志之，兹不赘述。嘉庆十七年（1812）孟夏歙西通介老人鲍廷博谨记序，时年八十有五。①

《青溪严氏家谱》原名《严氏家谱》，由严师曾（1750—？，字省吾，号鲁斋）修于清嘉庆十八年（1813）。在此前一年，严师曾延请已侨居乌镇杨树浜多年的鲍廷博为之作序，鲍氏欣然

---

① [清]严辰纂修：《青溪严氏家谱》，清光绪十八年（1892）刻本。

命笔,表达了自己对严氏"家风之美"的仰慕和赞美之情。这是鲍廷博与桐乡文化界密切交往的又一实证。

需要特别注意的是,序中提到"予乔寓兹十一有年",据落款时间"嘉庆十七年(1812)"推算,鲍廷博侨居乌镇的时间应当为嘉庆七年(1802)了。这一说法虽是出自鲍廷博的自述,但笔者对此还是十分怀疑的。因为有多种确凿的史料表明,鲍廷博确实早在乾隆五十年(1785)前后就已寓居桐乡。

比如,上文提及乾隆四十九年(1784)夏,吴骞乘舟从海宁小桐溪往乌青镇访鲍廷博,留下了诗作《夏夕从小桐溪泛舟径硖石至乌青访绿饮道中即事二首》。乾隆五十年(1785)三月,吴骞又作有《小寒食同兰坻乌青泛舟即事三首》。由此可见,迁居乌镇后,鲍廷博与嘉兴地区师友的来往因为地理距离的拉近变得愈加紧密。

再比如,乾隆五十年(1785)正月十九日,鲍廷博在康熙刻本《昭德先生郡斋读书志》的题识中即署"青镇寓庐校",这是目前所知以青镇落款的最早题识。随后在数条题跋中反复出现"校于乌镇寓馆""校于青镇寓舍""青堆寓舍"等字样。"青镇""乌镇""青堆",都指现在乌镇的辖区。

又比如,乾隆五十一年(1786)三月,萧山汪辉祖入京谒选,舟抵湖州后"迂道乌镇别以文,同至吴门"①。汪辉祖是鲍廷博在杭州时相交多年的老友,此次北上,专程绕道乌镇道别,想是有些时日不见了。对此,汪辉祖不仅在后来的自传《病榻梦痕录》

---

① 见于《病榻梦痕录》卷上,转引自刘尚恒:《鲍廷博年谱长编》,国家图书馆出版社2017年版,第153页。

第十一章 移家携李续书缘

中记上一笔,当时还专门作了四首诗以纪事抒怀,诗云①:

一

纤程申别绪,世味辨咸酸。
扫壁方题凤,回航恰卸帆。ⁱ
相逢真倒屐,出语总非凡。
幸许窥缃秘,临行更启函。

原注:i. 余到门时,绿饮先生之桐乡,正欲解维而绿饮还舟。

二

小舫冲风急,吴门舣棹联。
谁图歧路别,又缔浃辰缘。
眉白忻逢马,ⁱ 堂虚记叩鼍。ⁱⁱ
诗情兼酒分,是处快缠绵。

原注:i. 谓马上舍东来。ii. 谓杨慧楼。

三

乍掩《冰山录》,重翻忠悯书。ⁱ
臭芳分若此,清戒定何如。
神悚披函后,心斋授简初。
良朋珍重意,敢不畏翘车。

原注:i. 绿饮既出严嵩籍没产旧簿曰《天水冰山录》属余题跋,又奉《杨忠愍公手书应养虚册子》索题,皆于舟中应之。

---

① 均见于《龙庄先生诗稿》,转引自刘尚恒:《鲍廷博年谱长编》,国家图书馆出版社2017年版,第154页。

四

老作诸侯客,方心幸未刓。

敢因行作吏,翻便情犹湍。

割许□鲜试,骑愁下虎难。

应怜双佳势,长忆硕人宽。

据以上第一首诗可知,那天鲍廷博正准备放舟前往"桐乡",此处的"桐乡"当指桐乡县城,可能是又要去拜访住在那里的金德舆、方薰、赵怀玉等一干朋友了。有资料显示,这一阶段他们之间过从甚密,常常"晨夕相处,日以校勘经史为事"。详情可见本书第十四章。

那么,"予乔寓兹十一有年"又该作何解释呢?笔者以为存在两种可能:一是刊刻时出现了脱字;二是鲍廷博所说的"兹"特指杨树浜。

《桐溪诗述》中的记载

清嘉庆、道光之际担任桐乡县教谕的宋咸熙[1]编著有《桐溪诗述》二十四卷,其中披露了不少有关鲍廷博的新资料。如在第二十一卷中收录有鲍廷博的小传和诗作四题,小传中就说其"寓居青镇之杨树滨垂四十年"[2],又是一种全新的说法。

宋咸熙是在嘉庆十九年(1814)出任桐乡县教谕的,在鲍

---

[1] 宋咸熙(1766—?),字德恢,号小茗,仁和(今浙江杭州)人,藏书家,建有思茗斋。嘉庆十二年(1807)举人,官桐乡教谕。著有《思茗斋集》《耐冷谭》等。

[2] 宋咸熙著,杨叶点校:《桐溪诗述》卷二十一,《宋咸熙集》第六册,浙江古籍出版社2021年版,第1710页。

廷博和顾修的怂恿下于次年开始着手编撰此书,至嘉庆二十三年(1818)编成,前后历时四年时间。只可惜,编撰期间鲍廷博与顾修先后谢世,"书成而二先生已不及见矣"[①],但宋咸熙不仅在《凡例》中对鲍、顾二人的提议表示了感谢,书前的"校订搜辑各姓氏"中也在第二和第三的位置写上了两人的姓名爵里(首位是潘奕隽)。如按此说,以鲍廷博的卒年(嘉庆十九年,1814)再往前推算,那么其移居杨树浜(杨树滨)的时间约在乾隆四十年(1775)前后。这个时间比"甲辰岁"(乾隆四十九年,1784)又整整早了八九年。

按理说,宋咸熙与鲍廷博是走得很近的忘年交,以嘉庆三年(1798)鲍廷博就将宋咸熙之父宋大樽的《茗香诗论》刻入"知不足斋丛书"第二十集来看,他们的相识当在宋咸熙任职桐乡之前,所以其说是比较可信的。但需要特别指出的是,笔者在翻阅《桐溪诗述》第十三卷时,发现陈沄所作的《冶塘棹歌》中有一首直接写到了鲍廷博,又出现了新的情况。该诗云:

水阁松亭分外清,客舟到处酒旗迎。
醉中渌饮题佳句,占断溪山风月情。

诗后有注:"水阁,浜名;松亭,村名。新安鲍以文号渌饮,曾寓冶塘,《咏酒旗》云:'招邀风月归花县,点染溪山入画屏。'"[②]

[①] 宋咸熙著,杨叶点校:《桐溪诗述·凡例》,《宋咸熙集》第四册,浙江古籍出版社2021年版,第802页。

[②] 宋咸熙著,杨叶点校:《桐溪诗述》卷十三,《宋咸熙集》第五册,浙江古籍出版社2021年版,第1357页。

从中得知，鲍廷博在定居杨树浜之前，还曾经寓居在离杨树浜不远的冶塘这个地方。这就为上文《青溪严氏家谱》序中所说的乔寓杨树浜"十一有年"提供了佐证。

陈沄的《冶塘棹歌》又称《柞溪棹歌》，就在宋咸熙《桐溪诗述》所引第一首诗的尾注中解释道："柞溪居民冶釜为业，故名冶塘，又名炉溪。"① 可知在这一带，柞溪和冶塘是可以相互通称的。这里位于现桐乡市区东北面的金牛塘两侧，南临京杭大运河，水运交通便利。昔时这里遍长柞树，故名柞溪。明朝时有沈氏自吴兴竹墩村迁居至此，开设冶坊。后产业壮大，"除在近地设店销售外，还在松江、嘉善、平湖、嘉兴、硖石、湖州等地各大杂货店挂牌经营沈氏冶坊铁器。其时镇之两端，炉火熊熊，昼夜不绝。地名亦因之渐称炉头"②。鲍氏家族"以冶坊为世业"，早年因生意上的关系，或许早就到过此地也不是没有可能的。

清时此地分属清风乡和永新乡，民国间为皂林乡、杨园乡，新中国成立后属炉头人民公社，1983年改炉头乡，1985年改乡为镇，后又再设为龙翔街道，今已划归乌镇管辖。

寓居冶塘的时间和位置

鲍廷博寓居冶塘的时间和位置，也可以作进一步的探究。

时间上，据傅增湘云鲍廷博曾手抄《建炎以来朝野杂记甲集》二十卷，该书"每卷后有惇典堂、芦浦寓庐、知不足斋、绣溪寓

---

① 宋咸熙著，杨叶点校：《宋咸熙集》第五册，浙江古籍出版社2021年版，第1353页。

② 桐乡市《桐乡县志》编纂委员会编：《桐乡县志》，上海书店出版社1996年版，第68页。

舍等志,均在乾隆丙戌、丁亥间(三十一至三十二年,1766—1767),皆渌饮钦(亲)笔也"①。这是目前所见鲍廷博最早以"绣溪寓舍"落款的题跋。此后数年间,出现次数更多,以乾隆三十四年(1769)至三十六年(1771)为例:

乾隆三十四年(己丑,1769)五月,借振绮堂所藏元林景熙《霁山先生集》五卷,用以自校己藏的汪士𬭎刻本。据张扬云:"此文四卷,始校于乾隆己丑五月二十日,至二十三日始毕,日尽一卷,有'绣溪寓庐记'二行。"②

同年七月,传抄并校正振绮堂本宋刘安上《刘给事文集》五卷《附录》一卷,鲍廷博连续作有题跋:"乾隆己丑七月,传钱塘汪氏振绮堂本,二十六日完。知不足斋识。""乾隆己丑十二月朔,绣溪寓舍。"(卷一末)"己丑十二月朔,午后校于绣溪寓舍。"(卷二末)"己丑十二月初二日,晨起校于绣溪寓舍。")卷三末)"乾隆己丑十二月巳刻,校于绣溪寓舍。"(卷四末)"乾隆己丑十二月初二日,校于绣溪寓舍,巳刻毕。"(卷五末)③

十二月,抄校宋孙复《孙明复小集》一卷《附录》一卷:"乾隆己丑十二月初五日,校于绣溪寓庐。"(见诗后)④

乾隆三十五年(1770),仅见一处提及,即十一月二十七日"补录"清叶奕苞稿本《金石录补》跋文"于绣溪旅舍"。

---

① 《藏园群书经眼录》,转引自刘尚恒:《鲍廷博年谱长编》,国家图书馆出版社2017年版,第69页。

② 转引自刘尚恒:《鲍廷博年谱长编》,国家图书馆出版社2017年版,第72页。

③ 以上转引自刘尚恒:《鲍廷博年谱长编》,国家图书馆出版社2017年版,第73页。

④ 转引自刘尚恒:《鲍廷博年谱长编》,国家图书馆出版社2017年版,第74页。

乾隆三十六年（1771）七月至乾隆三十七年（1772）五月，在鲍廷博校读的宋徐梦莘《三朝北盟会编》上，留下了数十处题识，其中有"绣溪"字样的就达十四处之多。

从上可知，在这六七年之间，鲍廷博经常性地住在这个叫"绣溪"的寓所，特别是乾隆三十四年（1769）十二月初，一连住了五天。

那么，"绣溪"到底是哪里呢？《桐溪诗述》卷十五收录方驾所作诗《桐川四时棹歌》四十首，其一云：

黄花开遍秀溪湾，淼淼凉波浸白鹇。
佳节又逢重九日，沈壶携酒上东山。

诗后有尾注："秀溪在县西北。"[①]查考地方志得知，秀溪又作绣溪，是金牛塘的别称，其区域与上文所说的冶塘大体重叠。明永乐十三年（1415）溪上建有绣溪桥，几经兴废，至今沿用此名的是一座大型的钢筋混凝土桥梁，名作秀溪桥。据民国《乌青镇志》记载："秀（禾郡吴《志》：'一作绣'）溪桥，又名三里桥，在皂林塘口。"[②]因是明朝抗倭将领宗礼的殉难处，明末清初名士周拱辰尝作《绣溪桥吊宗将军赋并序》。稍后的诗人汪绍昌又作有《绣溪桥吊宗将军诗》，其中有"岂料中丞专阃外，何堪猛士死桥边"之句。

综上所述，鲍廷博最早在乾隆三十一至三十二年（1766—1767）之间已经开始在桐乡县城西北运河边的冶塘一带暂住，

---

① 宋咸熙著，杨叶点校：《宋咸熙集》第五册，浙江古籍出版社2021年版，第1441页。

② ［清］董世宁原修，卢学溥续修，桐乡市档案馆（中共桐乡市委史志研究室）整理：《乌青镇志》，方志出版社2021年版，第197页。

在这里不仅拥有自己的住房,还贮藏着一定数量的藏书。他不惟在此校书,还与附近的师友时相往还。比如,乾隆三十七年(1772)五月初十,"桐乡方兰如(薰)、金云章(德舆)二君过寓,观唐摹《十七帖》,并借去文丞相(天祥)遗墨一卷以去""十二日……大雨,欲往桐乡回(访)方(薰)、金(德舆)二君不果。"①

此外,乾隆三十九年(1774)二月十五日,鲍廷博冒雨前往海宁送别即将去徽州休宁的吴骞。吴骞说"渌饮自绣溪至,即移舟来送"②,可知那时鲍廷博也是住在冶塘的。吴骞有感于好友的真情厚意,还作了一首《雨渡钱江却渌饮》诗,以记其事。

三、渌饮村居

《(光绪)桐乡县志》中的《建置下·园宅》中写道:"渌饮村居,在青镇东乡之杨树湾,为鲍渌饮孝廉廷博故居,多畜异书,隐居不出。"既然是隐居,对环境的要求自然也就更高,而乌镇杨树浜的地理位置和景致显然达到了鲍廷博的要求。

桐乡地处杭嘉湖平原腹地,是沪、杭、苏金三角之中心位置。作为江南重镇的乌镇不仅船运交通便利,环境也十分清幽静雅。据后人记载,鲍氏藏书处建在距离青镇镇区四五里之地,"村落几家,绿水环门,青山入牖,桑麻竹树,弥望一色,真读书耕隐之所也"③。鲍廷博隐居此处,避开了诸多无意义的尘俗庸事,

---

① 转引自刘尚恒:《鲍廷博年谱长编》,国家图书馆出版社2017年版,第80页。
② 转引自刘尚恒:《鲍廷博年谱长编》,国家图书馆出版社2017年版,第92页。
③ [清]黄廷鉴:《第六弦溪文抄》卷二《读知不足斋赐书图记》,《丛书集成初编》本。

可以尽量摆脱不必要的应酬，把更多的时间和精力投入到读书、校书和刻书之中。

对此，好友魏之琇有诗《鲍以文移居桐溪》四首堪称实录，让人觉得他全程参与了鲍氏搬迁的谋划与实施。其诗云：

其一
年年有兴狎樵渔，卜宅桐溪计未疏。
家具满船无长物，牛腰笋束半图书。

其二
蛱蝶翩翩趁舵牙，临平过去藕初花。
儿童乍见溪山景，笑指丹青觅画叉。

其三
地偏心远竟如何？一塌南窗荫绿萝。
尘事自从今日减，著书应比旧时多。

其四
屈指平生几素心，廿年回首一沉吟。
清风旧筑依然好，莫遣苔痕取次侵。

特别是"尘事自从今日减，著书应比旧时多"等句，让人怀疑就是在转述鲍廷博的原话。

作为交往多年的老友，金德舆也是鲍廷博渌饮村居的常客，其《过渌饮村居》诗云：

> 豆花棚下结书堂，秋到窗前引兴长。
> 久住渐知耕凿趣，爱闲翻为校雠忙。
> 偶烹野蔬如兼味，每借奇书润薄装。
> 如此村居良不易，劝君何必羡衡阳。[i]

原注：i. 时君拟作楚游，未果。

从都市到乡村，鲍廷博的归隐田园在当时并不是什么秘密，朋友们大多抱着乐观其成的态度。金诗着重表现鲍廷博的耕读情趣，赞颂其安贫乐道的书生清趣，也对其悠然自得的村居生活表达了自己的羡慕之意。尽管鲍廷博偶尔还有远游的计划，终究迫于种种条件的限制而未能成行。

除了环境清幽，鲍廷博之所以要从热闹繁华的杭州移居相对僻静的桐乡乡里还有多方面的因素促成。

首先，据翁广平所作《鲍渌饮传》说："先生壮岁，父母相继卒于杭，乃卜葬湖州乌程县某乡，后迁桐乡之乌青戍。"[①] 也即是说，鲍廷博起先是将父母会葬于湖州乌程某乡的，后又因故改葬至离乌程县县城不远的乌青戍，即为今天的乌镇。

赵怀玉在其所撰写的《恩赐举人鲍君墓志铭》中亦有类似的说法："会君父茔域卜吉湖州，复居乌镇之东。"[②] 所谓"卜吉"是指通过占问选择风水好的墓地。鲍廷博之所以要一再迁葬，

---

① ［清］翁广平撰：《听莺居文抄》卷二十一《鲍渌饮传》，《清代诗文集汇编》第466册，上海古籍出版社2010年版，第230—232页。

② ［清］赵怀玉：《亦有生斋续集》卷六，清道光元年刻本。

就在于他深信堪舆之说,一心想要为已故的父母找到一块风水宝地。按照中国的传统说法,先人如能葬于风水宝地,子孙必将兴旺发达,这是家族的一件大事,来不得半点儿马虎。显然,乌镇不仅成为其父母理想的安息之地,也最终成为鲍廷博梦寐以求的隐居之所和终老之地。

鲍廷博定居桐乡辖区内的乌镇还有两个与其藏书刻书事业直接相关的因素。一是这里作为江南腹地,在清代中前期私家藏书与刻书也十分繁荣,且当地有一批志同道合的师友可以相互沟通交流;二是这里距离当时的另外一个藏书与刻书的中心苏州相对更近,正好处在杭州与苏州之间的中心点上。更何况无论是冶塘还是乌镇杨树浜,都在京杭运河边上,南下北上,水陆交通都十分便捷。

鲍廷博与桐乡文人之间的互动交流早在来桐之前就已经颇为频繁,顾修之外,与之来往最多的是几位同为安徽籍而客居桐乡的文化名流,这其中就包括方薰、金德舆以及与金氏有亲戚关系的赵怀玉等人。他们因为有同乡之谊,家世又相近,再加上情投意合,就自觉地形成了一个颇具特色的学术交流圈。

其实,早在乾隆三十六年(1771),鲍廷博就和原籍桐乡的文瑞楼金氏有过互动。乾隆三十七年(1772),鲍廷博所辑元代顾瑛的《玉山逸稿》四卷《附录》一卷,被顾修刊入其《读画斋丛书》辛集。顾修与鲍廷博交情颇深,其丛书即是效仿鲍氏"知不足斋丛书"体例,为此鲍廷博先后还出过不少力。

乾隆四十年(1775)三月,鲍廷博已经到访过位于桐乡县城的金德舆桐华馆,借其藏书宋杨万里的《诚斋诗话》一卷用以校勘自藏的手抄本,并有跋文记载当日于桐华馆校书之情景:

> 北风扬沙,尘埃满室,扃镭窗户,无少隙漏,如闭车箱中作新妇也。①

鲍氏把自己比作闺中的新娘,在隔绝尘沙的桐华馆中校书,其兴奋与激动之情流露于字里行间。

此外,鲍氏正式迁居桐乡之前,还多次涉足桐乡,其行程多有记录。如下:

> 乾隆己亥八月廿六巳刻校完。是日为桐乡之行,勘毕解维矣。②

乾隆己亥是乾隆四十四年(1779),该年八月二十六日上午九时,鲍廷博校刻完《西塘集耆旧续闻》后就乘船前往桐乡。按照张森生《藏书家鲍廷博定居乌镇三十一年》一文推测,鲍廷博此次桐乡之行可能是物色迁居桐乡的具体地点,或是拜访好友金德舆。之后,鲍氏逐渐地将杭州的藏书移运至桐乡③。

乾隆四十八年(1783)十一月下旬至十二月上旬,五十六岁的鲍廷博就在往来杭州与桐乡的搬家船上,仍抽空致力于《白石道人歌曲》的校勘:

---

① [清]陆心源辑:《皕宋楼藏书志》卷一百一十八《诚斋诗话》,《宋元明清书目题跋丛刊》第一册,中华书局2006年版,第1133页。

② 《西塘集耆旧续闻》卷十跋,转引自刘尚恒:《鲍廷博年谱长编》,国家图书馆出版社2017年版,第122页。

③ 张森生著,夏春锦主编,梧桐阅社编:《梧桐乡是凤凰家》,华文出版社2020年版,第168—170页。

癸卯十一月廿四日,半山舟中底本校第二、第三卷,辰刻。
癸卯十二月初三日,泊舟原上,底本校于烛下。
癸卯十二月十二日,舟次乌青,底本校。
癸卯十二月十五日,清晓临平道中校注。①

搬家的奔波与繁琐丝毫没有耽搁鲍廷博校书、刻书的进程。其前半生在杭州经商、访书、购书、刻书,广为交游。清乾隆四十九年(1784)安家杨树浜后,从五十七岁到八十七岁,鲍廷博后半生的大多时候就定居在杨树浜,安度晚年。

鲍廷博定居杨树浜后,除了建有房子居住,还专门修建了一处赐书堂用于存放乾隆赏赐的《古今图书集成》。此书堂在杭州时就有,如今重建于乌镇,便请好友翁广平撰写了《赐书堂记》。文中提到"先生既拜受是书,乃辟堂三楹,分贮四大厨,颜其堂之额曰'赐书'",又刻有"老屋三间赐书万卷""世守陈编之家"两朱文篆印。可见鲍廷博对清廷赐书的敬重。

老屋三间赐书万卷

---

① 唐氏怡兰堂藏鲍廷博手校本,转引自刘尚恒:《鲍廷博年谱长编》,国家图书馆出版社2017年版,第143页。

第十二章 刻书之志无已时

宋代是文化极为繁盛的时期,王国维曾评价宋代"人智之活动,与文化之多方面,前之汉唐,后之元明,皆所不逮也"①。其中宋代雕版印刷术的发展更是彻底改变了书籍的生产方式,刻书的盛行也随之形成政府官方刻书、民间书坊刻书、寺院刻书以及私家名士刻书四大系统,影响深远。自南宋迁都临安(今浙江杭州)后,浙江地区成为全国的刻书中心之一。作为京畿之地的嘉兴,刻书产业迅速崛起,且历代成就辉煌,到明清时期达到鼎盛,在浙江刻书史甚至是中国刻书史上都尤为瞩目。

嘉兴刻书者多为文人名士,且多为藏书大家。从清初的朱彝尊到吕留良、吴骞等,又从清雍正年间大兴"文字狱"导致刊刻事业几近凋零,到乾嘉时期刻书空前繁荣且达到高潮,桐乡鲍廷博在众多刻书大家中无疑是首屈一指的。

一、花韵首刻

鲍廷博生于商贾之家,鲍家作为当时的徽商大户,一贯推崇"贾为厚利,儒为名高"的世训。从祖父鲍贵开始收藏典籍、

---

① 王国维:《宋代之金石学》,团结出版社 2019 年版,第 159 页。

教子习文,到其父鲍思诩以仕进为主、经商为辅的人生规划,都对鲍廷博"贾而好儒"的特性养成起到了至关重要的浸润作用。

而自北宋起即为全国刻书中心的浙江,经济正处在繁荣阶段,科举氛围浓厚,藏书文化因之发达。生在杭州、长在杭州的鲍廷博也受到当时当地爱书、藏书、刻书氛围的熏染。其于乾隆十年(1745)秋,以花韵轩室名刊刻好友锁冯普《古今姓汇》二卷时,年仅十八岁。这是现存文献中关于鲍廷博刻书最早的记录。据《鲍廷博评传》介绍,该书卷前有牌记:"《古今姓汇》,乾隆乙丑(1745)花韵轩梓藏。"又有封面题字:"歙鲍氏花韵轩精刻。"护页有墨笔:"按花韵轩为鲍以文廷博斋名。"①

牌记,一般刻在该书的首尾,或序页和目录页之后的形状各异的图形牌子。内有刊刻者、刊刻时间和地点等信息,字体多为楷书,也可见隶书或篆书,草书最少。类似于今日书籍之版权页,是古籍版本鉴定的重要依据。潘景郑《宋元书刻牌记图录》有序云:

> 南宋戡居临安,设胄监以续雕椠之业,遍及私家坊肆,传刻益繁,间亦附识岁月,镌及牌记,藉睹一书之传绪,可当发轫之权舆焉。元代继宋之业,刻书演变不多,而牌记相应无异。明自万历以前,因仍宋元旧规,晚季渐有演变,衍成扉页专题书名、年月、出处,面目全非。至清代则几于每书扉页,各有署记,无所谓牌记矣。②

---

① 转引自周生杰、杨瑞:《鲍廷博评传》,凤凰出版社2014年版,第206页。
② 林申清编著:《宋元书刻牌记图录》,北京图书馆出版社1999年版,第1页。

第十二章 刻书之志无已时

牌记滥觞于汉简,正式出现于唐代。宋元明时期得到充分发展,内容更为丰富,形式更加多样。至清代已发展形成固定的格式和规范,多位于扉页和版心[1]。鲍廷博花韵轩所刻《古今姓汇》二卷之牌记即位于扉页,按刘尚恒《鲍廷博年谱长编》摘录该牌记书影可知,此牌记不分栏,右上方镌刊刻时间"乾隆乙丑",中间镌书名"古今姓汇",右下方镌刊刻处"花韵轩梓藏"。

锁冯普在《凡例》中云:"余撰次是编,花韵轩主人怂恿成事,笺释多所商订。第愧余文辞鄙陋,博雅之家幸补其不逮。"又云:"余自乾隆壬戌(七年,1742)寓花韵轩,搜考姓谱,博稽字书,为日已久,捃摭补缀,稿凡四易,今始成帙,敢谓竟无遗漏?然已殊费经营,览者亮之。"[2]

"花韵轩"为鲍廷博斋名,至晚年仍沿用,著有《花韵轩遗稿》二卷、《花韵轩咏物诗存》一卷(《清史列传》作《花韵轩小稿》《咏物诗》)。锁冯普,字赞元,号菊坨,钱塘(今浙江杭州)人。钱塘在清时属杭州府辖区,锁氏与鲍氏相去不远。在鲍廷博的"怂恿"之下,锁冯谱自乾隆七年(1742)即寓居于鲍氏花韵轩查询资料、修改书稿,最终于乾隆十年(1745)又在鲍廷博的襄助下付梓面世。由此,不仅可知鲍、锁二人学术之交谊、鲍氏花韵轩早期藏书之丰富,更可见鲍廷博在刻书之始即十分讲究刻书质量,追求"专精"。

鲍氏初刻《古今姓汇》二卷为花韵轩精刻本,开本大小为

---

[1] 许瑾:《清代牌记对现代版权页的启示——以善成堂书坊牌记为例》,《图书馆学刊》,2019年第8期,第139页。

[2] 转引自刘尚恒:《鲍廷博年谱长编》,国家图书馆出版社2017年版,第42页。

27cm×18cm，10行19字，左右双边、黑口、双鱼尾。据刘尚恒言，该书向以孤本藏于安徽省文史研究馆，后移赠安徽省图书馆，《安徽省古籍善本书目》有录。按《鲍廷博评传》，此本原四册，今余一册。经查询，国家图书馆亦藏有鲍氏首刻本，共四册，为善本古籍。但国家图书馆所藏本是否为安徽省图书馆所藏本，或为新见本，则不得而知。

精刻本，亦称精刊本，指雕版字体工整美观、刻印质量上乘、经精审校勘的本子。宋元时期的精刻本多为当时名家写样、名匠镂刻而成，字体遒劲秀媚①。明早中期尚有宋元遗韵的精刻本，明中叶后书坊工匠写样刻印粗劣，谬误甚多，不算精刻。清初官刻及私刻均请善书者精心缮写付刻，故亦为写刻精本。如享誉书林的"林氏四写"即为侯官门人林佶誊写的汪琬《尧峰文钞》、陈廷敬《午亭文编》、王士祯《古夫于亭稿》《渔洋山人精华录》。其中《尧峰文钞》由吴郡程际生所刻，《古夫于亭稿》为成文昭所雕，《渔洋山人精华录》则出自鲍闻野之手，程际生、成文昭、鲍闻野以及乾隆年间的司徒文膏（刻郑燮手写《板桥集》）等人均为清代刻工的杰出代表②。清嘉庆时，私人刻书家多推崇写刻。鲍廷博挚友吴骞，其拜经楼辑刻之《海昌丽则》五种十卷，书写刊刻极为精丽。另与鲍廷博交情颇深的黄丕烈，亲自手写上版《季沧苇藏书目》一卷，此书目为江南藏书家季振宜之藏书目，以宋元精刻善本为主，版书字形圆润，笔画苍劲，刻印精雅。

清代写刻精本，始于康熙，盛于乾嘉，手写精椠，蔚成风

---

① 陆昕：《藏书小识》，文津出版社2016年版，第37页。
② 上海大学图书馆学系编：《古籍整理与版本》，油印本，1983年，第212页。

气①。生活于乾隆盛世又热衷于藏书、校书、刻书的鲍廷博，家资累积丰盈，家学渊源深厚，自然精本佳刻层出不穷。

二、有刻必精

鲍廷博在杭州的旧居位于睦亲坊（今杭州市弼教坊）一带，南宋时著名书肆商贾陈起曾在此处开设书铺，广刊书籍，内容多为唐人诗集，因雕版精良，为当时"书棚本"中刊刻最卓越者，有"诗刊欲遍唐"之称②。数百年后，生于此地的鲍廷博亦热衷于刊刻，虽同为商贾之人，但鲍氏刻书不图市利，只求精品，其影响远在前者之上。

在刊刻"知不足斋丛书"之前，鲍廷博已经刊刻了较多的单行本，且均为精工至善之本。

乾隆二十六年（1761），三十四岁的鲍廷博校刻清孙承泽《庚子销夏记》八卷附《闲者轩帖考》一卷，自作题跋，并延请卢文弨、余集、周二学、张宾鹤作序跋。

该书由明末清初鉴藏家孙承泽编纂于清顺治十七年（1660）夏日，遂取名"庚子销夏"，书中内容为孙氏家藏及经眼之书画，且录有相当数量的碑石、刻石，尚有不少为碑、刻的第一手资料③。此底本原由鲍廷博客居苏州时从一收藏家手中借抄而来，其中讹误甚多，但在鲍廷博的精心校勘之下，几于完美。且该

---

① 上海大学图书馆学系编：《古籍整理与版本》，油印本，1983年，第212页。
② 顾志兴编：《浙江印刷出版史》，杭州出版社2011年版，第427页。
③ 中国学术名著提要编委会编：《中国学术名著提要（合订本）》第5卷《清代编下》，复旦大学出版社2019年版，第869—870页。

本一百多年以来已无刻本流传，鲍氏有心将此书刊刻以公诸艺林。

卢文弨在序中盛赞了鲍廷博的"媚学好古"，并对抄、刻此书的前因后果作了介绍，其中写道：

> 鲍子以文媚学好古，汲汲如恐不及。其搜集先哲遗文甚富，得是记，校雠完好。郑子弗人雅有同志，读而爱之，相与谋寿诸梓。既成，请余弁其端。余惟退谷负当世盛名，居辇毂之下，四方士大夫多乐从之游。故能致天下之奇珍秘宝以供其题品。其后吾乡有高澹人詹事供奉内廷日久，得见秘阁之所储，著《江村销夏录》，亦此书之类也。士之欲网罗旧迹、摩挲玩赏以振发其耳目者何限而力不能如二公。但据所云云者观之，犹当有所会焉。且以金石之坚也，有时而刓而泐，况于楮墨绢素之戋戋者。然则古人之名笔或不尽传而是书得传，其亦古人之精神所寄矣，是二君刻是书之志也夫。①

"郑子弗人"即郑竺，字弗人，号晚桥，又号蕉雪，浙江慈溪半浦村（今属宁波市江北区）人。慈溪郑氏是浙东著名的文献世家，其藏书楼名二老阁，因多藏黄宗羲文献，一度成为浙东地区的学术中心。二老阁藏书前后历时两百余年，在浙东是仅次于天一阁的藏书人家。郑竺因家学渊源，也是一位笃学崇古之士，喜与鲍廷博、杭世骏等藏书家相往还，著有《溪上旧闻》《野云居诗文稿》。鲍廷博此次手抄之《庚子销夏记》，因"校

---

① 孙承泽：《庚子销夏记》，《中国书画全书》第7册，上海书画出版社1993年版，第745页。

雠完好",深受包括郑竺在内的师友们的喜爱,于是郑竺相与谋划刊刻事宜。这从一个侧面反应了鲍廷博抄校书的质量与水平,备受当时行家们的肯定。对此,张宾鹤在题跋中有更详细的评说:

> 退谷老人《销夏记》八卷,吾友鲍子以文客吴门,于藏弆家借抄得之。其中鲁鱼亥豕不一而足,以文精心校勘,正其讹谬,殆几完善,且谋剞劂,而慈水郑君弗人见之色喜,捐赀以助其成。余子蓉裳工小楷,为写七卷。其《寓目记》一卷,以文属余续终之。始开雕于乾隆庚辰(二十五年,1760)腊,越辛巳(二十六年)二月乃克蒇事。昔江村先生撰《销夏录》实在退谷老人后,海宇竞称焉。此书百余年来世无锓本,流传盖寡,今为发其幽光,良亦艺林之快事与。①

从上可知,此书的刻印最终还得到了郑竺在资金上的支持。鲍廷博为了对得起朋友的信任,特邀请善书小楷的好友余集手写上版前七卷,后一卷《寓目记》则托由另一工于书法的友人张宾鹤缮写,将之作成了一件十分难得的传世精品。

余集在其跋文中描绘了当时在初冬晨间呵手书版的情景:

> 时方岁晏,每晨起坐小楼,写三数翻,旭日杲杲照几砚间,虽严寒亦呵冻书不辍。②

---

① 转引自刘尚恒著《鲍廷博年谱长编》。
② 刘尚恒:《鲍廷博年谱长编》,国家图书馆出版社2017年版,第51页。

同样是鉴藏爱好者的余集,想必对此书的出版也是迫不及待,故每日晨起誊写上版,即使地冻天寒也热情不减。

余集(1738—1823),字蓉裳,号秋室,仁和(今浙江杭州)人。其人工于诗文,善画,家有梁园,富收藏,著有《秋室学古录》等。五年后的乾隆三十一年(1766),余集考中进士,官编修、侍读学士,此为后话。张宾鹤(1724—1790),字仲谋,一字尧峰,号云汀,钱塘(今浙江杭州)人。亦工诗善画,但为人不拘小节,时人谓之"张疯"。与郑板桥、王文治时相往还,著有《云汀诗抄》。

在鲍廷博及其好友的共同协助下,此书于乾隆二十五年(1760)开雕,后又请精于校勘的卢文弨和书画鉴藏家周二学再次细察并作序,实属精品佳作。该本内框19.2cm×13.7cm,10行20字,小字双行同,左右双栏,上下黑口,上下黑鱼尾,版心中镌篇名、卷数、页数[①]。字体流美,行款疏朗,为当时名刻。该本今已入《中国古籍善本书目》,其中《闲者轩帖考》后刻入"知不足斋丛书"第四集[②]。

此时已步入而立之年的鲍廷博,虽已二度落第,但对抄书、校书、刻书的热情丝毫未减,反而更加用功于校刻事业。

同年,鲍廷博又刊刻了厉鹗的《樊榭山房集》十卷《续集》十卷。厉鹗(1692—1752),字太鸿,号樊榭,钱塘(今浙江杭州)人,康熙五十九年(1720)举人。善诗文,词宗南宋姜夔、张炎,是朱彝尊之后的浙西派作家。喜山水,尤以纪游诗见长。著有《樊

---

① 牛筱桔主编:《中国美术学院图书馆馆藏古籍图录》,浙江古籍出版社2017年版,第42页。

② 黄永年、贾二强撰集:《清代版本图录2》,浙江人民出版社1997年版,第47页。

榭山房集》二十卷,《宋诗纪事》一百卷,《南宋杂事诗》一卷等。厉家有樊榭山房藏书楼,收藏甚富。鲍廷博与之往来颇多。当年(乾隆二十六年,1761)二月,鲍廷博曾到访其樊榭山房借录并校跋明朱珪《名迹录》七卷,此书后由鲍家进呈,被录入《四库全书·史部·目录类》。

厉鹗过世后,其手稿由其子交由鲍廷博整理。乾隆二十八年(1763),鲍廷博又从厉氏稿本中整理出《南宋院画录》八卷,并校跋之①。

鲍廷博为其刊刻的《樊榭山房集》二十卷实为厉鹗四十八岁(乾隆四年,1739)时所自编,六十岁(乾隆十六年,1751)时又续编十卷,其中多为其纪游之诗②。国家图书馆藏本 12 行 24 字,小字双行 35 字,四周单边,白口,单鱼尾,已入《中国古籍善本书目》卷二十七"清别集类"③。按叶启勋《拾经楼紬书录》,该书为厉鹗之子厉志黻以手稿附鲍廷博校勘本。此书后曾由藏书家叶启勋收藏。叶启勋(1900—1972),字定侯,号更生,晚号更生居士,湖南长沙人。系叶德辉侄,其父为叶德辉三弟叶德炯。叶启勋喜好藏书,精晓版本目录学,有藏书室拾经楼。与前辈鲍廷博相似的是,叶氏每得一珍本,必亲自题跋考证其版本源流,修补登记后入藏。收书 30 余年,得善本 300 种,10 余万卷。其部分藏书后由其子叶阎运捐赠湖南省图书馆,现大

---

① 刘尚恒:《鲍廷博年谱长编》,国家图书馆出版社 2017 年版,第 52 页。
② 汪涌豪、骆玉明编:《中国诗学》第 3 卷,东方出版中心 2008 年版,第 293—295 页。
③ 周生杰:《鲍廷博藏书与刻书研究》,黄山书社 2011 年版,第 464 页。

多藏于该馆善本书库①。

鲍廷博在整理、刊刻厉鹗手稿的同时,另助好友吴长元刻明张丑《清河书画舫》十二卷,共二函十二册。吴氏《校书例略》记载,此书"开雕于壬午(乾隆二十七年,1762)四月,蒇事于癸末(乾隆二十八年,1763)五月"。在刊刻过程中,鲍廷博与其"朝夕商榷,正讹补阙不遗余力"②,鲍廷博的上心与投入最后使得此书著录的题跋、藏印皆较为详尽。该本9行22字,小字双行同,上下黑口,左右双栏,版心上镌篇名,中镌页数,纸张为竹纸,订线装订。封面右上方镌作者"张米庵先生著",中间镌书名"清河书画舫",右下方镌刊刻处"池北草堂开雕"。前有乾隆二十八年(1763)严诚③序,每卷末镌"乾隆壬午(亦有癸末)吴长元池北草堂(亦有宝云楼、半舫)"。书中内容"多以书画见闻,以人为纲,以其流传书画为目,采诸家评鉴,各注所出,附加评论,间有考证之文"④。尤其值得一提的是,该本刻印精致,小字劲秀,耐人寻味,鲍氏刻书的"专"与"精"于此可见一斑。

三、助友刊刻

鲍廷博襄助友人刻书不计其数,其中最著名的当属力助好

---

① 长沙市地方志办公室编:《长沙市志》第16卷,湖南人民出版社2002年版,第578页。
② 刘尚恒:《鲍廷博年谱长编》,国家图书馆出版社2017年版,第56页。
③ 严诚(1733—1768),字立庵,号铁桥,仁和(今浙江杭州)人。乾隆三十年(1765)举人。工诗文,擅画山水,亦善书,尤工行楷、隶书。
④ 王树田:《拥雪斋藏书志上》,广西师范大学出版社2018年版,第459页。

第十二章 刻书之志无已时

友赵起杲刊刻《聊斋志异》,写下了文学史上浓墨重彩的一笔。

赵起杲(1715—1766),字清曜,山东莱阳人。以贡生历任杭州、严州知府。好藏书,家有青柯亭。鲍廷博与其相识于乾隆二十八年(1763),二人均酷嗜书籍,且时常互通有无。时任杭州知府的赵起杲并未因身份、地位的差异而影响到与鲍廷博的学术交谊。鲍廷博遂称二人之间为莫逆之交,即使是在赵起杲调离杭城前往严州任职后,也曾专程前往三百里外的严州探望,并借机抄录了宋人周煇的《清波杂志》十二卷,可见情谊之笃。

赵氏曾从福建郑方坤(字则厚,号荔芗)后人处得蒲松龄《聊斋志异》稿本。历史上第一个《聊斋志异》的刻本青柯亭本即是赵起杲在鲍廷博的帮助下刊刻而成的。据赵起杲自述:

> 癸未(乾隆二十八年,1763)冬,官武林,友人鲍以文屡怂恿予付梓,因循未果。后借抄者众,藏本不能遍应,遂勉成,以公同好。他日见闱轩,出以相赠,其欣赏何如也!独恨吾友季和已赴九泉,不获与之商榷定论已。此书之成,出赀勷事者,鲍子以文;校雠更正者,则余君蓉裳、郁君佩先暨予弟皋亭也。乾隆丙戌(三十一年,1766)端阳前二日,莱阳后学赵起杲书于睦州官舍。①

原来,此书以抄本流传时,鲍廷博就曾多次"怂恿"建议赵氏付之梨枣,鲍氏的独到眼光和远见卓识由此可见一斑。值得一提的是,此书的刊刻费用竟也是由鲍廷博解囊相助的。赵

---

① 盛伟编:《蒲松龄全集》1,学林出版社1998年版。

氏虽贵为一方知府,但因嗜书成癖而囊中羞涩。鲍廷博因世代经商,经济富裕,便慷慨资助赵氏刊刻了这部文学名著。

只可惜,正当此书即将梓成之时,赵起杲却因病而撒手人寰,留下了来不及付刻的四卷,临终前只得将此未尽之事委托于自己的这位莫逆之交。鲍廷博果然不负所托,"取四卷重加审定,续而成之"。为了扩大影响,鲍廷博还专门邀请了当时的名士王承祖、魏之琇、沈焜、余集为书题辞。而令人尤为动容的是,鲍廷博还践前诺,将梓刻完成的《聊斋志异》十二卷"饰以牙签,封以玉匣""遵富春,涉桐江,支筇挟册,登严陵之台,招先生羁魂,焚而告之"[1],以此告慰亡友的在天之灵,用实际行动演绎了一段书林佳话。

除赵起杲外,鲍廷博还为卢文弨刊刻了遗著《抱经堂文集》三十四卷。徐鲲《抱经堂文集跋》云:

> 乙卯(乾隆六十年,1795)之春,抱经先生(卢文弨)整此自著文集,至冬十一月已刻成二十五帙,犹未定卷数先后,而先生遽归道山,鲍君以文力任剞劂葳工。[2]

卢氏晚年将自己的文章辑成《抱经堂文集》陆续刊刻面世,但不幸于乾隆六十年(1795)遽归道山,其名山事业面临半途而废的窘境。鲍氏闻知后,不顾自己已在刊刻"知不足斋丛书"

---

[1] 转引自周生杰、杨瑞:《鲍廷博评传》,凤凰出版社2014年版,第203页。
[2] 转引自刘尚恒:《鲍廷博年谱长编》,国家图书馆出版社2017年版,第188页。

的艰难以及纸张价格和刻工费用上涨的压力，全力以赴，一心要为亡友完成遗愿。

说起鲍廷博与卢文弨的交往，在第二章第三节中已作详述。但令鲍廷博难以忘怀、深切感念的是好友在辞世前三年（乾隆五十七年，1792）所撰写的《征刻古今名人著述疏》一文。此文竭力推崇鲍廷博其人及其刻书事业，呼吁有识之士能够共襄盛举，这给予了鲍廷博巨大的精神支持。全文如下：

> 若吾友鲍君以文者，生而笃好书籍，于人世一切富贵利达之足以艳人者，举无所概于中。而唯文史是耽，所藏弆多善本，并人间所未尽见者，进之秘省之外，复不私以为枕秘，而欲公之。晨书暝写，句核字雠，乃始付之梓人氏，枣梨既精，剞劂亦良，以是毁其家不恤也。①

卢氏对鲍廷博的评价可谓中肯，且深谙鲍廷博的为人志趣和文化抱负。对于这样的知己，鲍廷博的回报从来是真诚而不吝啬的，这也充分体现了鲍廷博知恩图报、重义轻利的个性特征。

乾隆六十年（1795），卢文弨谢世，付梓的文集"未及五之一"。嘉庆二年（1797），鲍廷博经过一番努力，耗费了大量精力财力，终于完成了《抱经堂文集》三十四卷的刊刻工程。鲍廷博的义举受到了师友们的赞叹，除了徐鲲的肯定，吴骞在十余年后所作的序中这样评价道：

---

① ［清］吴骞撰：《清代诗文集汇编380 愚谷文存卷十三》，上海古籍出版社2010年版。

抱经卢先生之归道山，屈指十八载矣。方先生之殁也，骞走哭诸寝门，葬往视其窆，毕封乃去。及同人汇刻遗集，得之为独先。他日，鲍君以文过溪上之敝庐，而言："《抱经堂集》梓成久矣，未有序，环顾先生平昔交游，大半零谢，子其可无一言乎？"骞深谢不敏。既而伏念，辱先生之知垂数十年，每抠趋请业，无少厌倦，谬以直谅多闻之友见许，晚至有愿言与夫子永结为弟昆之语。且先君子碣墓之文，实出先生手笔。呜呼，是虽欲以不文辞，得乎！……先生教人，首重伦品而次学术，耳一善言，见一善行，辄津津道之不去口，故被赏识士，莫不束脩自好。……尝谓士不可顷刻离书，譬鱼不可须臾离水，时以为名言。……先生著书满家，已足垂诸不朽，矧研摩经传，起废钩沉，尤有裨于圣贤……爱不揣固陋，聊抒梗概，以谂于鲍君云尔。壬申（嘉庆十七年，1812）冬十月。"（《愚谷文存续编》卷一）

据吴骞所言，此序是应鲍廷博之约而写，他不惜笔墨，将鲍廷博求序时的原话照录其中，读者正可以从中感受到其言辞的恳切与凄凉。吴骞除了表示自己没有推脱的理由，更有意突出卢文弨生前对自己和师友们的恩惠，尤其是他"首重论品而次学术"的观点仍言犹在耳。

据严元照《悔庵学文》卷八《书卢抱经先生札记》云，钱塘梁同书也曾刊印卢文弨文集，"刊成五十卷，而芟汰已甚，非复原稿之旧"。据刘尚恒查访，"今梁刊五十卷本未见，通行者乃三十四卷本，已由上海古籍出版社影印于《清人别集丛刊》

中"[①]。如果真有过梁同书所刻版本,今或已散佚,而卢文弨的心血之作如今得以传世,不能不让人想到鲍廷博的功德。

四、甲于天下

南京图书馆藏有鲍廷博知不足斋刻本《岭云诗抄》一卷,该本为鲍廷博友人魏之琇所著。按《中国古籍善本书目》卷二十七"清别类",该本半叶10行20字,黑口,四周单边,后有吴骞跋文。依马培洁所言,此本为乾隆二十一年(1756)鲍氏知不足斋刻本[②]。由此推测,虽此本后未被纳入"知不足斋丛书",但鲍廷博为好友魏之琇刊刻的《岭云诗抄》一卷应为当前可考的知不足斋最早刊刻的单行本。

"知不足斋丛书"确为知不足斋所刻,但知不足斋所刻之书并未全部收入"知不足斋丛书"。之前提到鲍廷博于乾隆二十六年(1761)校刻清孙承泽《庚子销夏记》八卷附《闲者轩帖考》一卷,其中《闲者轩帖考》后被刻入"知不足斋丛书"第四集。乾隆三十四年(1769)十一月,四十二岁的鲍廷博校刻的明邝露《赤雅》三卷,后被纳入"丛书"第二集。乾隆三十七年(1772),校刻《客行日记》一卷、《对床夜语》五卷,分别入"丛书"第一集和第三集。翌年,又刻《南濠诗话》一卷,入"丛书"第三集……在正式刊刻"知不足斋丛书"之前,鲍廷博就已经刊

---

① 刘尚恒:《鲍廷博年谱长编》,国家图书馆出版社2017年版,第189页。
② 马培洁:《鲍廷博及其〈知不足斋丛书〉研究》,中国社会科学出版社2020年版,第239页。

刻单行本,"丛书"开始编刻之后,又将部分单刻本收入其中。所以"丛书"中同一集的书籍并不是同一时间刊刻,可见鲍廷博虽统一了"丛书"的版式,但并未限制书籍的内容和刊刻时间。"所遇即所刻",鲍廷博遇到珍秘之本便将其选刻入"知不足斋丛书"之中。

林夕在《丛书的版本和收藏》一文中是这样谈"知不足斋丛书"的:

> 各自独立的几种书汇集在一起,加上一个总名,就成为一部丛书。丛书所包含的各种书的名目,叫做丛书的子目。……汇编丛书是最正宗、最典型的丛书,最早出现的是南宋俞鼎孙、俞经编的《儒学警悟》和左圭主编的《百川学海》。元代丛书很少,从明代开始,丛书才走上蓬勃发展之路。……清代是丛书的鼎盛时期,清初就有佳刻,乾嘉以来逐渐成风,到清末在张之洞提倡刻书留名的倡导下,达到鼎盛。流风一直延绵至民国初年,势头只增不减。①

清代藏书与刻书的极为繁荣的风气也使得丛书刊刻蔚然成风,而鲍氏"知不足斋丛书"当属私刻丛书之翘楚。据周生杰整理,清代及近代模仿"知不足斋丛书"的私刻就有10种之多②。在清张之洞撰写的《书目答问》收录的2000余种书目中,不仅将

---

① 齐鲁书社编:《藏书家下6—10合订本珍藏版》,齐鲁书社2014年版,第76页。
② 周生杰、杨瑞:《鲍廷博评传》,凤凰出版社2014年版,第193页。

其列为诸生必读之书,更在四部之外列出"知不足斋丛书"本,共收录鲍氏刻书多达49种,可见鲍氏"知不足斋丛书"之于文坛的贡献之巨、地位之高和影响之大①。

值得一提的是,"知不足斋丛书"的影响不仅局限于国内,甚至日本学者对其也翘首以盼。据李锐清《日本见藏中国丛书目初编》可知,现今日本多个大型图书馆都藏有"知不足斋丛书"②。鲍氏好友有诗云:

> 探骊剩有珠盈握,涉笔皆成龙点睛。
> 可但鸡林传纸贵,长崎岛外识君名。③

在当时中日商船往来频繁、文化交流互通有无的情况下,鲍廷博的名声早已漂洋过海。其实对于嗜好珍本、秘本的鲍廷博来说,早已将寻书的目光瞄向海外。

乾隆四十一年(1776)二月,鲍廷博校刻的《古文孝经孔氏传》一卷,入"知不足斋丛书"第一集,其底本为日本享保十七年(1732)刊本。此本在隋唐时期传入日本,在中国已亡佚数百年。相传是鲍廷博在翻阅《宋史·日本国》时,猜想此书可能在日本有藏,故委托好友汪鹏从日本寻访多年方才购得。汪氏为经济实力雄厚的海商,祖籍与鲍氏同为徽州,常年往返日本。《古

---

① 周生杰、杨瑞:《鲍廷博评传》,凤凰出版社2014年版,第196页。
② 节选自李锐清编著:《日本见藏中国丛书目初编》,杭州大学出版社1999年版。
③ [清]吴骞撰:《拜经楼诗集续编》卷二《题鲍渌饮茂才〈花韵轩咏物诗〉后五首》,《续修四库全书》影印本。

文孝经孔氏传》经鲍氏刊出后影响颇大,漂洋过海至日本。日本学者冈田挺之阅后对此赞赏有加,委托汪鹏将散佚已久的《孝经郑注》交由鲍廷博刊刻。《孝经郑注》一卷附冈田挺之辑录的《补正》一卷,为"知不足斋丛书"第二十一集[①]。另有刻入"知不足斋丛书"第三集的《全唐诗逸》三卷、第七集的《论语集解义疏》十卷和第二十六集的《五行大义》五卷,所依底本均由汪鹏自日本代购所得。

其中,《论语集解义疏》的刊刻最能见出鲍廷博的仁者之风。此书鲍廷博从汪鹏处购得后,一直有意加以复刻,使之造福士林,奈何资金上出现了困难。时任浙江巡抚王亶望[②]闻知后,"慨然任之",并委托鲍廷博以校订之事。后王氏因贪污而获罪自尽,天下之恶皆归焉,刻书这样的风雅善举也就不再被提及,人人只说是鲍廷博一人之功。鲍氏对此十分惶恐,为此专门对负责写序的卢文弨嘱咐道:"是书入中国之首功则汪君也,使天下学者得以家置一编,则大府之为之也。《春秋》褒毫毛之善,今国法已伸,而此一编也,其功要不容没,子幸为之序而并及之,使吾不尸其功。"[③]书于乾隆五十三年(1788)刻入"知不足斋丛书"第七集。

好友汪鹏著有《日本碎语》(亦名《袖海编》)一卷,记叙汪氏在长崎所见所闻和日本山川风物,有日本刊本,今藏于日

---

① 周生杰:《鲍廷博藏书与刻书研究》,黄山书社2011年版,第95页。
② 有说是伍拉纳或陈辉祖。王亶望(？—1781),字味馩,号不详,山西临汾人。乾隆十五年(1750)举人,历任皋兰知县、宁夏知府、甘肃布政使,累迁浙江巡抚,因参与"捐监冒赈"坐罪处死。
③ [清]鲍廷博辑:"知不足斋丛书"第七集,中华书局1999年版,第3—4页。

本东洋文库。汪氏曾"怂恿"鲍氏将此书刻入"知不足斋丛书",未果[①]。由此亦可窥见,鲍廷博对"知不足斋丛书"底本的择选确实苛刻,并不因私人交情而降低标准,真正做到了非珍秘之本不录也。

"知不足斋丛书"不仅对底本严格把关、校勘精审,其刻印也承袭鲍廷博一贯的刻风,镂刻精美,实属艺术精品。古籍刊刻的程序一般为写板、刻板、印刷和装订等环节,与之对应的工种是写工、刻工和装裱工等。常见的是刻工一人身兼数职,完成书籍刊刻的各项工序。张元济曾言,宋南渡后,杭州刻书甚盛,即遭鼎革,良工犹存。[②] 良工刻良本,在刻书业尤为繁荣的清代,鲍氏知不足斋的刻工群体在刊刻"知不足斋丛书"过程中起到的作用是不容小觑的。

文献学家王欣夫云:"宋刻间有刻工和缮写者姓名,相沿成例,清刻本也如此。"古籍中常记有刻工姓名,责任到人,计算报酬,也是鉴定古籍版本的重要依据,可根据刻工姓名考定刻本刊行年代、刻书地域等[③]。天津图书馆藏有鲍氏知不足斋于乾隆三十年(1765)刊刻的汪元量《湖山类稿》五卷《附录》一卷、《水云词》一卷《附录》三卷,共二册,书名页镌"知不足斋开雕",末署"仁和陈载周刻"。陈载周即是当时与鲍氏合作的仁和籍刻工。根据马培洁整理的《知不足斋刻工名表》[④]可知,为

---

① 刘尚恒:《鲍廷博年谱长编》,国家图书馆出版社2017年版,第107页。
② 张元济:《校史随笔》,西北大学出版社2019年版,第86页。
③ 王欣夫:《文献学讲义》,上海古籍出版社2005年版,第143页。
④ 马培洁:《鲍廷博及其〈知不足斋丛书〉研究》,中国社会科学出版社2020年版,第60页。

知不足斋写刻书的是一支较为固定的刻工队伍,大多籍贯为仁和,即杭州人,且以陈姓居多。此本当为鲍廷博定居杭州期间所刻,刻书地也为杭州。

上海图书馆藏有宋谢枋得撰《诗经注疏》三卷,亦为知不足斋抄本。该本校刻于乾隆五十年(1785),入"知不足斋丛书"第十一集。其中记载的写刻工为"性兄(仁和陈性安)"和"高先生(仁和高擎亭)",以及每百字版片写刻价格(六十九分二厘八毛)。值得注意的是,其中有透付现象的记载①。随着清代刻书事业的大兴,刻工费用和纸价也不断上涨,不知这是否也是追求刻印精善的鲍廷博选择迁居桐乡乌镇的原因之一。

阶庭横古今

---

① 马培洁:《鲍廷博及其〈知不足斋丛书〉研究》,中国社会科学出版社2020年版,第62页。

第十三章　藏以致用有学名

吴寿旸在《拜经楼藏书题跋记》中谈到"知不足斋丛书"中所刊刻的《高丽图经》时曾言："'知不足斋丛书'中刻本，渌饮先生从宋本校，格式行款及字句异，俱亲手涂改、添补，蝇头细楷，丹黄粲然，弥足见先生读书之精审。"① "知不足斋丛书"校勘之精，使得其在社会上的影响力越来越大，名声甚至为皇帝所知。为了表彰鲍廷博"好古绩学，老而不倦"，皇帝特别赐予他举人的功名，使其广续书香。此举令从未得取功名的鲍廷博十分感激，他更加勤慎地从事藏书事业，并且不局限于藏书刻印，而是在丰富收藏的基础上，校订旧籍，精心簿录，使得石室瑶台之宝，终有经世济学之用。

一、勤慎校勘

校雠，亦称校勘，是指用精密的方法、确凿的证据，校正古书中由于传抄或翻刻等原因造成的文字讹误，历来有广义和狭义两种理解。钱玄对于"校勘"这门学问的定义和范围，有

---

① [清]吴寿旸撰，郭立暄标点：《拜经楼藏书题跋记》，上海古籍出版社2018年版，第56页。

过十分精到的描述：

　　西汉刘向、刘歆父子从事校雠工作，涉及面很广，除了包括校正字句错误外，还包括定书名，编目录，辨真伪，辑佚文等。这是确定了广义校雠的范围。后来宋代郑樵《通志·校雠略》，清代章学诚《校雠通义》，近人张舜徽《广校雠略》等所讲的内容，基本上都属于广义校雠。至于一般专指校正古籍中字句错误的工作，是属于狭义的一类。此后为了使概念的内涵明确，凡属于广义的称"校雠"，也称"文献学"，属于狭义的称"校勘"。①

　　鲍廷博所作文献研究即属前者，包括校勘文字、编定书目、辑索佚文等多个方面。对于文字的校勘，鲍氏尤为勤恳谨慎，自成一格。"知不足斋丛书"序中有鲍氏关于校勘的凡例，谨录如下：

　　旧本转写承讹袭谬，是编每刻一书，必广借诸藏书家善本参互校雠，遇有互异之处，择其善者而从之，义皆可通者两存之，显然可疑而未有依据者仍之，而附注按语于下，从未尝以己见妄改一字。盖恐古人使事措辞，后人不习见，误以致疑，反失作者本来也。详慎于写样之时，精审于刻竣之后，更番铅椠，不厌再三，以期无负古人，间有未尽，则几尘风

---

① 钱玄：《校勘学》，商务印书馆2019年版，第1页。

叶之喻,前人已难之矣,尚期同志随时指示,以便刊正。①

此凡例言简意赅,却透露出鲍氏校刊之审慎态度。各本互异之处,鲍氏分为三种情况讨论,对于显然正确者,从之;两种版本皆可讲得通者,予以保留;最为难能可贵的是,对于显然错误的文字,鲍氏也不凭一己之意轻易更改,而是在按语中予以说明。直至今日,此等严谨的校勘原则已然成为典范。鲍氏不仅在校勘文字的过程中态度极为严谨,在写样、审样的环节依然严格,如有错误,不惜再三修正。此外,对于正文之外的序跋文字,鲍氏同样一丝不苟:

> 编中诸书或敝箧旧藏,或书肆新得,或友人持赠,或同志借抄,其间流移授受之原委与夫反复订证之苦心,皆为表微,缀之卷末,多藉光于良友间,僭附以鄙言。至于原本跋语,虽仅记年月,无关书指者,亦悉仍旧观,不敢湮没也。②

他对那些即便"无关书指"的原书序跋,也一样保留,不敢湮没。在校勘实践中,鲍廷博谨遵此旨,且跋语中也多次强调这样的问题。如其乾隆六十年(1795)校勘《文苑英华辨正》,具体做法是:格式上,手抄影宋抄本卷首空白二纸,付梓时"仍虚其端以待补焉";文字上,"宋刻凡遇庙讳俱缺末笔,今不固遵,

---

① [清]鲍廷博辑:"知不足斋丛书"第一集卷首,中华书局1999年版,第10—11页。

② [清]鲍廷博辑:"知不足斋丛书"第一集卷首,中华书局1999年版,第10—11页。

惟序文提空处，略仍其式"。

我国书籍校勘事业历史悠久，自古以来校勘家就对校勘方法有过许多探讨。其中陈垣《校勘学释例》[①]一书首次将校勘方法分为四类，称为"校法四例"，对校勘学理论的发展具有总结性的意义。今录其阐述"校法四例"如下：

> 昔人所用校书之法不一，今校《元典章》所用者四端：一为对校法。即以同书之祖本或别本对读，遇不同之处，则注于其旁。刘向《别录》所谓"一人持本，一人读书，若怨家相对者"，即此法也。此法最简便，最稳当，纯属机械法。其主旨在校异同，不校是非，故其短处在不负责任，虽祖本或别本有讹，亦照式录之；而其长处则在不参己见，得此校本，可知祖本或别本之本来面目。故凡校一书，必须先用对校法，然后再用其他校法。
>
> 二为本校法。本校法者，以本书前后互证，而抉摘其异同，则知其中之谬误。吴缜之《新唐书纠缪》，汪辉祖之《元史本证》，即用此法。此法于未得祖本或别本以前，最宜用之。予于《元典章》曾以纲目校目录，以目录校书，以书校表，以正集校新集，得其节目讹误者若干条。至于字句之间，则循览上下文义，近而数页，远而数卷，属词比事，抵牾自见，

[①] 陈垣（1880—1971），字援庵，又字圆庵，广东新会（今属江门）人，著名历史学家、宗教史学家、教育家。《校勘学释例》，原名《元典章校补释例》，是我国校勘学史上的首部总结性著作。此书为陈垣从先前所撰《元典章校补》一书中所提及的十分之一的谬误提炼、概括成五十例后辑成，阐明了校勘的原则与方法，即"校勘四法"。

第十三章 藏以致用有学名

不必尽据异本也。

三为他校法。他校法者,以他书校本书。凡其书有采自前人者,可以前人之书校之,有为后人所引用者,可以后人之书校之,其史料有为同时之书所并载者,可以同时之书校之。此等校法,范围较广,用力较劳,而有时非此不能证明其讹误。丁国钧之《晋书校文》、岑参之《旧唐书校勘记》,皆此法也。

四为理校法。段玉裁曰:"校书之难,非照本改字不讹不漏之难,定其是非之难。"所谓理校法也。遇无古本可据,或数本互异,而无所适从之时,则须用此法。此法须通识为之,否则卤莽灭裂,以不误为误,而纠纷愈甚矣。故最高妙者此法,最危险者亦此法。①

叶德辉曾在《藏书十约》中将校勘的方法分为两类,即"死校"和"活校":

> 死校者,据此本以校彼本,一行几字,钩乙如其书;一点一画,照录而不改。虽有误字,必存原文。顾千里广圻、黄荛圃丕烈所刻之书是也。活校者,以群书所引,改其误字,补其阙文。又或错举他刻,择善而从;别为丛书,版归一式。卢抱经文弨、孙渊如星衍所刻之书是也。②

"死校法"即陈垣所说的"对校法";"活校法"则不限于对

---

① 陈垣:《校勘学释例》,中华书局2004年版。
② 叶德辉撰:《藏书十约》,清宣统三年(1911)叶氏观古堂刻本。

校别本,还充分利用了他校法和理校法,而最后则"择善而从",力求在正文上加以取舍,其目的在于校出一个定本。

根据鲍廷博所作的校勘工作,可以看出,其校勘方法以死校为主。原因有二:一、鲍廷博虽饱读诗书,但毕竟与作专门学问的人特别是小学功力深厚的资深学者之间尚有差距,理校非其所长,故而扬长避短;二、鲍廷博之校书,目的在于减少刊行书籍中的失误,以利于学者利用。死校法可以最大程度保留古籍原貌。如前文所述,鲍氏将异文悉数录于文中,这无疑有利于学者了解各个版本的面貌,读一书如读若干种书,购一本如购若干本,极大程度地为学术研究提供了方便。

比如,对于同一书,鲍廷博会以不同版本进行校勘。据韦力考察,鲍廷博曾以明正统八年(1443)陈挚所刻《林和靖先生诗集》校清康熙四十七年(1708)吴调元刻本,所跋之本曾经丁丙《善本书室藏书志》著录,今藏于南京图书馆。韦力芷兰斋还藏有一部清乾隆十年(1745)陈梓深柳读书堂刻本《宋林和靖先生诗集》三卷,鲍氏以朱墨二色批校。据韦力描述:

细阅此卷,可知鲍廷博曾以多部不同刻本来校此本,其中又以明正统八年(1443)陈挚刻本及《咸淳临安志》为主,凡与陈挚刻本不同者,皆以朱笔注于内文右侧,如陈梓刻本卷一第二页五言律诗《湖楼晚望》,鲍廷博于"望"字旁边以朱笔注"陈刻'写'";该诗"秋净雁行高"句,鲍氏于"雁"字侧注"陈刻'鸟'"。检今时通行本林逋诗集,该处皆作"鸟"字,然以吾度之,或许此处仍以"雁"字为适。又如此页《西湖舟中值雪》中"温炉摊薄薰"句,鲍氏于"摊"字侧以朱笔注"陈刻'接'";《西村晚泊》中"白鸟归飞远"句,鲍氏以朱笔注"陈刻'飞归'"。

凡与《咸淳临安志》不同者,鲍氏则以墨笔注于天头处。仍以卷一为例,第三页《湖山小隐》,该诗有"肩搭道衣归"及"何要更忘机"句,鲍氏以墨笔注云:"'搭',《咸淳临安志》作'掩','要'作'处'。"此页又有《小隐》,诗中末句为"应合署闲仙",鲍氏于天头注云:"《咸淳临安志》'置'。"如是者卷中多处可睹,足知鲍廷博校书之心细。

而卷二首页《湖上隐居》中,有"过客时惊白鸟飞"句,鲍氏于此句天头处同时施以朱墨二色批语,墨笔为:"《咸淳志》'过'作'来'",朱笔为:"考旧刻俱作'来客'。"此"旧刻"二字,当指陈挚刻本与《咸淳临安志》之外旧籍。此外,卷二有七律《春阴》,鲍氏于题下以朱笔注:"《中州集》作刘彧诗。"卷三有七绝《晚泊》,诗末有陈梓双行小注:"此首见吴园茨绮《诗永》,云是林作。"鲍廷博于小注下以朱笔批:"《诗永》无此诗。"凡此种种,足见鲍氏为刊刻《林和靖诗集》,不仅在字句讹误上参校过陈挚刻本、《咸淳临安志》,以及丁丙著录之吴调元刻本,还在篇目真伪上参考过元好问《中州集》、吴绮《宋金元诗永》等诗歌总集,知不足斋主人之所以能够成为一代大藏书家与刻书家,自有其外人不曾见之的用力与精细之处。①

---

① 韦力撰:《鲍廷博批校〈宋林和靖先生诗集〉三卷》《芷兰斋书跋五集》,国家图书馆出版社2018年版,第6—9页。

死校与活校并无地位高低之分，在我国的书籍校勘史上，明人因屡屡以臆测妄改古书而遭人诟病，也为后世利用文化典籍造成了巨大的困难。而鲍廷博正是秉持着尊重古书的原则，抱着临渊履冰的心态，真正使图书发挥了天下公器的效用。

鲍廷博为了尽量减少校勘中的失误，每每在自己校勘之后，还要延请友人名家进行重校。比如鲍氏在自校《后汉书年表》后，又延请钱大昕①、钱大昭②兄弟予以重校，两阅月而毕。事见钱大昕《后汉书年表后序》："歙鲍君以文得熊氏《后汉书年表》，手自雠校，将刻以行世。以予粗涉史学，属覆校焉。予弟晦之（大昭），尤熟于范史，因与参考商略，正其传写之讹脱者，两阅月而毕事。"③

又如，鲍廷博曾得明潘方凯重刻本《履斋示儿编》，他认为此书讹误百出，难以利用。于是延请卢文弨、孙志祖、徐鲲、钱馥等名家精心校勘，尽可能地还原书籍的本来面目。此种严谨求实的治学作风，贯穿了鲍氏整个的校书历程。为了力求完善，不负古人，鲍氏校书异常刻苦。其勤其谨，从鲍氏跋文中便可看出。曾经鲍氏手校的《寓简》今藏于国家图书馆，其跋文记载了校勘此书的经过：

---

① 钱大昕（1728—1804），字晓征，号辛楣，又号竹汀，江苏嘉定（今属上海市）人。清代朴学大师，于经史之学造诣极深。工诗文，著述甚富，有《廿二史考异》《潜研堂集》等。今人辑有《嘉定钱大昕全集》。

② 钱大昭（1744—1813），字晦之，一字竹庐，钱大昕弟。通经史，精训诂。著有《汉书辨疑后汉书辨疑》《三国志辨疑》《说文统释》等。

③ [清]钱大昕著；陈文和主编：《嘉定钱大昕全集潜研堂文集》卷二十四，江苏古籍出版社1997年版。

第十三章 藏以致用有学名

乾隆癸巳十月十二日,剪灯校于知不足斋。刻本"《易》之为书虽不可为典要"一条,脱四十余字;又《自序》内脱"盖实无心于言也"四句。(卷一)

十月十三日晨起校阅。刻本"孔子谓兵可去"一条,脱去末一行,凡十五字。(卷二)

十月十三日灯下校于知不足斋,阴雨连旬,是日始有晴意。夜半月色凄冷,如与贫交生对也。(卷三)

十月十四日晚起校于知不足斋,晴,甚寒。(卷四)

十四日灯下校。(卷五)

是日晴霁写,姚君官之出北关,过何东浦小山居、陈象昭师竹斋,话语良久,薄暮始归,惫甚,勉校此卷。(卷五)

十月望晨起校于贞复堂,晴,寒甚。(卷六)

十月望灯下校。(卷七)

十月十六日晨起校,阴。(卷八)

十月十六日校于知不足斋。(卷九)

乾隆癸巳十月十六日,从吴君葆良借明崇祯年刻本校讫。(卷十)

乾隆己卯九月廿六日黎明校毕。(卷十)

此书樊树先生有跋,甚详核,当录于后。(卷十)

根据跋文,鲍氏曾于乾隆二十四年(1759)校勘一过,并在乾隆三十八年(1773)借吴葆良藏明崇祯本再度精心核校。在校勘此书期间,鲍氏每每"晨起校",直至天黑仍要于"灯下校";或遇天气"寒甚",或是白日事毕,疲惫至极,仍要"勉校"。

鲍廷博还曾手校欧阳玄①《圭斋文集》,此书现藏于上海图书馆,系清抄本。抄本保存了较多鲍氏手校痕迹,"晨起校""灯下校"之语甚多。鲍氏跋文如下:

> 七月十五□□□校毕,是夜月色□□□慈水郑蕉雪登吴山,归已三鼓矣。(卷五)
> 七月十六日申刻勘完,是日卢矶渔先生自江阴归,携《徐霞客游记》借予校正。(卷七)
> 庚辰七月十七日校升,是日同慈水郑蕉雪、□□吴西林先生遇雨。(卷九)
> 乾隆庚辰七月二十二日晡时校毕,所据刻本,盖借于慈水郑蕉雪所藏,刻本间有误书,不欲妄改,抹出以示后人,以文志。(卷十六)②

鲍廷博曾在写给黄易的信中说自己"惟是丹铅之癖不减曩时"③,从此二书的校勘痕迹来看,正可得到印证。其癖好校书,日夕不辍,风雨不止,热情之高,钻研之深,令人动容。另外,鲍廷博在校勘过程中对于古书篇目顺序不轻易改动;对于书中缺失的文字,多方辑佚,还古书原貌。这样的谨慎、勤勉,无怪乎王鸣盛给予他高度评价:"为人淹博多通而精于鉴别,所藏书

---

① 欧阳玄(1273—1358),字原功,号圭斋,浏阳(今属湖南)人。元延祐二年(1315)进士,官至翰林学士。承旨修宋、辽、金三史,为总裁官。
② [元]欧阳玄撰,[清]何忠相、[清]鲍廷博校:《圭斋文集》,清初抄本。
③ 薛龙春撰:《黄易友朋往来书札辑考》,生活·读书·新知三联书店2021年版,第227页。

皆珍抄旧刻，手自校对，实事求是。"①

二、辑文考献

辑佚的概念，根据张舜徽的解释：古代文献，既存在着严重的散佚现象，往往前代《艺文志》或《经籍志》已著录的书，过了一个时期便找不到了。于是有些好学博览之士，为了满足自己的求知欲望，对于已经散佚了的古代名流学者的著述，寄予无穷的歆慕和追求。他们为此想尽办法，通过其他书籍中引用的材料，将亡佚之书重新搜辑、整理出来，试图恢复作者原书的面貌，或者仅恢复其一部分，这便是"辑佚"②。有清一代，汉学大兴，经、史、子、集四部，辑佚成果颇丰。其中安徽学政朱筠向朝廷提议充分利用《永乐大典》中的材料，进行大规模的辑佚工作。这一建议，直接促成了《四库全书》工程的启动。清代的学者们穷究典籍，为中华文化的传承作出了实实在在的贡献。

鲍廷博作为精熟古籍的藏书家，在辑佚方面嗅觉灵敏，及时将《四库全书》编纂过程中的辑佚成果收录于"知不足斋丛书"之中。比如，《五代史纂误》三卷、《庆元党禁》二卷、《金楼子》六卷《江淮异人录》二卷、《藏海诗话》一卷、《南湖集》十卷《附录》三卷等③。四库馆臣辑佚的成果随着"丛书"的刊行，逐渐

---

① [清]鲍廷博辑："知不足斋丛书"第六集卷首，中华书局1999年版，第565页。
② 张舜徽：《中国文献学》，东方出版社2019年版，第200页。
③ 周生杰：《鲍廷博藏书与刻书研究》，黄山书社2011年版，第413页。

被世人所知所用。这不但是鲍廷博对《四库全书》纂修活动的赞赏，更展现出他超前的学术眼光。

鲍廷博不但及时利用了最新的辑佚成果，他本人也亲自从事辑佚工作，辑佚成果丰硕，且具有相当的学术价值。比如，鲍廷博曾辑录元人顾瑛《玉山逸稿》四卷《附录》一卷，此书后来刊入"读画斋丛书"辛集。

顾瑛（1310—1369），谱名德辉，别名阿瑛，字仲瑛、道彰，号金粟道人，江苏昆山人。他出身望族豪富之家，曾祖宗恺，是宋武翼郎。祖父文富，又名闻传，能文工书，官至元卫辉怀孟等路打捕鹰房皮货民匠总管，始居昆山朱塘乡界溪。大伯文显，系敦武校尉、海道运粮副千户。二伯伯瑜，是高良河规运都总管府副总管。三伯伯祥，江淮等处营田提举司同提举。父伯寿为第四子，号玉山处士，隐德不仕。顾氏少而知书，擅长经营，遂为江南巨富。其人文史淹通，工书善画，广交名士，如倪瓒、杨维桢等皆是其友。著有诗集《玉山璞稿》二十卷，其诗"清丽芊绵"。[①]但此书传世仅数十篇。鲍廷博偶得吴中朱存理手抄《玉山璞稿》二卷，仅为原书卷帙十分之一，于是参考汲古阁本，辑补佚文，编《玉山逸稿》四卷《附录》一卷。事见鲍廷博《玉山璞稿》跋文：

其自著曰《玉山璞稿》者，凡二十卷，见华亭殷奎所撰墓志中，今传世本仅寥寥数十篇，盖出于后人所掇拾，非其

---

① 纪昀等编纂：《四库全书总目》下册卷一六八《玉山璞稿提要》，上海古籍出版社2003年版，第1460页。

旧矣。至海虞毛子晋刻《玉山草堂集》，亦就《名胜集》采取玉山自作编辑成书，而附以《铁网珊瑚》诸书所得为集外诗，其实非专集也。康熙间吴门顾侠君（嗣立）编选《元诗》，于玉山有宗谊焉，故采录视诸家为多，而于《名胜》《草堂》汲古诸刻之外，亦无能有所增益也。今年三月，予偶从故家得吴中朱存理手抄《玉山璞稿》二卷，为至正甲午、乙未（元至正十四至十五年，1354—1355）二年之作诗，凡二百十有二首，多世所见者，于其全集盖什一焉。夫以毛、顾两家搜讨，而此本卒不获遇，则信乎诗文传世迟速，固自有时也。因重加缮录，并取汲古阁本，考其自来，补所未备，节去已载于《璞稿》者二十二篇，编为四卷，题曰《玉山逸稿》，凡诗文若词二百十篇，附于《璞稿》之后，藏之家塾，以备采诗如顾氏者取裁焉。倘天假之缘，异日或尽得二十卷之旧刊而行之，而隐湖之刻不复专美于前，则玉山主人其有以相我乎。乾隆丙辰（三十七年，1772）十月十七日，通介居士鲍廷博书于知不足斋。①

此书后又经鲍廷博增补，篇帙渐富。幸得鲍氏辑佚，方才不至于漫灭。

另，复旦大学藏有鲍廷博辑录《宋十一家诗集补遗》十一卷。该书开本大小 25.8cm×17cm，10 行 18 字，左右双栏，白口，上单黑鱼尾，版心中镌篇名，中镌页数，内框 17.2cm×11.2cm。

---

① ［清］鲍廷博：《跋玉山璞稿》，"读画斋丛书"辛集《玉山逸稿》卷尾，清嘉庆四年（1799）刻本。

书衣为磁青色，纸张为白色竹纸，书页有水渍，地脚有轻微老化，幸整体保存完好，阅读无碍，可为方家所用。

三、精于簿录

"举一纲而万目张"，目录学自古就被认为是读书治学的门径。从汉代刘歆编纂我国第一部综合性目录《七略》始，此后历代各朝，部录图书的各类目录专书绵延不绝，形成了一个具有特色的治学传统。目录除了对学术研究有极强的指导作用外，也是藏书管理的必要工具。

历代藏书家在搜集、保存图书的过程中，致力于将庋藏图书的信息编纂成录，简者著录书名、卷数、著者、版本、行款版式等，繁者或有述及藏书原委、书林掌故、版本源流，甚则提要钩玄，议论得失，各家目录所载，于书籍聚散历史有补，于学者征文考献有益，学界所称"私家目录"即此。"这些书籍的刊刻，对于我们从总体上把握清代典籍概貌及学术成就，提供了有价值的书目信息资料。"[①]清代作为古典目录学发展的鼎盛时期，江浙一带的藏书家在目录学、版本学领域成绩尤其卓著。鲍廷博就是其中的优秀代表，他作为精熟目录学的藏书家，留下了大量题跋，蕴含着多方面的文化信息。

清段玉裁《说文解字注·足部》："题者，标其前。跋者，系其后也。""题"是指写在字画、书籍、碑帖等前面的文字，"跋"

---

① 王桂平：《明清江苏藏书家刻书成就和特征研究》，武汉大学出版社2018年版，第305页。

第十三章　藏以致用有学名

是指写在字画、书籍、碑帖等后面的文字，总称题跋。题跋的内容多为品评、鉴赏、考订、记事等。书籍的题跋可由作者本人书写或友人书写，其后书籍流传，若有人收藏品读或是考证，便可再写题跋。题跋是考证书籍版本的一个重要依据，历来为藏书家所重。甚至，叶德辉曾说"凡书经校过及新得异本，必系以题跋，方为不负此书"。曹之曾这样描述书籍题跋的特点及重要性：

> 纵观题跋的历史和题跋的内容，可知题跋与序有五点不同：一是就位置而言，跋是在正文之后，即"缀之末简"；而序一般是在正文之前。二是就写作时间而言，跋为"后览者"所写，一般是在流传过程中写成的，成书时没有；而序则是成书时固有的。三是就详略而言，跋略而序详，跋的篇幅，一般没有序长。四是就可读性而言，跋的形式自由，生动活泼，可读性强；序的文字长、内容多，可读性稍差。五是就写作方法而言，跋和序也不一样。序的内容或解释书名，或写作经过，或学术源流，或刊刻情况，内容比较复杂，无所不包；跋则偏重流传经过或版本特点。李一氓说："书前书后，信笔所至。为了纸幅有限，不免使用了不通的文言。原来也只是写给自己看看而已，无非是一点目录学，一点版本学。"唐弢也说："书话的散文因素要包括一点事实，一点掌故，一点观点，一点抒情的气息；它给人以知识，也给人以艺术的享受。"[①]

[①] 曹之：《中国古代图书史》，武汉大学出版社2015年版，第334页。

鲍廷博工于诗,今存有诗集《花韵轩咏物诗存》。此外据赵怀玉《恩赐举人鲍君墓志铭》载,另有文集《花韵轩小稿》二卷行世,但至今下落不明。所以鲍廷博最重要的著述,当属那些题写于数百种书籍上的题识跋文。这些题识跋文内容丰富,内容涉及作者身世生平考订、著述内容得失品评、版本源流考述、递藏原委厘辨,乃至文人交游、书林掌故、学术思想、藏书理念等,对于文献研究来说,具有极高的价值。

目前所知鲍廷博最早的题跋是乾隆十八年(1753)书于明张时升所刻宋谢翱《晞发集》上的一则。写道:

> 《晞发集》明时凡六刻,弘治间冯允中刻于海陵,嘉隆间程煦、凌瑄同时刻于睦州、新安二郡,万历壬子(1612)、丙辰(1616)、戊午(1618)先后刻此本,及缪一凤、张蔚然二本。余于辛未(乾隆十六年,1751)秋购此。近于人迥楼借得缪、张二刻校对。缪刻多谬,不足据,张刻最佳,因从校正,间以缪本参之,别以朱墨。于张本得逸诗数篇附录于上。吴自牧《宋诗钞》有《晞发集近稿》五十余首,俱此本所不载,暇日当录出合订,庶成全璧云。乾隆癸酉(十八年,1753)三月十九日,云门鲍廷博识。①

该跋从该书明代的六种版本谈起,一一介绍了各种刻家及时间。再说到自藏的这册张时升刻本,与从人迥楼借得的缪、张之本对校后,从中发现了彼此的优劣,并以朱笔作了校正。从

---

① [宋]谢翱:《晞发集》六卷,明万历四十年(1612)张时升刻本。

中还得知，鲍廷博不仅从张本中意外发现了散佚之诗数首，还从吴之振、吴自牧等所编之《宋诗钞》中辑出集外之作五十余首。鲍廷博在校阅前贤著作上如此用心用意，除了说明他有很深的嗜书癖好，我们也可以从中感受到他对谢翱这位爱国诗人的敬慕之情。字里行间，真正的爱书人才会有的怡然自得跃然纸上，即使在两百多年后的今天读来依然为之动容。

学界对于鲍氏题跋已经多有关注，早者有民国孙毓修《知不足斋书跋》，潘景郑先生跋云：

> 此孙毓修氏所辑《知不足斋书跋》四卷，为文七十九首，其出于"知不足斋丛书"者居其半，余则采自藏家书录及见闻所得，汇萃之功，可当不朽。……此稿与孙氏所辑《悔庵书后》，先以四十金得之者，安得会群贤书跋而汇刻之，庶于目录版片之业发扬光大，岂不快事哉！
>
> ……潘还记道，自《默记》以上，孙氏朱笔识语云：丙辰（1916）夏六月众学生录毕，又手校一过，下留空叶，以便补辑，留庵记。"以下十二跋，则皆孙氏手写者矣。墨格，版心下有"梁溪孙氏小绿天写"八字，己卯（1939）九月七日。①

孙氏所辑书跋计 79 篇，时至今日，学界对于鲍氏的跋文几乎一网打尽。刘尚恒著《鲍廷博年谱长编》收录 150 余篇，季秋华辑《知不足斋序跋题识辑录》达 180 余篇（国家图书馆出版社 2011 年版），周生杰、季秋华辑《鲍廷博题跋集》（浙江古

---

① 潘景郑：《著研楼书跋》，古典文学出版社 1957 年版，第 128 页。

籍出版社2012年版）则更为全面。2015年，马培洁的《鲍廷博序跋辑存》，则在前人基础上又新发现鲍氏跋文16篇。这些材料的揭示，于鲍廷博研究，乃至清代刻书藏书事业研究均有所助益。

其中收录的鲍廷博《北窗炙輠录》跋文见于顾修辑《读画斋丛书》清嘉庆四年（1799）刻本中[①]。根据上海图书馆所藏《北窗炙輠录》清抄本扉页鲍氏所跋"暇以奇晋斋本参校，嘱顾君箓厓刊入丛书，并录谢山先生题词冠余篇首，庶读者并知此书之足重云"，由此可知，顾修是据鲍廷博校本刻入《读画斋丛书》。[②]

笔者即于复旦大学图书馆所藏的善本古籍《清人书跋偶抄》中再见鲍廷博《北窗炙輠录》跋文，此为古典文献学家王欣夫所抄录。内容为：

《北窗炙輠》二卷，明抄本。

《北窗炙輠》录二卷，为姑苏吴岫[③]藏本，后有祝允明[④]跋，语似出依托，姑置不录。然其本较秀水朱氏潜采堂[⑤]传抄者，

[①] 马培洁：《鲍廷博序跋辑存》，《文献》，2015年第3期，第61—74页。

[②] 转引自孙旭：《〈北窗炙輠录〉的作者、版本与价值》，《安徽师范大学学报（人文社会科学版）》，2007年第一期，第78页。

[③] 吴岫，生卒未详，字方山，号濠南居士，明吴县（今江苏苏州）人。聚书逾万卷，有《姑山吴氏书目》一卷。其藏印有"吴岫""姑苏吴岫""尘外轩读一过"等。

[④] 祝允明（1461—1527），明代书法家、文学家，字希哲，因右手多一指，自号枝山、枝指山人，长洲（今江苏苏州）人。

[⑤] 潜采堂：清朱稻孙藏书处。朱稻孙为朱彝尊之孙，字稼翁。潜采堂在今浙江省嘉兴市，承其祖曝书亭书，续有搜采，藏书八万卷，晚年贫不能支，渐致散佚。有"潜采堂藏书"印。

特为完善。如下卷关子开令蒋处士开图书，及与弟子柬拜米元章二事，朱本全缺，其他脱误尤多。朱本近刊于"奇晋斋丛书"，可覆而案也。彦执，盐官人，名德操，字持正。《咸淳临安志》有传。而祝跋云："讳国贤，钱塘人"，或别有据欤？浙东全谢山先生极推重此书，录其题识于竹垞跋后，俾读者益知所景仰云。

嘉庆己未（嘉庆四年，1799）七月，歙县鲍廷博识于知不足斋。（钤"王氏笙伯"朱文印）[①]

此跋与马培洁《鲍廷博序跋辑存》所录略有出入，大体一致。此书自明代以来传本较少，朱彝尊曾在浙江海盐得到陈氏本，幸存其面目。今有学者对比朱彝尊本与鲍廷博本，发现后者脱文较少，行文流畅，明显优于第一系统[②]。结合上述跋文，可见鲍氏所言不误，亦可见后来学者对鲍氏校跋本的重视。

作为一代藏书家，鲍氏不以书为私物，欲使其成为天下之公器。家富异本，辄思刊行天下，嘉惠学人。所刊书籍，必经手校。寒暑不辍，晨起晚寐。审慎之至，参佐名家。此等精心，乃出精品。四库馆开，默为支持，辑佚珍宝，多收丛书。另将藏书校刻之事，具撰入题跋之中。所遗俱善本，所留皆掌故，正可为今人所用，后来者当自勉之。

---

① 《清人书跋偶抄》一卷，王欣夫录，抄本。
② 孙旭：《〈北窗炙輠录〉的作者、版本与价值》，《安徽师范大学学报（人文社会科学版）》2007年第35卷第1期，第76—80页。

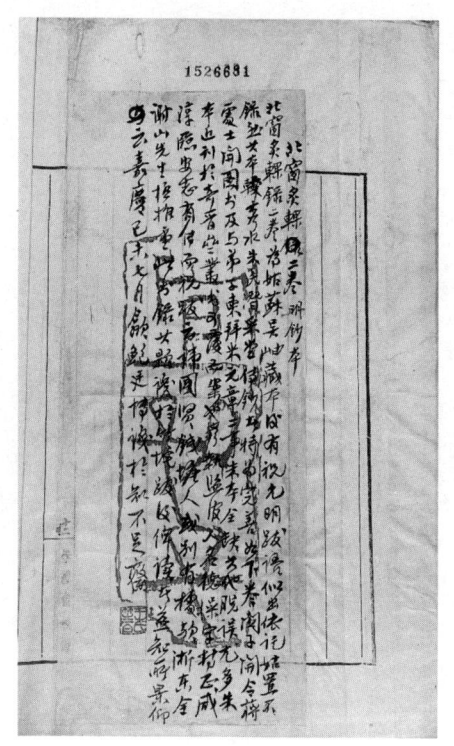

王欣夫所抄录的鲍廷博所作明抄本
《北窗炙輠录》题跋
（现藏于复旦大学图书馆）

第十四章　君子之交淡如水

移居乌镇后,鲍廷博除了仍与杭州等地的师友继续保持广泛的交游外,与桐乡本地及周边的魏之琇、金德舆、方薰、赵怀玉、顾修、黄丕烈、阮元、吴骞、宋咸熙等的交往更为密切。

一、魏之琇

魏之琇(1722—1772),字玉璜,号柳州,钱塘(今浙江杭州)人。世代业医,贯通医理,悬壶济世,又爱好诗画,善于填词,著有《岭云诗钞》《柳州乐府》《续名医类案》等。

魏之琇在《岭云诗钞》的自序中云:

> 余幼而孤贫,长益落拓,以手业自给几二十年矣。居恒好为韵语以自娱。甲戌岁获交鲍子以文,以文工诗而富于书,每商略前人,与余见多合,而尤爱余诗。①

由此可知,鲍廷博与魏之琇结识于乾隆十九年(1754),时

---

① 马培洁:《鲍廷博及其〈知不足斋丛书〉研究》,中国社会科学出版社2020年版,第317页。

鲍廷博二十七岁，魏之琇三十三岁，皆是风华正茂的年龄。魏氏自言孤落家贫，一直以行医自给。平日则以写诗自娱，但从未想过有朝一日能够以之示人。自从两人相识后，因都喜爱作诗，留心藏书，且对于前辈的看法大多相合，遂成至交。

在鲍、魏二人结识的第三年，即乾隆二十一年（1756），鲍廷博帮助魏之琇刊刻了《岭云诗钞》一卷，成为鲍氏知不足斋最早刊刻的单行本，今南京图书馆有藏。南图藏本曾为吴骞所有，上有其子吴寿旸的手跋，又见于《拜经楼藏书题跋记》，写道：

> 《岭云诗钞》一卷，钱塘魏柳州先生著，原有墨笔评点处，先君子（骞）评阅用朱笔记，前云乾隆乙未（四十年，1775）五月，阅于拜经楼。[①]

鲍廷博对魏之琇的诗作存有偏爱，曾旅居杭州的歙县籍藏书家江立[②]也曾评价魏诗"词笔平正，不失为雅音，宋人中绝似陈西麓"[③]。可见，鲍氏之所以刊魏氏之诗，是二人的深情厚谊，更是鲍廷博对魏氏雅正之诗的欣赏。

因是同好，鲍廷博与魏之琇等诗友时相唱和，其中最有名的莫过于《夕阳》诗。据鲍廷博自述，该诗是"同魏玉璜、郑

[①] 刘尚恒：《鲍廷博年谱长编》，国家图书馆出版社2017年版，第46页。
[②] 江立（1732—1780），字玉屏，一字圣言，原名炎，号云溪，安徽歙县人。旧居杭州，后移籍江苏仪征。工画山水、兰竹，善诗文。家富藏书，有藏书处小齐云山馆、藏书斋"金石录十卷人家"（藏有宋刻本《金石录》十卷），藏书印"金石录十卷人家"。著有《小齐云山馆诗抄》。
[③] 徐珂：《清代词学概论》，山西人民出版社2015年版，第49页。

弗人作"，本来就是师友间相互切磋诗艺的产物。鲍廷博《夕阳》诗共二十首，魏之琇的和诗为四首，其三、四云：

依依脉脉下平芜，啼煞江南旧鹧鸪。
残角沉漻闲古垒，片帆明灭淡重湖。
无端草树含情思，一半楼台入画图。
安得诗如摩诘手，写将烟景待重摹。

绮霞江练费愁思，落景亭亭更有诗。
山外远山山远处，雨余微雨雨微时。
白鸥野岸浮渔艇，黄叶孤村映酒旗。
最是蒹葭收不尽，晚风吹上古台基。

在众多《夕阳》诗的唱和之作中，魏之琇的四首可谓其中的翘楚。此外存世的还有《病痁戏作呈鲍以文》①，其中有"绿饮先生独殊众，酒钱日日还相送"之句，尤见君子风谊。

鲍廷博还在杭州时，与魏之琇相约悠悠山水也是常事。乾隆二十五年（1760）冬，就有鲍、魏泛舟西湖的记载：

庚辰（乾隆二十五年，1760）十二月十二日灯下校《侨吴集》毕。是日携魏玉璜（之琇）、程龙骧、余蓉裳（集）泛湖至小有天看海，登南屏绝顶，薄暮乃还，抵家月色满庭，与龙骧

---

① ［清］阮元、杨秉初辑，夏勇整理：《两浙𬨎轩录》卷二十四，第六册，浙江古籍出版社2012年版，第1716页。

啜茗静坐,清兴正复不浅也。廷博志。[1]

程龙骧,字木安,吴县(今江苏苏州)人。《词综补遗》有录程诗《倚风娇近》《绮寮怨》二首[2]。余集与鲍、魏均为好友,想必此次游湖应是程龙骧来杭会友,鲍、魏、余三人陪同其前往西湖名胜小有天园游览。小有天园在南屏山北麓,靠近雷峰塔,原为清初汪之萼的别墅,乾隆十六年(1751)清高宗弘历曾下榻于此,并题"小有天园"。全祖望《小有天园记》一文,开篇就有"杭之佳丽以西湖,西湖之胜莫如南屏"[3]的赞誉。三人游湖登顶远望,傍晚尽兴而归,令人难忘。

二人深入的交流还体现在校勘方面,能够取长补短,互通有无。主要是在校刻医学类书籍时,鲍廷博时常会延请精通医术的魏之琇代为把关。如乾隆三十五年(1770)五月,鲍氏刻明江瓘《名医类案》十二卷《附录》一卷,魏之琇就出了不少力。

江瓘(1503—1565),字民莹,明诸生,歙县前贤。因其母患有不治之症,自身又有呕血病,故弃文从医,经过钻研历代医作和医案记录,秉持"博涉知病,多诊识脉"的原则[4],结合自身数十年的临床经验,历经二十余年,终于撰成医学巨著《名

---

[1] 刘尚恒:《鲍廷博年谱长编》,国家图书馆出版社2017年版,第50页。
[2] 林葆恒辑,张璋整理:《词综补遗》第3册,上海古籍出版社2005年版,第2083页。
[3] [清]全祖望撰,朱铸禹汇校集注:《全祖望集汇校集注》中,上海古籍出版社2018年版,第1132页。
[4] 黄福忠、黄福发、黄俊、黄毅等编著:《杏林耕耘集》,四川科学技术出版社2018年版,第338页。

医类案》十二卷，后由其子刊刻于明万历十九年（1591）。该书内容广博，汇集医案数以千计，包括明以前的经典医案及江氏父子临床医案。编辑工作严谨，对各家医案分门析类，标引规范，采择排列详略得当，实属精当、罕世之作。

鲍廷博此次即是以此万历本为底本重校重刊，是其对乡里先贤的致敬，实为广益医林之盛事。鲍、魏二人共同的好友余集和杭世骏为之作序，杭序云：

> 吾友魏玉横氏精于医术，能穷其源，附以己见，而议论不致混淆。鲍以文氏博于考察，能知某故，刊其讹字，而汤剂不致贻误。过而请叙，余不知医之术，而能深见其理，是书也，出医学入门之阶梯也。[①]

鲍、魏二人双剑合璧，使得该书深入浅出，成为医学入门之作。值得一提的是，《四库全书》据通行本录入《子部·医家类》，提要中特别提到鲍廷博重刊此书以及魏之琇附考证一事。可见鲍、魏二人合作的《名医类案》知不足斋刻本声名远扬，广受关注。

此番合作之后，长于医术的魏之琇认为明代江瓘所著的《名医类案》尚有需要完备之处，便于当年（乾隆三十五年，1770）初步编成《续名医类案》六十卷。此书对明代以来的资料补充尤为完备，内容得到大大丰富。只可惜尚未整理完毕，魏氏就因病离世。后经清代名医王士雄改编成三十六卷，又将魏氏所

---

① 刘尚恒：《鲍廷博年谱长编》，国家图书馆出版社2017年版，第75页。

加按语辑出,进行评注并阐发后汇成一卷,取名《柳州医话》(又名《柳州医话良方》),于咸丰三年(1853)刊行于世[①]。

就在二人同校《名医类案》的第二年,即乾隆三十六年(1771),鲍廷博于桐乡金檀文瑞楼借得宋朱翌[②]《猗觉寮杂记》二卷。此书被魏之琇借观,有朱笔题识记之:

> 辛卯(乾隆三十六年,1771)二月借于以文先生处,凡注疑伪处三十许,外有不可解者尚多也。柳洲琇识,十九日灯下。(朱字二行)[③]

此书于乾隆四十一年(1776)刻入"知不足斋丛书"第三集。《四库全书总目提要》言其内容"上卷皆诗话,止于考证典据,而不评文字之工拙;下卷杂论文章,兼及史事"[④]。诗歌、文章皆为魏之所爱及所长,且魏诗雅正承宋诗之风。想必鲍氏所购此书,魏氏偏爱有加,故借之阅览批注,对疑惑之处多有圈点。

鲍、魏二人的友谊直至鲍廷博移家桐乡时依旧深厚。前文提及魏之琇作有《鲍以文移居桐溪》诗四首,对好友鲍氏迁居地乌镇的水运交通状况、居住周围的环境描述、生活状态的构想均洞悉于心,可以推测魏之琇或许曾陪同鲍廷博前往此地选

---

① 杭州市余杭区地方志编纂委员会编:《余杭著名人文自然》,方志出版社2005年版,第452页。

② 朱翌(1097—1167),字新仲,号潜山居士、省事老人,舒州(今安徽潜山)人。宋政和八年(1118)进士,官至平江知府。长于文史,撰有《潜山集》《潜山诗余》和《猗觉寮杂记》。

③ 刘尚恒:《鲍廷博年谱长编》,国家图书馆出版社2017年版,第78页。

④ 姚继荣、姚忆雪:《唐宋历史笔记论丛》,民族出版社2016年版,第483页。

址，甚至助其搬迁也不是没有可能。

关于魏之琇去世的具体年份，据吴骞《拜经楼诗集》卷三《送魏柳洲葬》可知，魏约卒于乾隆四十六（1781）或四十七年（1782）[①]之间。如此相印于心的挚友逝世，对于鲍廷博而言，必定是痛心疾首之事。有悼诗曰：

> 秋日独游湖上，追念柳洲、弗人昔时倡酬之乐。今夕阳遍野，而二君墓已拱，诵昔人"花前洒泪"之句，不禁涕洟之集也。口占一律，以写哀思。
> 青山满目送凄凉，谁复欢呼共野航。
> 隐隐寒笳动城郭，时时清泪湿衣裳。
> 楸松入望新诗冢，歌吹无声旧酒场。
> 我亦相思愁老去，可堪回首问斜阳。

柳洲即魏之琇，弗人为郑竺，均在近年相继谢世。在短时间内知交零落，重情重义的鲍廷博岂能不花前洒泪，哀思不已。

二、金德舆、方薰、赵怀玉

金德舆（1750—1800），字少叔、鹤年、云章等，号云庄、鹗岩，原籍安徽休宁，居桐乡县城。父亲金惟诗早逝，成为遗腹子的金德舆由母亲朱氏抚育成人。七岁即能诗，生平嗜好读书，通

[①] 吴骞著，虞坤林点校：《吴骞集》第1册，海宁市史志办公室编，浙江古籍出版社2016年版，第54页。

金石，工书画。监生，官至刑部奉天司主事，后辞归乡里。在县城筑有桐华馆，富藏书法名画及宋元珍本，文人名士往来其中，著有《桐华馆诗钞》二卷、《桐华馆文》一卷等。

金德舆是藏书家金檀的从孙，鲍廷博与金檀家族的交往前文已有交代。而这位金德舆与鲍廷博的关系非同一般，是无话不谈的刎颈之交。鲍廷博在校读宋徐梦莘《三朝北盟会编》时，多次记录与金德舆的交往：

> （乾隆三十七年，1772，五月）初十日校。晴。桐乡方兰如（薰）、金云章（德舆）二君过寓，观唐摹《十七帖》，并借去文丞相（天祥）遗墨一卷①以去。
>
> （乾隆三十七年，1772，五月）十二日校。大雨。欲往桐乡回（访）方（薰）、金（德舆）二君不果。②

这是目前可知鲍、金之间交往的最早记录，按常理判断，彼此相识当在此之前，不然鲍廷博是不会轻易向陌生人出借珍贵的文天祥遗墨的。但也不排除另外一种可能，即鲍、金结识是方薰从中作伐，此时方薰正寄居在金德舆府上。

方薰（1736—1799），字兰坻，一字懒儒，号樗庵，别署语儿乡农。先世由歙县迁浙江石门县（今属桐乡）。专精书画，诗文皆长，刻印精妙，终身布衣，被誉为"浙西高士"。父名槑，

---

① 据王承祖诗《观鲍以文所藏文丞相草书尺牍》可知，此遗墨系文天祥写给失散的二女儿柳娘的书信。王诗见《两浙輶轩录》卷二十四，第六册，[清]阮元、杨秉初辑，夏勇整理，浙江古籍出版社2012年版，第1712页。

② 刘尚恒：《鲍廷博年谱长编》，国家图书馆出版社2017年版，第80页。

号雪屏,工诗画,有《瓶菊图》,时人评"有徐渭风趣";有诗集《雪屏诗存》,颇有名气,鲍廷博于乾隆五十三年(1788)刻并跋,上海图书馆有藏。方薰幼年侍父游三吴,其父虽不作举业亦不事产业,但书画收藏积箧盈筐,故擅诗画、工篆刻,故方父殁后就食于金德舆家中。金氏喜书画,方氏擅临摹,二人志趣相投,结交甚深。

《桐溪诗述》卷二十一载有鲍廷博对方薰的详介:

> 吾友方兰坻,其先由歙迁石门。父樑,号雪屏,工诗画及水墨绘事。兰坻生而敏慧,十五岁随雪屏历三吴两浙,与吴中贤士大夫游,亦以画见重于世。后侨寓禾中梅会里。雪屏卒,经营丧事毕,乃就食桐乡。先寓程氏,后寓金氏桐华馆。时以先世未葬,居数年,积馆谷所入,卜地于桐乡郭公桥,安窀穸。性耽吟咏,著《山静居诗稿》八卷、《题画诗》二卷。先是兰坻病剧,梦至一所,若王者居。从人引上殿,王者曰:"善士也,延寿一纪。"至是复病,遂不起,恰十二年也。①

鲍廷博深谙方薰家世生平,甚至知晓方病垂危延寿之事,可见二人相交甚密。《桐溪诗述》卷二十一亦载有鲍廷博为方薰画册的题诗②:

---

① [清]宋咸熙著,杨叶点校:《宋咸熙集》第六册,浙江古籍出版社2021年版,第1713页。
② [清]宋咸熙著,杨叶点校:《宋咸熙集》第六册,浙江古籍出版社2021年版,第1711—1712页。

杂题方兰坻画册

鸥波亭外水连空,一棹轻欹柳岸风。
应许百壶同载酒,官奴吹笛月明中。

谁唤狞龙出砚池,江连寒雨楚天凝。
旗亭未许双鬟唱,自是无声绝妙词。

帘外春山恰满钩,粉云低傍碧栏浮。
主人似是萧闲客,有底忙时不上楼。

野桥低接渚风凉,辋水清连华子冈。
个个柴门空翠满,小诗恰与写秋光。

谷口松风谡谡鸣,上方楼观夕阳明。
远公不出维摩病,辛苦髯翁管送迎。

天光云影冷相涵,净放秋容满石潭。
我欲移家此间住,烦君添个钓鱼庵。

　　方薰三十岁即在金氏桐华馆旁赁屋而居,七年后其妻过世,便搬至桐华馆居住,直至乾隆六十年(1795)被阮元招至杭州,如此金、方二人相携约有二十年。金德舆生性慷慨,桐华馆宾客盈室,四方名士凡路经桐乡,必于此处盘桓而去。

　　鲍廷博与金德舆、赵怀玉切磋学问之余,时常携伴出游,领略江南水乡的大好风光。确切知道的就有两次,地点都在杭州西湖。一次是乾隆三十九年(1774)春,有赵怀玉《春日鲍秀才廷博招同人宴集西湖》诗为证:

> 吹花擘柳几番风,暇日还欣载酒同。
> 十里湖山比西子,一船书画近南宫。
> 论交都在咸酸外,吊古偏宜寂寞中。ⁱ
> 幸有写图奚处士,不教此会迹成空。
> 原注:i.是日寻张苍水墓。

由标题可知,此次宴集还是鲍廷博牵的头,与赵怀玉等人饮酒畅叙,赏画赋诗,沉醉于西湖的山水形胜而不能自已。当日,他们还专程凭吊了张苍水墓,借古抒怀,以慰心中寂寥。

另一次是乾隆四十三年(1778)秋夜,鲍廷博偕同金德舆、赵怀玉月夜泛舟西湖。赵怀玉的自订年谱中写道:

> 十月十七夜,鲍以文廷博、扫妇弟金云庄(德舆)湖上玩月,水天交明,楼阁如梦,万籁既寂,一钟独鸣,翛然有出世之想。①

赵怀玉(1747—1823),字亿孙,号味辛、牧庵居士,武进(今江苏常州)人。清乾隆四十五年(1780)召试赐举人,授内阁中书,官至山东青州海防同知,署登州、兖州知府,晚年主讲通州文正、陕西关中、湖州爱山书院。通经术、工诗文,著有《亦有生斋文集》。

---

① 刘尚恒:《鲍廷博年谱长编》,国家图书馆出版社2017年版,第120页。

金德舆有一长姐金孺人嫁赵怀玉为妻,故金德舆为赵怀玉妻弟,赵怀玉早年为此常到桐乡访亲会友,得以与鲍廷博相识。

鲍、赵二人在藏书、抄书、校书、刻书上也多有往来,后来赵氏亦为"知不足斋丛书"撰写序言:

> 鲍君以文识旷行高,自其先人即嗜书籍,君复勤搜暇访,积数十年家累万卷,丹铅校勘,日手一编。人从假借,未尝逆意。既又以其异本刊为"丛书",曰:"物无聚而不散,吾将以散为聚耳。金玉玑贝,世之所重,然地不爱宝,耗则复生。至于书,则作者之精神性命托焉,著古昔之嗒嗒,传千里之忞忞者,甚伟也。书愈少,则传愈难,设不广为之所,古人几微之绪,不将自我而绝乎?乞火莫若取燧,寄汲莫若凿井,惧其书之不能久聚,莫若及吾身而善散之也。"鲍君于是远矣,特锓书流布,类有力者之所为,君产廑中人,节缩以供剞劂,虑或难继。岂知声色、狗马、饮食、博弈之属,可以损其赀者多矣,彼好之者,犹甘徇而弗顾,君亦行其所好而已,安能鳃鳃过计哉!
>
> 玩杨子云之篇,乐于居千石官;挟桓君山之书,富于积猗顿财。是固未尝以彼而易此也。夫登高而招臂,非加长而见者远;顺风而呼,声非疾而闻者彰。千钧之重,乌获不能举也。众人相一,则百人有余力矣。今知不足斋之名,彻于九重,其书尘于乙览,海内藏书家已无不羡其食报之厚,使闻鲍君聚散之说,当益惕然于古书之不可以无传。君知伏梁暗槛之储将接迹而出,君以梨枣寿古人,世必抚丛残而尸祝君矣。①

---

① 《亦有生斋集·文卷第一》,清嘉庆至道光刻本。

第十四章　君子之交淡如水

赵怀玉在序中称颂鲍廷博"识旷行高",着重就其"以散为聚"的藏书观做了集中论述。鲍廷博这种开放的藏书理念在当时是十分可贵的,具有突出的代表性。他不仅"人从假借,未尝逆意",对认识的朋友几乎到了有求必应的程度,而且由此出发,刊刻"知不足斋丛书",将藏书与刻书完美地结合起来,从而发挥其最大的文化效用。赵怀玉的序言是在充分了解和理解鲍廷博为人处世的基础上写就的,多数是其本人所体验经历过的事,所以文字里透着一份真挚,绝非一般的应酬之作。

话说乾隆四十五年(1780),乾隆皇帝第五次南巡,金德舆进呈宋本《礼记》和《太平欢乐图》画册。值得一提的是,《太平欢乐图》由金德舆、方薰、赵怀玉、朱方霭和鲍廷博等人合作完成。画由方薰执笔,描绘江南地区独特的风土人情,通过展现杭嘉湖地区平民百姓的日常生活来赞颂乾隆皇帝的英明统治。还延请赵怀玉、朱方霭等名士配上文字,由鲍廷博题写画名,最后由金德舆迎驾时进呈。乾隆阅后龙颜大悦,金德舆也因此获赐"文绮",次年又赐补刑部奉天司主事。

此次献礼对于屡试不中的金德舆来说,无疑是成功的。按中国美术学院邹萍整理,金德舆身边通过进呈书画而被赐予功名的文人不在少数。如乾隆第二次南巡(乾隆二十二年,1757)时,桐乡画家金廷标[①]因献《白描罗汉册》被招入皇家画院。又金德

---

① 金廷标(？—1767),字士揆,别署金牛湖半村主人,乌程(今浙江湖州)人,一作桐乡人。画家金鸿之子,善写真及山水,曾供奉内廷,作有《拜石图》《碧桃图》《孟母移居图》《枫林晚坐图》等。

舅氏朱方霭①于乾隆第三次南巡（乾隆二十七年，1762）时，以所写花卉之作进呈，得文绮之赏。姐夫赵怀玉亦因献赋得官。这使得金德舆也萌生了采取此种方式进军官场的想法。而鲍廷博的献书四库馆、迎銮献颂以及嘉庆时进呈"知不足斋丛书"后被恩赐举人，都是同一个路数。

乾隆五十年（1785）九月，鲍廷博与金德舆、方薰、赵怀玉、程世铨在桐华馆欣赏宋刻《鉴诫录》十卷（后蜀何光远著）。此书原为苏州程世铨以高价购得，携示金德舆，适逢鲍氏等人同集于桐华馆，遂得以一见。又黄丕烈在其《荛圃藏书题识》中提及此宋本为顾广圻从徐七来家得之，但被程世铨豪夺去。各家虽各执一词，但可以肯定的是，该宋本弥足珍贵，爱书之人争相欲购。后来鲍廷博将此稀见之本刻入"知不足斋丛书"第二十二集，使得广大爱书之人得以广泛阅览。

天性宽厚的鲍廷博好交友、重情谊。定居桐乡后，无应酬之繁的鲍氏与赵怀玉、金德舆、方薰愈加亲近。赵怀玉《年谱略》（乾隆五十一年，1786）云其"晨夕相处，日以校勘经史为事，暇则写《孝经》《金刚经》，以作书课"②，此般"谈笑有鸿儒"的隐居生活，想必也是鲍廷博择居桐乡的初衷之一。

乾隆五十二年（1787），方薰作《还瓿图》报答鲍廷博借书之盛情，赵氏专为此事赋诗《方大薰尝向鲍大廷博借书，因作〈还瓿图〉以报，为赋此诗》：

---

① 朱方霭（1721—1786），字吉人，号春桥，朱彝尊族孙，桐乡人。清贡生。工诗善画，著有《红桥载酒》《吴兴纪游》等。

② [清]赵怀玉撰：《亦有生斋集·收庵居士自叙年谱略》，清嘉庆至道光刻本。

第十四章 君子之交淡如水

  得闲居士万卷积,寓安居士六法秘。
  借书还画一瓻偿,小变束脩羊旧例。
  湾环长水舴艋舟,缥缃瓮缶坐两头。
  却疑西塞山前客,来作谟觞石室游。
  何当同结岁寒友,再许相从十年久。
  红蟬绿蚁我兼收,尽读奇书醉名酒。①

  "万卷积""奇书"等词均为形容鲍氏藏书数量之多、质量之高。且鲍氏"以散为聚"的藏书理念,使得他乐于将自己的藏书与友人分享,这对嗜书之人而言实属难得,想必也是方薰特为鲍氏作画答谢的缘由。翌年,鲍廷博应方薰之请,刻其父《雪屏诗存》一卷,其跋中"盖诗存而先生之品谊、先生之性情有与俱存者,固不独存其诗而已"②的感叹亦可知鲍氏对方父才情之敬重。此《诗存》未收入"知不足斋丛书",推想鲍廷博刊刻此书一是回应好友方薰之请,二是借此表达对方氏父子的欣赏,文人之间的相惺、相惜与相敬由此可见。

  鲍廷博虽寓居桐乡,却从未停下访书、寻书的步伐。乾隆五十四年(1789)秋后,其与金德舆、赵怀玉、李芝③至杭州何

---

 ①　[清]赵怀玉撰:《亦有生斋集·诗卷第九》,清嘉庆至道光刻本。
 ②　刘尚恒:《鲍廷博年谱长编》,国家图书馆出版社2017年版,第166页。
 ③　李芝(1717—?),字瑞五,一字鹤田,号吉山,富顺县人。乾隆十三年(1748)进士。历任山东招远、湖北枝江等地知县,后授教于东川书院等地。博学善文,与富顺知县段玉裁编有《富顺县志》六卷。家有贤己堂,藏书颇丰,著有《贤己堂文集》等。

元锡[1]秋神阁共观佛经和观音像。由赵怀玉所赋之诗[2]可知,何氏所藏为宋咸平三年(1000)贝叶经、明慈圣李太后赐画九莲观音像。贝叶经即为用铁笔在贝多罗树叶上刻写的佛经经典。古印度佛教徒曾在1世纪至11世纪远赴各地传教,为方便携带,将佛经刻于贝叶之上。唐末国乱,佛经中西交通几近断绝,至宋初时,国威稍振,求法传教渐多。按汤用彤所整理的两宋求法传教者列表[3],宋初始有传教徒进贡贝叶经,宋太平兴国五年(980)因译经需要组建译场,并有专门主持翻译赟叶书(贝叶经)之事的译主[4]。而在近八百年后的杭州,鲍氏等人所观贝叶经实属珍贵、稀罕之物。清代著名僧人竹禅和尚曾言"后世之学者得见贝叶真经如见佛面"[5],鲍、金等人能见贝叶经即是结了佛缘。印度《贝密传》认为拥藏贝叶经者功能无量,而像何元锡、鲍廷博、金德舆、赵怀玉、李芝一行这般致力于藏书、刻书而使得中华典籍得以传承、中华文脉得以延续的先学们,正是佛家所言之功能无量。

嘉庆三年(1798)秋,鲍廷博刻方薰《山静居画论》二卷,入"知不足斋丛书"第十二集。山静居为方薰斋名,《山静居画论》

---

[1] 何元锡(1766—1829),字梦华,一字敬祉,号蝶隐,钱塘(今浙江杭州)人。监生,官至主簿。精于目录,工诗通印,家藏甚富,有藏书楼获经堂、梦华馆、蝶影园、三吾鸿景斋、秋神阁等。

[2] 《亦生斋诗集》卷十一《偕鲍明经廷博、李处士芝、金比部德舆过秋神阁,观咸平三年所进贝叶经、明慈圣太后赐九莲观音像》。

[3] 汤用彤:《汤用彤全集》第2卷《隋唐佛教史稿》,河北人民出版社2000年版,第305-309页。

[4] 陈士强:《大藏经总目提要文史藏1》,上海古籍出版社2008年版,第314页。

[5] 《文化萨迦》编委会编:《西藏文化旅游丛书·文化萨迦》,上海人民出版社2016年版,第62页。

第十四章　君子之交淡如水

为其晚年之作,此书集方薰生平画山水之实践经验与心得体会。全书内容共分为四部分,以第一部分画学泛论和第二部分有关山水的画法论述最为精彩。鲍氏"知不足斋丛书"本为该书最早刻本,后翻刻本甚多,如"披云草堂丛书""四铜鼓斋论画集刻""画论丛刊""神州论画录""历代论画名著汇论""美术丛书"等均有收录[①]。多种丛书乐于翻刻,正可见方氏画论之精湛,亦可见鲍氏择书眼光之精到。

此时方薰已被阮元招至杭州,金德舆亦迁居西湖之畔。因金氏素重友情,喜携寒士,对朋友有求必应,从无吝啬,故千金散尽,家道中落。其生活贫苦,只能以典质书画,聊以度日。嘉庆五年(1800),鲍廷博到访,二人谈笑共饮,金突然掷杯于地,从一侧倒下,旁人方欲呼救,已溘然而逝,年仅五十。

面对好友的先后离世,鲍廷博抑制不住内心的悲痛,曾作诗多首以为悼念。其《兰如、鄂岩相继下世,重题诗后,以寄哀思》云:

风流云散怆平生,检点韶光暗自惊。
谁与石屏商好句,[i]徒惭春水擅才名。
想忘落落晨星影,那更萧萧夜雨声。
从此闭门称独赏,不须折简报诗成。

原注:i. 事见《石屏集》。

[①] 中国学术名著提要编委会编:《中国学术名著提要(合订本)》第5卷《清代编下》,复旦大学出版社2019年版,第942页。

又有《重感夕阳悼兰如，即用前韵》独悼方薰，诗云：

弹铗归来便隔生，[i]轻尘弱草只堪惊。
贫推尽作家常计，诗任儿传身后名。[ii]
剪烛那堪听旧雨，开门无处觅秋声。
小窗一抹轻红影，半是相思泪染成。

原注：i. 客杭经年，归来半年而逝。ii. 遗诗未刊，子之任也。

亦有《再用前韵悼鄂岩》：

誓向西湖毕此生，无端一语我心惊。
老轻书画兼金直，[i]死避穷愁两字名。
诗卷新排宁有意，酒杯笑掷已无声。[ii]
电光石火须臾景，除是斜阳写得成。

原注：i. 藏弃书画、法帖数千金，晚年脱手散去，不计直也。ii. 方与予晚酌，独未见跋，把酒一笑而逝。

眼见着挚友一个个遽尔离别，鲍廷博心中的悲痛不能自已。诗均收录于《花韵轩咏物诗存》，字里行间情真意切，读后令人凄然。知己已去，惟有对友人的无限思念和对生命有限的感慨，亦可见鲍廷博晚年心境的悲凉与伤感。

三、顾修

顾修，字仲欧，号葭匡，又号松泉。诸生。《石濑山房诗话》

第十四章 君子之交淡如水

说其旧居横山,后迁桐乡之乌戌(乌镇)。《桐溪诗述》言其"学钦旧闻,交敦古谊。中年为匪人评讼,阻其进取之路,移居桐花溪上,郁郁以老,众论冤之"①。乌镇人陆以湉《冷庐杂识》卷二则云"吾郡石门顾蒹匲修,性嗜吟咏,兼善丹青。迁居吾邑,筑读画斋,绘图以见志",当以陆以湉所说为是。据此可知,顾修系石门县(今属桐乡)人,后因被匪徒控诉,进取之路受阻,被迫含冤迁居桐乡县,筑有读画斋。其家素封,爱友朋如性命,尤嗜秘笈。工诗善画,好藏书,自作《读画斋》诗以明志,云:"小筑前溪第一湾,豆花篱角且怡颜。曾留秧绿常开径,只爱丹青不买山。高卧如游三岛外,置身却胜五车间。茅斋终日供消遣,笑看溪云似我闲。"宋咸熙评价其诗:"不拘拘求仿古人,正如大匠成材,信手挥斤,自合绳尺。"亦喜刊书,所刻"读画斋丛书"甚知名。颇多著述,有《汇刻书目》《蒹匲诗抄》《读画斋题画诗》《读画斋学语草》《百叠苏韵诗》《图画偶辑》等。

鲍廷博与顾修不知具体相识于何时,但可以肯定的是两人在晚年交往频繁而深入,是在刻书事业上志同道合且有密切合作的朋友。他们的心力和友谊,都凝聚在顾修发起并主持的"读画斋丛书"中。

"读画斋丛书"为顾氏仿鲍氏"知不足斋丛书"体例所搜辑刊刻的丛书,不以时代为限,不以四部为次,专收珍秘之本。此丛书刊行于嘉庆四年(1799),共分甲乙丙丁戊己庚辛八集,凡四十六种,收书完备程度紧随"知不足斋丛书"之后,其中

---

① [清]宋咸熙著,杨叶点校:《宋咸熙集》第六册,浙江古籍出版社2021年版,第1718页。

以笔记杂录、绘画、文论、诗话方面的书籍最引人注目。《桐溪诗述》评顾氏"所刊'读画斋丛书'风行海内,已与'知不足斋'并传"。

乾隆五十四年（1789）六月,时已迁居桐乡的鲍廷博为顾修校勘"读画斋丛书"丁集中元代郑元祐的《遂昌山人杂录》,并作跋文。《遂昌山人杂录》为顾氏所藏珍秘之本,《四库全书》所收仅三卷,而顾氏所得为十卷足本,实属难得[①]。顾氏将如此珍善秘籍交由鲍廷博校勘,可见顾氏对鲍氏校勘功力之信任以及顾、鲍二人情谊之笃厚。

乾隆六十年（1795）七夕,鲍廷博在西湖沈庄又为顾修校勘"读画斋丛书"丁集中宋赵希鹄《洞天清渌集》。他在跋文中言此本亦为稀见之本,直言"宝之宝之","读画斋丛书"所搜辑底本的稀见程度由此可见。

嘉庆三年（1798）十月,协助顾氏编刊的孙志祖为"读画斋丛书"作序,谈及顾修编刊此"丛书"的因缘——"士之笃志嗜古者濡染沐浴,闻风兴起"。当时鲍氏"知不足斋丛书"已刊行二十集,收书百十种余,顾氏欲仿鲍君刻精秘之本,传珍善之书,遂有此刻。顾氏虽藏书甚富,但"每得一书,必与以文商榷论定之",并与仁和孙志祖、萧山徐鲲商榷校勘而定,其底本择选之精良可与鲍氏"知不足斋丛书"媲美。关于徐鲲,鲍廷博刊刻出版的书籍也曾请其校勘。嘉庆五年(1800)闰四月,鲍氏延请顾广圻以明姚咨抄本《屡斋示儿编》校明潘方凯刻本,在顾氏校勘之前,此本则经徐鲲手校,想见徐氏的校勘功力在当时是广受业内认可的。

[①] 李春光:《古籍丛书述论》,辽沈书社1991年版,第173-175页。

第十四章　君子之交淡如水

鲍廷博对顾氏"读画斋丛书"十分看重，除了参与校勘外还多方相助。如乾隆三十七年（1772）十月十七日，鲍廷博自跋所辑元顾瑛《玉山逸稿》四卷《附录》一卷，文末寄愿："倘天假之缘，异日或尽得二十卷之旧刊而行之，而隐湖之刻不复专美于前，则玉山主人其有以相我乎。"《玉山璞稿》一书在鲍氏后又略有增益，而书名仍称"璞稿"，刊入了"读画斋丛书"辛集。后又由鲍廷博长孙鲍正言于嘉庆七年（1802）从《铁网珊瑚》《吴都文粹》等书中辑出《玉山璞稿》二卷，较毛晋、顾嗣立所辑溢出五十余首[1]，可见鲍家数代对此书的偏爱。

嘉庆五年（1800）九月，鲍廷博为"读画斋丛书"本《文渊阁书目》作跋。嘉庆十五年（1810），又为顾修汇编的《读画斋偶辑》撰写序言[2]。此本木刻画集刊刻于嘉庆十四年（1809），不分卷，收录了《王阮亭载书图》《朱竹垞烟雨归耕图》《陈其年填词图》等十一卷。首有鲍廷博序，末有杨蟠跋。事实上，顾修刊刻了多部版画集，出版于嘉庆元年（1796）的《读画斋题画诗》奏响了清代后期木刻画的序章，此部自传式的木刻出版后，影响极大，"学步者"不少[3]。

嘉庆十六年（1811）正月，已八十四岁高龄的鲍廷博为顾修校勘《云庄四六余话》，并作题识，此本后入"读画斋丛书"辛集。

---

[1] 以上均引自刘尚恒：《鲍廷博年谱长编》，国家图书馆出版社2017年版，第188—203页。

[2] 马培洁：《鲍廷博及其〈知不足斋丛书〉研究》，中国社会科学出版社2020年版，第239页。

[3] 郑振铎：《中国古代木刻画史略》，上海书店出版社2011年版，第186—187页。

此年，鲍氏又拟将刊刻金檀《文瑞楼书目》十二卷转赠顾修，顾氏延请金锡鬯①校订，并于当年夏秋之际刻入"读画斋丛书"庚集。

晚年的鲍廷博虽囿于有限的光阴，对"知不足斋丛书"的未尽之业颇有遗憾，但这套丛书取得的成就已被世间学者奉之为楷模，仿刻者更是接踵而至，以至于"无论从数量上，还是质量上，私家刊刻的丛书达到前所未有大的盛况"②。

除"读画斋丛书"外，效法鲍氏"知不足斋丛书"的还有乾隆间李调元③所辑丛书"函海"，嘉道间著名藏书家钱熙祚④所编"指海""守山阁丛书"二部丛书，晚清官商巨富潘仕成⑤斥巨资刊刻的"海山仙馆丛书"。又有富豪伍崇曜⑥出资、文史学家谭莹⑦校勘的"粤雅堂丛书"，咸丰年间刊行的由海宁藏家蒋

---

① 金锡鬯（1767—1838），字蒨縠，又字秬盉，号晴韵馆主人，桐乡人。嘉庆十三年（1808）举人，官至知州。著有《古泉述记》十二卷、《南北史摘艳》六卷、《晴韵馆诗文集》四卷、《自省录》二卷等。

② 刘尚恒：《古籍丛书概说》，上海古籍出版社1989年版，第21页。

③ 李调元（1734—1803），字羹堂，号雨村，别号童山蠢翁，四川罗江（今四川德阳）人。乾隆二十八年（1763）进士，历任翰林院编修、广东学政等职。与张问陶（张船山）、彭端淑合称"清代蜀中三才子"，著有《童山诗集》。

④ 钱熙祚（1800—1844），字雪枝，一字锡之，松江金山（今上海市金山）人。官叙选通判。好藏秘籍，有藏书楼守山阁，聘名士校勘辑丛书《守山阁丛书》一百十二种，后又辑《指海》十二集。著有《守山阁剩稿》。

⑤ 潘仕成（1804—1873），字德畲、德舆，祖籍福建，世居广州，从政经商，清朝巨富。有海山仙馆，藏书甚富，多宋元珍本。

⑥ 伍崇曜（1810—1863），原名元薇，字良辅，号紫垣。富可敌国，有藏书处粤雅堂、远爱楼，藏书甚富，著有《远爱楼书目》。

⑦ 谭莹（1800—1871），字兆仁，号玉生，南海（今广东广州）人。清道光二十四年（1844）举人。官至琼州、肇庆教授，著名史学家。曾授课于阮元学海堂，编有《岭南丛书》《粤雅堂丛书》《粤十三家集》等。著有《乐志堂诗集》《辛夷花馆词》等。

光煦①辑刻的"别下斋丛书"与"涉闻梓旧"二种,以及清末民初曾师从缪荃孙并留美学习的图书馆学者孙毓修所编的"涵芬楼秘籍"丛书等。

纵观清代及近现代模仿鲍氏"知不足斋丛书",并沿用其丛书名的有"仿知不足斋丛书"和高承勋②"续刻知不足斋丛书"。而与鲍廷博同为安徽歙县的鲍廷爵所辑"后知不足斋丛书",于光绪十年(1884)完成首编。值得一提的是,高氏"续刻知不足斋丛书"不仅体例效法鲍氏,版式亦同,且版心均题"续鲍丛书",可见对鲍氏的膜拜之情。

卢文弨曾于乾隆五十七年(1792)呼吁的"有识之士鼎力相助,共襄盛举"③,此般私家丛书编纂盛况,从文献保护与文化传承的角度来看,亦是另一番稽古崇文的热潮,可见鲍氏刻书功德无量。

四、黄丕烈

黄丕烈(1763—1825),字绍武,又字承之,号荛圃、荛夫、复翁,别署复初氏等,吴县(今江苏苏州)人。清代著名藏书家、校勘学家、版本目录学家。乾隆五十三年(1788)举人,官至

---

① 蒋光煦(1813—1860),字日甫,一字爱荀,号雅山、生沐、放庵居士,浙江海宁硖石人。有藏书处别下斋,收藏古籍十万余卷,辑刻丛书《别下斋丛书》《涉闻旧梓》。

② 高承勋,字松山,河北沧州人。家有松筠阁,藏书颇丰,辑刻《续知不足斋丛书》十七种四十四卷,《松筠阁抄异》十二卷。

③ [清]鲍廷博辑:"知不足斋丛书"第二十六集,中华书局1999年版,第288—289页。

户部主事，后弃官归乡，杜门著述校书。博通经史，善骈俪文，能书工诗。藏书巨富，有藏书室读未见书斋、士礼居（因得《仪礼》宋版注疏各一本）、陶复斋（因藏毛晋旧藏北宋刻本《陶渊明诗集》和南宋刻本《汤氏注陶诗》等）、百宋一廛（至嘉庆七年，有宋版书一百多部）、求古居（嘉庆十七年新收宋本七十五本）、学禅海居（专藏词曲类书）等。

其精心编修的书目，如《百宋一廛书录》《求古居宋本书目》等，极大地促进了版本目录学的发展；其校订刊刻的古籍，如"士礼居黄氏丛书"等，底本珍罕，校勘精良，刻印雅致，笔触优美，纸墨上乘，是学界公认的精善本；其首创的古籍装潢，不惜重金，补全残缺古籍，成为特定的装帧风格——"黄装"，据肖振棠和丁瑜《中国古籍装订修补技术》[1]总结的"黄装"特点为"蝴蝶装"和"不浆背"。另一种观点则认为是类似于"金镶玉"的装潢形式，即在书页内衬上一张比原书页更大的纸张以达到保护原始书页的目的。旧的书页颜色发黄，而新衬的纸张洁白如玉，仿佛金镶嵌在玉上，故而称之为"金镶玉"[2]。

作为东南藏书巨擘的黄丕烈收藏宋版书二百多种，精善旧抄本上千种，其藏书多得自毛晋汲古阁、钱谦益绛云楼、王闻远孝慈堂等。同时期同为藏书狂热爱好者且寓居苏州之邻的鲍廷博，二人不可能不往来。黄丕烈在嘉庆四年（1799）二月的跋文中就提及鲍廷博来苏鬻书一事：

---

[1] 肖振棠、丁瑜编：《中国古籍装订修补技术》，书目文献出版社1980年版。
[2] 王雪华：《"黄装"技艺流程浅探》，古籍保护研究编委会编：《古籍保护研究》第4辑，大象出版社2020年版，第189—194页。

第十四章 君子之交淡如水

既闻海内藏书家尚有两宋本，一在桐乡金云庄（德舆），一在歙汪秀峰（启淑）家，余渴欲一见为幸。去冬鲍渌饮来苏，以金本（宋刻《战国策》）介袁绶阶（廷梼）示余，订观于钮非石（树玉）寓楼，遂议交易，以白镪八十金得之。①

嘉庆三年（1798），七十一岁的鲍廷博访苏州黄丕烈等吴门好友，并介袁廷梼将程世铨藏《战国策》售于黄氏。金德舆与黄丕烈均为鲍廷博挚友，但按刘尚恒考证，金、黄二人因书有嫌隙②，此书原为苏州毛榕坪所得，后为金氏豪夺去，又托程氏以鲍氏之介售于黄氏。藏书家之间对"好书"的争夺之激烈不亚于商战，而性敦友善的鲍廷博时常担任"中介"这一重要的角色。黄丕烈《咸淳临安志跋》云：

得书前夕，鲍丈适来晤，言及此（《咸淳临安志》），云向所得残宋本在吴兔床（骞）处。兔床余亦往来，拟作札商之，或二卷宋刻可得，岂非尽美哉！嘉庆三年（1798）岁戊午冬月中浣八日，雨窗剪烛书。棘人黄丕烈。③

关于《咸淳临安志》在前文"卢氏抱经堂"一节中有详细的介绍，早在乾隆三十九年（1774）鲍氏所藏曾被卢文弨借

---

① ［清］黄丕烈著，屠友祥校注：《荛圃藏书题识》，上海远东出版社1999年版，第103—106页。
② 刘尚恒：《鲍廷博年谱长编》，国家图书馆出版社2017年版，第195页。
③ ［清］黄丕烈著，潘祖荫辑，周少川点校：《士礼居藏书题跋记》，书目文献出版社1989年版，第48—50页。

去校阅自家的抄本，后为友人吴骞所藏。在鲍氏的"提醒"之下，黄丕烈在嘉庆五年（1800）春，得偿所愿地从吴骞处借得六十五、六十六卷抄本两卷，且旁有"知不足斋影宋抄"字样。

关于古书源流的考订，藏书家必然讲究实事求是，黄丕烈亦是如此。与掮客不同的是，充当"中介"的鲍廷博更在意藏书本身而非碎银几两。一部藏书的流转史往往也隐含着藏书主之间的奇闻逸事。

嘉庆八年（1803）春，七十六岁的鲍廷博访黄丕烈，二人相谈《圣宋文选》一书流传掌故，黄丕烈《荛圃藏书题识》卷十有载：

> 岁癸亥（嘉庆八年，1803）春，长塘鲍渌饮来谈及是书（《圣宋文选》），云数年前与味辛（赵怀玉）同在吾郡故家所得，同得者有刘后村（集），亦宋刻。此书后有石门吕晚村（留良）长跋，方信义门（何焯）所见抄本即从此书。而此书所去图记，或即吕氏，故并长跋亦去之欤？渌饮所言乃书林故事，急取而书诸尾，因追述其得书颠末如右。嘉庆八年（1803）春三月望后二日，荛翁黄丕烈识于百宋一廛。①

刘后村指宋刘克庄的《后村居士集》。吕晚村即桐乡明末清初著名藏书家吕留良。《圣宋文选》三十二卷，有清光绪八年（1882）郯城于氏影宋刻本和清末抄本（现藏于国家图书馆）。

---

① ［清］黄丕烈著，屠友祥校注：《荛圃藏书题识》，上海远东出版社1999年版，第794页。

有宋刻本，现藏于国家图书馆及南京图书馆。按鲍氏所言，黄氏所得之本原为友人赵怀玉所有，而如今又流转至好友黄丕烈手中，又为鲍氏所见，实属书缘不浅。该书后有吕留良长跋，由此可知，此书在赵氏之前当为吕留良所藏。书中所缺图记或因"文字狱"而同吕氏长跋一并被删去。珍秘古籍的内容和品貌往往能影射出一个时代的文化现象。

嘉庆十年（1805）冬日，黄丕烈又致信鲍廷博，询问旧藏残本《元朝秘史》之事。黄丕烈《嵇康集跋》云：

> 六朝人集存者寥寥，苟非善本，虽有如无。此《嵇康集》十卷，为丛书堂抄本，且鲍蔫手自雠校，尤足宝贵。历览诸家书目，无此集宋刻，则旧抄为尚矣。余得此于知不足斋。渌饮年老患病，思以去书为买参之资。去冬（嘉庆十年，1805），曾作札往询其旧藏残本《元朝秘史》，今果寄余，并以此集及元刻《契丹国志》、活本《范石湖集》为副。余赠之番饼四十枚。闲窗展玩，因记数语于此。观张芑塘征君跋，知此书旧出吴门，而时隔卅九年又归故土。物之聚散，可惧可喜，特未知汪伯子为谁何耳。嘉庆丙寅（十一年，1806）寒食日，晨雨小润，夜风息狂。荛翁书。①

明吴氏丛书堂抄本《嵇康集》十卷，原藏于国立北平图书馆，

---

① 沈燮元：《〈嵇康集〉佚名题跋姓氏考辨》，程焕文、沈津、张琦主编：《2016年中文古籍整理与版本目录学国际学术研讨会论文集下》，广西师范大学出版社2018年版。

现藏于台北"中央图书馆"。此书经由多种书目著录，该跋文为版本目录学家沈燮元抄录于《清学部图书馆善本书目》，此书目著录最为详尽。

晚年的鲍廷博因刻书、患病入不敷出，不得已鬻卖书籍购置良药。但得知友人黄丕烈中意此书，遂将另外的二种元刻本一并寄赠。对于藏书家而言，藏书出室犹如女儿出嫁，该书"嫁"至黄家，也算是有了一个好归宿。

对于鲍氏的慷慨和困难，黄丕烈亦心知肚明，黄氏回赠鲍氏番饼四十枚，希望能暂缓鲍家之困境。文友之间的情谊，确是如此简单纯粹，但也会有小插曲。当年初夏，鲍廷博嘱咐其子将毛抄本《宾退录》，毛抄本《蘋洲渔笛谱》，沈彤过惠士奇、惠栋①父子校阅本《逸周书》等十种古书交给黄丕烈，未料中途被他人捷足先登。黄丕烈《宾退录跋》有载：

> 此校宋本《宾退录》出于王莲泾家，余藏之有年矣。此书虽有新刻，未敢取信。续又得一我法斋旧抄本，因此已校宋，不敢取证。顷鲍渌饮以是书毛抄本属其子归余，中途为捷足者得之，同得者尚有毛抄周公谨《蘋洲渔笛谱》，沈冠云临惠氏父子校阅本《逸周书》，共十番，今欲倚价归余，余之力亦同莲泾，遂效莲泾故态，扃户屏客，细加校阅，用朱笔涂改，亦竭二日之力而毕。毛本云"宋本对录"，则非影写矣，与王

---

① 惠栋（1697—1758），字定宇，号松崖，长洲（今江苏苏州）人。惠周惕孙，惠士奇次子，三代经学世家。有红豆山房，藏书甚富，人称小红豆先生。著有《松崖文抄》《周易述》等。

见宋本时有歧异,而所云"二百有二番"及"十行十八字"皆同,惟毛仍失《序》一番尔。中所校序次先后及增损字微异,未知同此一刻否也。俟再访之。丙寅孟夏荛翁识。(均在末卷后)

余收书二十余年,遇各家所散者,无论旧刻及手校手稿本,苟可勉力购之,无敢失之交臂。即如此书,为王莲泾藏校本,收之已有历年,今又遇毛抄本,极欲并储,已为他人所得。虽可商,然已懊恼矣。遂假校于此,去莲泾校时八十五年,而前所谓宋本内欠七翻,未校七翻,中必有谬误之处,心殊怏怏者,今可补其阙,岂不甚乐。然究未遇宋刻,仍不敢云通二册校过者已无鱼鲁,可称世间善本也。荛翁又笔。(在卷首)①

黄氏见毛抄本极欲购之,只是拙于财力只能借之一校。虽有些懊恼,但能补缺亦为快事。另有一件事发生在嘉庆十六年(1811)三月,鲍、黄相遇于嘉兴双溪桥,"昼则同席,夜则联舫,纵谈书林旧闻,亹亹不倦,真快事也"②。第二日,二人同至本立堂书坊,鲍廷博将家抄秘册《古逸民先生集》一卷赠予黄丕烈。此秘籍精妙绝伦,黄氏直言"当不减汲古抄本矣"③。鲍廷博此举或许是想弥补当年其子未将毛抄本售予黄氏之憾。

一以言之,嗜书如命的鲍廷博与黄丕烈均为藏书史上举足

---

① [清]黄丕烈著,屠友祥校注:《荛圃藏书题识》,上海远东出版社1999年版,第361页。

② [清]黄丕烈著,潘祖荫辑,周少川点校:《士礼居藏书题跋记》,书目文献出版社1989年版,第254页。

③ [清]黄丕烈著,潘祖荫辑,周少川点校:《士礼居藏书题跋记》,书目文献出版社1989年版,第254页。

轻重的人物，其藏书、校书、刻书均为中国典籍的保护和中华文化的传承作出了卓越的贡献。按《浙江通志》记载，鲍氏藏书后多流转至藏书家黄丕烈及汪士钟①之手，鲍、黄二人情谊笃厚可见一斑。藏书聚久必散，对于鲍廷博而言，家藏秘本能传至挚友黄丕烈之手，实属鲍氏藏书之圆满"归宿"。

五、阮元

鲍廷博一生的知交中，有不少是官位显赫的学问家，阮元即是其中走得比较近的一位。阮元（1764—1849），字伯元，号芸台，又号雷塘庵主，晚号怡性老人，江苏仪征人。乾隆五十四年（1789）进士，历任河南、浙江、江西巡抚，湖广总督，云贵总督。生平以收藏整理、刊刻典籍，创设书院（诂经精舍、学海堂等）为己任，长于音韵训诂之学，通天文历算家之史，被尊为三朝阁老、九省疆臣、一代文宗。家有文选楼、揅经室、琅嬛仙馆，刻有《十三经注疏》，著有《揅经室集》《定香亭笔谈》《积古斋钟鼎彝器款识》等，达一百余种。

据阮元自述，他在浙江任职期间，与鲍廷博往来甚多，"常常见君"。《（光绪）桐乡县志》有载，阮元还曾到访过鲍廷博的乌镇新居。其《浙江刻四库书提要》有云：

---

① 汪士钟（1786—？），字阆源，别署三十五峰园主人，长洲（今江苏苏州）人。清贡生，官至道员。汪文琛子，藏书甚富，有藏书处艺芸书舍，多宋元本（吴中四大藏书家黄丕烈、周锡瓒、袁廷梼、顾之逵所藏多归其所得），可与汲古阁并列。编有《艺芸书舍宋元本书目》，藏书散佚后多归杨氏海源阁、瞿氏铁琴铜剑楼。

第十四章　君子之交淡如水

四库卷帙繁多，嗜古者未及遍览，而《提要》一书，实备载时地姓名，及作书大旨。承学之士，抄录尤勤，毫楮丛集，求者不给。乾隆五十九年（1794），浙江署布政使司臣谢启昆、署按察使司臣秦瀛、都转盐运使司臣阿林保等，请于巡抚兼署盐政臣吉庆，恭发文澜阁藏本校刊，以惠士人。贡生沈青、沈以澄、鲍士恭等，咸愿输资鸠工蒇事，以广流传。六十年（1795），工竣。学政臣阮元本奉命直文渊阁事，又籍隶扬州，扬州大观堂所建阁曰"文汇"，在镇江金山者曰"文宗"，每见江淮人士，瞻阅二阁，感恩被教，忻幸难名。兹复奉命视学两浙，得仰瞻文澜阁于杭州之西湖，而是书适刊成，士林传播，家有一编，此得以津逮全书，广所未见，史治涵濡，欢腾海宁，宁有既欤。臣是以敬述东南学人欢忻感激微忱，识于简末，以仰颂皇上教育之恩于万一云尔。内阁学士兼礼部侍郎浙江学政臣阮元恭纪。①

鲍廷博在刻"知不足斋丛书"之外，还刊刻了《四库书提要》。值得注意的是，早在乾隆五十九年（1794），鲍廷博之子鲍士恭等出资刊刻《四库全书总目》（文澜阁本）。《四库全书总目》于乾隆五十八年（1793）冬由武英殿刊刻成书，分贮南北七阁。此乃据文澜阁所藏殿本翻刻，至此《总目》方得以广为流传②。

此外，鲍廷博还帮助阮元编纂《四库未收书目提要》。据阮

---

① 永瑢：《四库全书简明目录》，上海科学技术文献出版社2016年版，第658页。

② 刘尚恒：《鲍廷博年谱长编》，国家图书馆出版社2017年版，第186页。

元之子阮福记道：

> 家大人在浙时，曾购得《四库》未收古书，进呈内府。每进一书，必仿《四库提要》之式奏进提要一篇。凡所考论，皆从采访之处先查此书原委，继而又属鲍廷博、何元锡诸君子参互审订。家大人亲加改订纂写而后奏之，十数年之久，进书一百数十部。①

阮元任浙江巡抚时，招集浙江文人鲍廷博、何元锡、严杰②等人编纂《四库未收书目提要》，共收书一百七十三种，其中有多种书目皆出自鲍廷博藏书。后来阮元因编成《四库未收书目提要》而官复原职，可见，鲍廷博不仅是阮元学术上的益友，更是其事业上的贵人。

对于鲍廷博的请求，阮元也是有求必应。嘉庆七年（1802），鲍廷博刊刻汉郑玄撰，清臧庸、臧礼堂辑的《孝经郑氏解》一卷，延请阮元作序，阮元便作了《孝经郑氏解辑本题记》。嘉庆十年（1805），鲍廷博又请阮元为自己的诗词汇编《花韵轩咏物诗存》作序，阮元在序中评鲍诗"甚工"。八岁即能诗的阮元如此评价鲍廷博之诗，可见鲍诗功力不浅。此《诗存》为鲍氏唯一诗集，虽不曾付梓，仅有抄本存世，但延请阮元为之作序，由此可见鲍氏对阮元的敬重。

---

① 《中华大典》工作委员会、《中华大典》编纂委员会编纂：《中华大典文献目录典文献学分典·目录总部》，广西师范大学出版社2015年版，第265页。

② 严杰（1763—1843），字厚民，号鸥盟，钱塘（今浙江杭州）人，家有书福楼。

第十四章　君子之交淡如水

阮元学问渊博，亦富藏书。嘉庆十一年（1806），鲍廷博就从文选楼借得宋李昉等编《太平御览》一千卷，用以校雠。鲍廷博跋曰：

> 阮氏（元）文选楼藏书多秘笈，《太平御览》其一也。嘉庆丙寅（十一年，1806）假得是书雠校，阅二载始毕，其用力可谓勤矣。①

同样钟情于藏书、校书、刻书的阮元于鲍廷博而言实属海内知己，二人无论从年龄还是官职而言，均相距甚远，但这丝毫没有影响到两人笃厚的友情和对彼此才情的欣赏，真乃忘年之交也！

鲍廷博去世后，阮元已调任他处。但他还是撰写了《知不足斋鲍君传》以悼念这位学界前辈。此文洋洋洒洒，对鲍廷博一生的文化功绩作了崇高的评价。末段写道："君勤学耽吟，不求仕进，天趣清远，尝作《夕阳诗》甚工，世盛传之，呼之为'鲍夕阳'。元在浙常常见君，从君访问古籍，凡某书美恶所在，意旨所在，见于某代某家目录，经几家收藏，几次抄刊，真伪若何，校误若何，无不矢口而出，问难不竭。古人云'读书破万卷'，君所读破者，奚翅数万卷哉！"②阮文记鲍廷博多交往细节，可见彼此的交契。

---

① 蔡文晋：《鲍廷博年谱初稿》，台北"中央图书馆"馆刊，1994 年 12 月第 2 期，第 103—127 页。

② ［清］阮元：《揅经室二集》卷五《知不足斋鲍君传》，中华书局 1993 年版，第 494 页。

第十五章　世衍书香美名扬

"专为前贤形役，不为个人张本"①，是文献学、图书馆学专家顾廷龙的箴言。此语见于顾老向叶景葵、张元济等老辈拟呈的《创办合众图书馆意见书》，先生所述"专为整理，不为新作；专为前贤形役，不为个人张本"成为合众图书馆之办馆宗旨。回溯百余年，在未有公共图书馆创办的清代，这正是藏书、刻书大家鲍廷博毕生事业之基调。值得注意的是，将毕生财力和精力用于收书、编书、刻书的鲍廷博，竟未刊印自己的诗集，其多种著述也未能流传后世。

赵怀玉《恩赐举人鲍君墓志铭》云其"所著多厄于火，唯《花韵轩小稿》二卷、《咏物诗存》一卷行世，盖晚岁记忆所录也"②。乾隆五十六年（1791）十二月，已迁居桐乡多年的鲍家发生火灾，藏书损失有半。从好友方薰安慰鲍氏之诗《渌饮不戒于火，诗以慰之》③亦可知，此次大火致使鲍氏家藏损失惨重，鲍廷博对此伤心欲绝但又无可奈何。

书籍纸张寿命虽可达千年之久，但其不耐水火，不堪阳光

---

① 沈津编著：《顾廷龙年谱》，上海古籍出版社2004年版。
② [清]赵怀玉撰：《亦有生斋续集》卷六，清道光元年（1821）刻本。
③ [清]方薰：《山静居遗稿》卷四，南京图书馆清嘉庆刻本。

曝照及虫鼠之害，又何其脆弱。其中火灾对于书籍的影响无疑是灾难性的，东晋葛洪称其藏书"累遭火，典籍荡尽"，清初钱谦益绛云楼的一场大火使其七十三大书柜的宋刻珍本化为灰烬。鲍廷博万分小心，倍加呵护依旧未能使藏书免遭火灾之厄。这也促使已入花甲之年的鲍廷博在有生之年更加用功于要将珍藏之本刊刻行世。

一、入不敷出

鲍廷博到乌镇定居后，除了加深与嘉兴、桐乡一带师友的交往交流外，其在刻书上的事业，无论是数量还是质量，均得到了进一步提升。

就拿"知不足斋丛书"来说，如以乾隆四十九年（1784）定居乌镇的时间为界限，据《鲍廷博评传》作者统计[①]，可确切知道刊刻年份的共有106种，其中56种刻于该年之后，占了一多半。而乾隆五十一年（1786）一年中就刻了10部之多，这是前所未有的。具体包括：第十一集中的《伯牙琴》，第十二集中的《佐治药言》《续佐治药言》《鬼董》《庆元党禁》《今水经》，第十三集中的《碧血录》《周端孝先生血疏贴黄册》，第十四集中的《天水冰山录》《钤山堂书画记》。

其中的《伯牙琴》一卷，为宋元之际的邓牧（1247—1306）所撰。邓牧，字牧心，号三教外人、大涤隐人、石室隐居等，世称文行先生，钱塘（今浙江杭州）人。此书成书年月未知，

[①] 参见周生杰、杨瑞：《鲍廷博评传》，凤凰出版社2014年版，第165—168页。

流传到清乾隆时已亡佚过半。鲍廷博在跋中自述:"南濠都少卿藏本已有文无诗矣。予为缀缉丛残,于旧存文二十四篇外增文五篇,补诗十有三章,授住山张君礼恭刊附孟集虚《洞霄图志》以传。洞霄山深境寂,游屐罕至,其行未广也,为别梓此本以遗同嗜。"①原来,鲍廷博于现存的二十四篇文章之外,又辑补得文章五篇、诗作十三首,使得该书原本"手定诗文六十余首"的旧貌稍稍得以恢复。那二十四篇与文渊阁《四库全书》本一致,其余《冲天观记》《清真道院记》据《大涤洞天记》补录,《超然观记》《昊天阁记》据《洞霄图志》补录,《洞霄诗集序》据《洞霄诗集》补录。十三首诗则据《吴礼部诗话》《元诗体要》《洞霄诗集》等书补录;原本附刊于《洞霄图志》,后又别为刊行,纳入"知不足斋丛书",得以广为流传。清末时丁丙辑刻《武林往哲遗著》,所收《伯牙琴》即据"知不足斋丛书"本重刻,可知鲍刻之精与足,为后世所推崇备至。

鲍廷博定居乌镇前后达三十余年,其间刻书不断,那么他的刻书之地又是在哪里呢?

嘉庆五年(1800),鲍廷博曾与好友汪辉祖谈及杭州与苏州两地刻书价格上涨之事,"以文言杭苏已至一百十文,而刻手不如《初集》之工,镂版日增,势实使然"②。可以想见,迁居乌镇多年的鲍廷博仍将校勘完毕的书籍拿到杭州和苏州刊刻,如此才能对苏杭二地的实时刻书价格及镂刻质量了如指掌。但苏杭每百字版片写刻价格的上涨和刻手工艺的下降,是否会驱使追

---

① [清]鲍廷博辑:"知不足斋丛书"第十一集,中华书局1999年版,第377页。
② 刘尚恒:《鲍廷博年谱长编》,国家图书馆出版社2017年版,第199页。

求版刻精善且因刻书经费日益紧张的鲍廷博将部分书籍交付给当时乌镇的刻工呢？

据悉，鲍廷博曾借乌镇南栅的道观崇福宫（俗称南宫）作为刻书的场所①。其实，早在明代时乌镇即以刻书著名。旅行家徐霞客曾在明崇祯九年（1636）九月二十七日的日记中写道：

> 平明行，二十里抵乌镇，入扣程尚甫。尚甫方游虎埠，两郎出晤。捐橐中资，酬其昔年书价，遂行。②

晚明时，徐霞客③就曾到乌镇程尚甫处购书，此番经过乌镇即顺路专门到程家结还当年赊欠的书款④。按张森生考证，《（光绪）桐乡县志》卷十五"方外"中有方择小传，记有程尚甫曾为乌镇的方择⑤和尚刊刻诗歌之事⑥。另在《嘉兴大藏经》第二十五册《无幻禅师语录》序中，有万历年间"程尚甫刻而传之"字样⑦。可见，同为出版家的程尚甫在乌镇多有刻书，乌镇刻书的历史由来已久，此地当有为鲍廷博提供刻书的专业刻工。

---

① 吴月英：《藏书家鲍廷博与乌镇》，《图书馆研究与工作》2015年第4期，第68—70页。
② [明]徐弘祖：《徐霞客游记校注》上册，云南人民出版社1985年版，第118页。
③ 徐弘祖（1587—1641），字振之，号霞客，江苏江阴人。明代旅行家，有《徐霞客游记》十卷。
④ 浙江省桐乡市乌镇志编纂委员会编：《乌镇志》，方志出版社2017年版，第284页。
⑤ 方择，字觉之，号振林，乌程人，幼入桐乡密印寺为僧。学者称竹寮和尚。有诗集《竹寮诗草》，其诗清真和雅，无一点尘俗气。
⑥ 张森生：《梧桐树下的辉煌：桐乡历史人物札记》，宁波出版社2011年版，第77页。
⑦ 《乌镇出版家程尚甫》，乐忆英撰。

对于鲍廷博来说，在乌镇刻书不仅有专业的刻工队伍可供选择，并且可以免去泛舟苏杭的奔波。就在鲍氏向好友汪氏谈及梓书价格上涨之事的前一年，即嘉庆四年（1799）寒冬，七十二岁的鲍廷博乘船赴杭购书，行船途中风雪交加，船只险些倾覆。此次意外的发生使得古稀之年的鲍廷博对自己的生命安危更为重视。按照周生杰整理的鲍氏逐年刻书记录①，当年及翌年（嘉庆四、五年，1799、1800）均未有刻书情况的记载，此时的鲍廷博或许是在考虑将"知不足斋丛书"的刊刻转移至乌镇也并非不可能。

鲍廷博一生勤于刻书，"节缩以供剞劂"（赵怀玉语），却不以此为盈利的手段。这就造成其晚年因耗费过巨，渐从富裕的徽商转变成一介寒士，甚至出现了入不敷出的生活窘境。鲍氏在写给友人张燕昌②的书信中曾道及家庭经济的窘状：

> 小儿于廿一日返舍，浦阳之望，全属子虚，空劳跋涉，卒岁之计，毫无措置。于廿四日同两儿往乌镇作避债台矣。大知堂主人廿二日还杭，索纸价甚迫，渠缘丧费之后百凡拮据，亦不能代偿行账。吾兄往吊时，亦未向西兄致意，以至渠有后言。弟不得已于陆氏钱船汇付四千文与彼，余约正月内清偿。陆船到日，祈措付四千文归之。弟近况兄所深悉，谅不以此见罪也。如吾兄年内稍可支吾，并望将此项一并付陆船新正带杭，更为妥帖，以渠碎刮不置耳。汪纸二块计八千四百文，

---

① 周生杰、杨瑞：《鲍廷博评传》，凤凰出版社2014年版，第167页。

② 张燕昌（1738—1814），字芑堂，号文鱼（渔），又号金粟山人，浙江海盐人。乾隆间贡生，家有娱老书巢，多精品藏书。少鲍廷博十岁，与鲍氏同卒于嘉庆十九年（1814）。著有《金粟笺说》《金石契》等。

第十五章 世衍书香美名扬

余纸系弟付，此项意欲周朗斋兄之急，恐年内不及矣。沉香一枝，弟前与金圣兄谈及，渠肯出价十六金，如吾兄无用处，便中付陆船带桐乡交金宅。弟灯节前大约尚在桐华馆中也。正初得便，或造谭叩贺新祉也。草草不备，谨此候安不一。上芑堂大兄先生，愚弟鲍廷博顿首。①

原来，鲍廷博因拖欠纸款甚多又恰逢年关，不堪债主大知堂汪氏催债，不得不跑回乌镇躲债。为了筹措资金，还将家藏的一枝沉香转售，其狼狈之相令人唏嘘。从中也可见迁居乌镇后的鲍廷博，仍会到杭州购买纸张，家境虽每况日下，对刊刻印刷的质量却丝毫没有降低标准的意思。

关于鲍廷博的晚景，其好友戴光曾亦有相同的描述，嘉庆十八年（1813）五月十日，其《秋堂集跋》写道：

> 余与鲍丈渌饮交二十余年矣。余之性爱古书及搜罗前人秘笈，皆与渌饮讲习讨论。每得异书，彼此借抄，相与传观订正以为乐。渌饮老年贫病，且有家累，不通音问经年矣。癸酉（嘉庆十八年，1813）五月十日，忽偕夏君俨过余，形神枯槁，索然意尽，新患头疽虽愈，而窘态日甚，心计日粗。询以近况，自云："生平以书为命，今开卷辄忘，精神不能检束，藏书已散，不复向此中讨生活矣。"余闻之酸鼻，送之去。因检渌饮归余之书及借抄之本，内有二册系渌饮手校前人遗集久假未归者，

---

① ［清］鲍廷博撰：《致张燕昌（芑堂）书》，《上海图书馆藏明清名家手稿》（简编本），上海古籍出版社 2006 年版，第 162 页。

共四种,此《秋堂集》则余已录之副本也。既叹渌饮老境之衰,益惜秘书之不可再得,因附记于此。松门戴光曾。①

跋文对鲍廷博当时的身体状况和精神状态都作了介绍,"形神枯槁,索然意尽",这与当年意气风发、生龙活虎的景象比起来,已判若两人。我们从鲍氏自己的话中也能听得出他的那份无奈,令旁人闻之酸鼻。

迫于生计,鲍廷博甚至不惜出售个人的珍藏。戴光曾曾从书贾手中购得他的旧藏抄本《吾汶稿》,他说:"予友鲍渌饮老而贫病,藏书散佚,此明初抄《吾汶稿》,乃其所藏校正之本,不知何时售于人,入书贾之手,携以示余,因出重价购得之。"②《吾汶稿》为宋代王炎午所著,此系鲍廷博所藏的校正之本。如今转售他人,落入冷摊,终被戴光曾购得。黄丕烈亦曾在《嵇康集》中作跋云:"渌饮年老患病,思以去书为买参之资。去冬曾作札往询其旧藏残本《元朝秘史》,今果寄余,并以此集及元刻《契丹国志》、活本《范石湖集》为副,余赠之番饼四十枚。"③好在不少好书都落入解人手中,这对于鲍廷博来说,也算是些许的宽慰吧!

二、恩赐举人

对刻书精益求精的做派,使得鲍刻之书一时间洛阳纸贵,

---

① 转引自刘尚恒:《鲍廷博年谱长编》,国家图书馆出版社2017年版,第251页。
② 转引自刘尚恒:《鲍廷博年谱长编》,国家图书馆出版社2017年版,第254页。
③ [清]黄丕烈著,屠友祥校注:《荛圃藏书题识》卷七,上海远东出版社1999年版,第499页。

成为读书人和藏书家倾心追捧的理想藏书。时人周广业就说:"鲍氏书纸贵一时,且各集先后踵出,非积年不能全。"①

嘉庆十八年(1813),同样嗜书如命的嘉庆皇帝就专门向浙江巡抚方受畴问起鲍廷博及其"知不足斋丛书"的刊刻情况。问题很具体,涉及"鲍廷博系何功名,所刊'知不足斋丛书'二十五集之外,有无续刊等"。从中不难看出,嘉庆就是周广业所说的那种"积年"逐集逐册收罗"知不足斋丛书"的人,不然不会特意提到"二十五集"这样具体的话。方受畴接旨后立即委派乌程知县彭志杰亲自前往乌镇鲍宅登门拜访,在了解到详情后便根据皇帝的实际需求带回了二十六集进呈御览。显然,收到书后皇帝非常满意,并于六月二十五日下达了奖赏鲍廷博的旨意,说道:

  生员鲍廷博于乾隆年间恭进书籍,其藏书之知不足斋仰蒙高宗纯皇帝宠以诗章,朕于几暇亦曾加题咏。兹复据浙江巡抚方受畴代进所刻"知不足斋丛书"第二十六集。鲍廷博年愈八旬,好古绩学,老而不倦,著加恩赏给举人,俾其世衍书香,广刊秘籍,亦艺林之胜事也。钦此。②

嘉庆得知鲍廷博年逾八旬,依旧好古绩学,刻书不辍,深受感动,特破例恩赏其举人头衔。三代人苦心追求而不得的功名,一朝得以实现,这对于鲍氏家族来说可谓意外的大惊喜。为此

---

① [清]周广业:《〈知不足斋丛书〉提要自序》,《四部寓眼录补遗》第68册,上海书店出版社1994年版。

② [清]鲍廷博辑:"知不足斋丛书"第二十六集首册,中华书局1999年版,第291—292页。

戴光曾就说道："渌饮以八十六岁老人，新奉特恩，赏给举人，得偿其一生搜罗秘籍之苦心，真艺林盛事……"①

就在受赏不久，鲍廷博用心作了一篇《恭纪》，以表达自己对皇帝恩遇的感激之情。他写道：

> 臣鲍廷博窃惟朝廷特重取士之典，士之负才绩学者，三年一试，中式者百中之一耳。今以臣之无似，亦得膺斯恩赐，真旷世之希荣也。臣知识庸愚，未尝学问，曾两膺乡举，自惭制义不工，遂留心于典籍。其所搜辑皆未刊之书，亦只所好在此，于前人著作之精意未能领会也。抑且好而无力，所校刊诸集，半出缙绅之依助。不意草茅之纂录，得蒙册府之收罗，前既拜诵宸章，兹又躬膺荣宠，在皇上陶铸士类之心无所不至，而臣之涵濡于圣泽者，亦感激无涯矣。
>
> 伏惟我皇上日星垂统，云汉为章，金函玉几之文词，直俪乎《典谟》《誓诰》，锦贉绣襛之秘笈，远轶乎唐宋元明。复以百家有用之书足以佐政而裨世教者，付之剞劂，训勉臣民。虽虞帝之诞敷文德，周王之寿考作人，无以过也。臣今年犬马之齿八十有六，沐浴于高天厚地之中，精力尚可支持，惟有研硃滴露，以度余年而已。又时时告诫臣子臣孙讲贯服习，订谬正伪，以冀不负上谕"世衍书香，广刊秘籍"之意，庶可仰答渐摩乐育之至教于万一云。②

---

① 转引自刘尚恒：《鲍廷博年谱长编》，国家图书馆出版社2017年版，第254页。

② [清]鲍廷博撰，周生杰、季秋华辑：《恭纪一则》，《鲍廷博题跋集》，浙江古籍出版社2012年版，第261页。

鲍廷博在字里行间中既委婉地表达了自己科场失意的无奈，也强烈地表明了一介落魄士子对皇帝的感恩戴德之情。语词谦卑恭谨，其中一句"亦只所好在此"看似轻描淡写，却真切地表露了鲍廷博爱书的秉性。而其尤为珍视者在"未刊之书"，个人癖好中愈加见出他的文化担当。

为了感谢嘉庆的知遇之恩，鲍廷博在《恭纪》中除了反复歌颂帝王的文德，还着重就其关心的校刻之事许下了郑重的承诺。他还告诫子孙，要承继家学，以不辜负"世衍书香，广刊秘籍"的崇高评价。

尽管鲍氏在经济上已经捉襟见肘，但还是秉持择选底本精善、刻印精美的原则，"老眼向书明"（鲍氏藏书印之一），锲而不舍，至死不渝。

三、藏书流传

鲍廷博为孝子贤孙，阮元在其《知不足斋鲍君传》中如此评价："事大父能孝，念父游四方，恒以孙代子职，得大父欢。大父卒，既葬，君父携家居杭州。君事父又以孝闻。"[①] 鲍氏感念祖恩，善守心性，一直以知不足斋后人自称，又以"知不足斋"命名所刊刻之丛书。

后来，作为献书四库馆的私家藏书之冠，鲍廷博获得乾隆皇帝的恩宠——题诗和赏赐。随后即在乌镇杨树浜专修赐书堂存

---

① ［清］阮元：《揅经室二集》卷五《知不足斋鲍君传》，中华书局1993年版，第494页。

放皇家所赐《古今图书集成》，并请挚友翁广平（1760—1842）作《赐书堂记》，该文收录于翁氏《听莺居文抄》卷八。该书卷二十另有《鲍渌饮传》载：

（乾隆）四十年（1775），蒙恩给还所进书籍，内有《唐阙史》《武经总要》二书，并荷御题。四十五年（1780），圣驾五次南巡，（鲍）迎銮献颂，蒙赏大缎二匹，又叠荷赐《伊犁得胜图》《金川图》，诏书褒奖。先生自念一介儒生，何以图报，遂以所藏善本，付之梨枣，谨以御题《唐阙史》冠首，名"知不足斋丛书"。

鲍廷博知不足斋藏书、刻书的名声响彻天听。嘉庆帝甚至还沿用鲍氏藏书室名，在毓庆宫后殿味余书室东建知不足斋藏书室①，并亲自题写斋名，作《御制内府知不足斋诗》：

斋名沿鲍氏，《阙史》御题诗。
集书若不足，千文以序推。②

据传，乾隆曾到访永琰的书斋，得知书斋名为知不足斋后大喜，认为年仅十四岁的永琰能时刻告诫自身学无止境，当即决定立这位非嫡非长的十五阿哥为储君。诏书放在乾清宫"正大光明"匾后的立储匣中，到乾隆六十年（1795）新年家宴上

---

① 空间与陈设编辑室编：《国人的设计美学系列·宫·皇帝的书房》，故宫出版社2018年版，第65页。
② ［清］庆桂等编纂，左步清校点：《国朝宫史续编》卷六十，北京古籍出版社1994年版。

才公开保守了二十二年的立储秘密①。

"学然后知不足"亦是鲍廷博一生的写照。嘉庆十九年（1814），鲍廷博在"知不足斋丛书"第二十七集即将刊成之时突患心痛症，他自知时日不久，嘱咐子孙定要将丛书续刻下去。鲍士恭不负嘱托，在父亲卒后九年（道光三年，1823），续刻完成"知不足斋丛书"三十集，完成刊刻大业。

但值得注意的是，晚年的鲍廷博因患病和刻书早已负债累累。鲍氏过世前一年，曾与友人戴光曾谈及家中"所藏之书，半为不肖子孙变卖"②。按《浙江通志》载，鲍氏藏书除遭遇火灾外，其余多流转至藏书家黄丕烈及汪士钟之手。道咸年间，抄校诸本多归藏书家归安丁氏、仁和劳氏及吴兴陆氏。

苏州的黄丕烈与汪士钟均与乌镇的鲍廷博相邻，归安、吴兴今均归属湖州，亦毗临乌镇，杭州亦相去不远。按韩梅花《清代京杭运河沿岸私家藏书的流转与传承》一文，清代81.3%的私家藏书楼聚集在京杭大运河沿岸。清初统治者文化政策的贯彻实施，运河沿岸商品经济的迅速发展，江浙地区藏书风尚的历史传承，使得私家藏书始终是沿着京杭大运河流转③。

归安丁氏当为清代藏书家丁白（1821—1890），字芮朴，号宝书。芮朴终身布衣，精于目录，藏书甚富。有藏书处宝书阁、月河精舍、迟云楼，按其藏书印"吴兴书富第一家丁氏""咸丰辛酉月河丁白重整遗籍"可知，丁氏不仅藏书富甲吴兴，且亦

---

① 德甄：《格格讲清宫故事》，民族出版社2015年版，第99页。
② 转引自周生杰：《鲍廷博藏书与刻书研究》，黄山书社2011年版，第146页。
③ 韩梅花：《清代京杭运河沿岸私家藏书的流转与传承》，《图书馆工作与研究》，2013年第5期，第93—95页。

注重整理辑佚。丁氏刻有《月河精舍丛抄》四种,劳格《读书杂志》《唐御史台精舍题名考》,汪藻《安定言行录》及杂著《风水祛惑》等。仁和劳氏应为清代藏书家仁和劳氏兄弟。弟弟劳格(1820—1864),字季言,县诸生。劳格考证精博,有长兄劳检、二兄劳权,均为好学嗜书之人。劳家世代藏书甚富,有藏书楼丹铅精舍、学林堂等。劳格所著《读书杂志》《唐御史台精舍题名考》等由归安丁氏刊刻,可见劳、丁二家藏书、刻书往来甚密。劳家编有藏书目《丹铅精舍藏书目》,后随藏书散佚,其部分藏书后被丁丙、陆心源诸家购入。陆心源之皕宋楼、瞿塘之铁琴铜剑楼、杨绍和之海源阁以及丁丙之八千卷楼被誉为清末四大藏书楼,而鲍廷博藏书部分后亦被吴兴陆心源收藏。清末四大藏书家之一陆心源(1834—1894),字刚甫,号存斋,晚号潜园老人,归安(今湖州吴兴区)人。咸丰九年(1859)举人,官至福建盐运使。辞官后在归安莲花庄旁辟建潜园,筑皕宋楼、十万卷楼、守先阁,藏书多达十五万卷,著述凡九百四十余卷。光绪帝褒其"著作甚多,学问甚好",后因其子陆树藩[①]经商失败,陆氏藏书被日本岩崎氏静嘉堂文库购得。

静嘉堂文库为日本三菱公司的文化机构,由其第二代社长岩崎弥之助筹建,历经三代社长得以完成。陆氏皕宋楼所藏各朝刻本及名人手抄共4146部,计43218册,于光绪三十三年(1907)为岩崎氏所购,成为静嘉堂文库的基本藏书。鲍廷博手

---

① 陆树藩(1868—1926),字纯伯,号毅轩。恩科举人。曾任内阁中书本衙门撰文、驻江苏商议员、总办江苏商务局等职。有"湖州善人""陆氏善人"等雅号。

抄本《严陵集》九卷即藏于此[①]。笔者曾于2019年12月随复旦大学中华古籍保护研究日本访学团访问静嘉堂文库，接待老师成泽麻子向我们详细介绍了文库历史及历任社长，还应约取出十余部国宝供我们鉴赏，纸墨如新，每打开一部书都不由自主地发出惊叹。公文纸的重复印刷，毛抄本的惟妙惟肖，影抄本背后的托裱纸，黄丕烈、杨守敬的题跋，着实令人激动不已。

知不足斋藏书终于也未能逃出"聚久必散"的定律。关于鲍廷博的藏书目录，今所见者有《知不足斋宋元文集目录》[②]，按研究鲍廷博藏书的相关学者整理，鲍氏所藏、所刻之书在海内外均有收藏[③]。据查考文献和检索相关数据库可知，藏有鲍廷博藏书、刻书的海内外馆藏机构大致整理如下：

中国	公共馆藏机构	中国国家图书馆、台北"中央图书馆"、内蒙古自治区图书馆、新疆维吾尔族自治区图书馆、中国科学院新疆分院文献信息中心、宁夏回族自治区图书馆、广西壮族自治区桂林图书馆、青海省图书馆、陕西省图书馆、勉县图书馆、岐山县图书馆、贵州省图书馆、重庆图书馆、北碚图书馆、绵竹市图书馆、湖南图书馆、湖南省社会科学院图书馆、广州图书馆、佛山市图书馆、东莞图书馆、景堂图书馆、郑州图书馆、新乡市图书馆、洛阳市图书馆、灵宝市文物保护管理所、蓬莱市图书馆、萍乡市图书馆、烟台图书馆、

---

① 黄伟：《鲍廷博知不足斋旧藏善本流散考述》，《图书馆工作与研究》2014年第7期，第72—78页。

② 杨洪升：《〈知不足斋宋元文集书目〉考实》，《文献》2014年第5期，第14—24页。

③ 黄伟：《鲍廷博知不足斋旧藏善本流散考述》，《图书馆工作与研究》2014年第7期，第72—78页。

续表

中国	公共馆藏机构	慕湘藏书馆、孔子博物馆、福建省图书馆、杭州图书馆、临海市图书馆、金华市图书馆、温州市图书馆、宁波图书馆、义乌市图书馆、绍兴图书馆、嘉兴市图书馆、平湖市图书馆、嵊州图书馆、黄岩区图书馆、浦江县图书馆、长兴县图书馆、嘉善县图书馆、瑞安市文物馆、浙江省博物馆、德清县博物馆、安吉县博物馆、天一阁博物院、扬州市图书馆、常州市图书馆、盐城市图书馆、苏州图书馆、徐州市图书馆、黑龙江省图书馆、齐齐哈尔市图书馆、辽宁省图书馆、吉林市图书馆、山西省图书馆、河北省图书馆、石家庄市图书馆、保定市图书馆、天津图书馆、天津博物馆、中国民族图书馆、中国中医科学院图书馆、首都图书馆等。
	高校馆藏机构	河南大学图书馆、复旦大学图书馆、南开大学图书馆、中国人民大学图书馆、北京师范大学图书馆、郑州大学图书馆、吉林大学图书馆、南开大学图书馆、武汉大学图书馆、浙江师范大学图书馆、中山大学图书馆、南京大学图书馆、天津师范大学图书馆、山东大学图书馆、四川大学图书馆、华东师范大学图书馆、安徽师范大学图书馆、北京大学图书馆、辽宁大学图书馆、中国海洋大学图书馆、新疆大学图书馆、兰州大学图书馆、暨南大学图书馆、河南中医药大学图书馆等。
日本	公共馆藏机构	东洋文库、静嘉堂文库、日本国立国会图书馆、大阪府立中之岛图书馆、蓬左文库、宫内厅书陵部图书馆、前田育德会、佐贺县立图书馆、日本国立公文书馆、岛根县立图书馆、市立米泽图书馆、宫城县立图书馆、神户市立中央图书馆、广岛市立中央图书馆、伊那市立高远町、大仓文库等。
日本	高校馆藏机构	日本东北大学、京都大学（人文研究所、文学部、法学部）、实践女子大学、东京都立大学中央图书馆、东京大学、一桥大学、立命馆大学、山口大学、关西大学、广岛大学、熊本大学、群马大学、爱知大学、九州大学（六本松校区）、新潟大学、日本冈山大学、神户大学、爱媛大学、高立大学、法政大学（多摩校区）、滋贺大学（教育学部）、二松学社大学、京都大学附属图书馆等。

续表

美国	公共馆藏机构	美国国会图书馆等。
	高校馆藏机构	加州大学伯克利分校、哈佛燕京图书馆、华盛顿大学等。
韩国	馆藏机构	首尔大学奎章阁等。

鲍廷博"黄金散尽为收书""黄金散尽为藏书""好书堆案转甘贫"等藏书印均为其对待书籍态度的真实写照。仅鲍氏"知不足斋丛书"就先后刻录三十集,共收书208种(含附录12种),此等规模连官府刻书也难以企及。以明末的浙江为例,当时的浙江布政司所刊刻17种书籍、按察使所刊刻11种书籍、杭州府所刊刻30种,三个官方机构加起来也只有58种。清末建立的浙江官书局(1867—1913),半个世纪也就刊刻了200多种,这些根本无法和鲍氏刻书相提并论[①]。

鲍氏藏书以爱书为出发点,以护书为目的,以刻书为宗旨,世衍书香,才使得不少珍惜的历史文献得以流传至今,华夏文脉因之而赓续,其功至伟!

四、不尽尾声

据翁广平《鲍渌饮传》记载,在"知不足斋丛书"第二十七

---

① 黄伟:《鲍廷博知不足斋旧藏善本流散考述》,《图书馆工作与研究》2014年第7期,第72—78页。

集即将刊成之际，鲍廷博"忽患心痛证（症），自知不起，命士恭继志续刊，无负天语褒嘉之意，言讫而卒"①。鲍士恭毕竟从小受到父亲的熏陶感染，即使是在债台高筑的情况下，仍能子承父业，努力将三十集丛书刊刻完毕。父子两代，一起写就了一段可歌可泣的书林佳话。

但知不足斋藏书却没有那么幸运。鲍廷博在世时，除了遭遇火灾，"所藏梨枣半付丙丁"②，他自己出于多方面的考虑也开始将部分藏书无偿赠送给藏书家朋友们。除了之前提到的吴玉墀、吴骞、黄丕烈、汪士钟等挚友外，受其恩惠的还有严元照③、赵怀玉等。

乾隆五十六年（1791）八月，湖州藏书家严元照慕名到访杨树浜，鲍廷博即以宋庆元刻本《周益文忠公书稿》残本二册、宋陈思刻《中兴群公吟稿·戊集》五册相赠。严元照为了表示感念，作有三则跋文记载此事，其一写道：

> 辛亥秋八月下浣，仆访知不足斋主人鲍君以文于乌镇，言及《周益公集》，以文出宋椠残本两册观之，云得自苏州，纸墨古雅可喜，欲从假读，以文即举以相贻，良友之惠，不敢忘也。亟记之册后，以志勿谖云。二十八日漏三下，独坐书房，

---

① 《听莺居文抄》卷二十，转引自刘尚恒：《鲍廷博年谱长编》，国家图书馆出版社2017年版，第260页。

② 《亦有生斋文集》卷二，转引自刘尚恒：《鲍廷博年谱长编》，国家图书馆出版社2017年版，第176页。

③ 严元照（1773—1817），字修能，号悔庵，归安（今浙江湖州）人。好藏书，有藏书楼芳椒堂。

芳梸堂主人严元照。①

俗话说"宝剑赠英雄",但严元照显然觉得自己受之有愧,本想能允其借阅就心满意足了,不成想主人竟以宝书相赠,幸福来得真是太突然。

鲍廷博生前曾向友人抱怨过"所藏之书,半为不肖子孙变卖"的怨言,但目前除了看到鲍廷博本人半送半售过部分藏书外,尚未见到其后人变卖所藏的记录。更何况,无论是儿辈的鲍士恭,还是孙辈的鲍正言,都是鲍廷博藏书刻书事业的好帮手,"世衍书香"绝非虚名。这话有可能仅是鲍廷博在友人面前为自己开脱晚年经济窘困的说辞而已。

除了火灾,会对知不足斋造成毁灭性影响的,还有清王朝的走向没落,以及接踵而至的战乱。目前可知,鲍廷博的家业传至曾孙鲍寅手中时已凋敝殆尽。据《(光绪)桐乡县志》载:

> 清光绪六年庚辰(1880),谭中丞钟麟筹款建阁,当有杭绅丁丙搜罗图书,十得六七,一并捐价缴呈,独少此书,乃由邑绅严辰商之于(鲍)寅,即将赐书缴呈,请中丞酌给书价千金以恤鲍氏。复由丁丙抄补齐全,重加装订,以完阁书。而资宝守经,中丞奏明有案。②

---

① 《文禄堂访书记》卷四,转引自刘尚恒:《鲍廷博年谱长编》,国家图书馆出版社2017年版,第176页。

② [清]严辰纂修:《(光绪)桐乡县志》二十卷,清光绪十三年(1887)刊本。

鲍寅，系鲍士宽之孙、鲍正勋之子。其母程娴，字渊湛，号湘薇，晚号念春老人，出身名门，是嘉庆进士、奉天府丞程同文①的侄女。少孤，由程同文夫妇养育成人，爱之如所生。聪慧绝伦，工于诗，与叔母吴玖间与酬唱为欢笑，兼擅星命之学。二十六岁时嫁与鲍正勋，成为鲍廷博的孙媳妇。因家有藏书万卷，时获浏览，诗作愈工，著有《渊湛诗抄》数卷，未及刊行，毁于劫火。程娴好像只有鲍寅一子，自幼亲课之读，并授诗法。程娴为人爱敬长辈，持家勤俭，寿至七十有八，先夫而逝。鲍寅因为家学熏陶，显然也不是那种败家的纨绔子弟。尽管有关他的资料不多，但历史还是把他推向了前台。

原来，光绪六年（1880）浙江巡抚谭钟麟于战后重建文澜阁，杭州藏书家丁丙积极响应，为之四处搜罗图书，十得六七，唯独少了一套《古今图书集成》。当时退职居乡的乡绅严辰向来热心地方事务，在其斡旋下，鲍寅最终将这套祖传的乾隆赐书捐赠给了文澜阁。鲍氏二次献书，一时成为美谈，稍稍消弭了一点"不肖子孙"的讹传，也为知不足斋的辉煌藏书史画上了无奈的句号。

严辰（1822—1893），原名仲泽，号缁生，咸丰九年（1859）中进士，授翰林院庶吉士，后改任刑部主事。其辞归乡里后积极筹建乌镇立志书院，主讲桐溪书院、翔云书院等。尤为可贵的是，严氏晚年以一己之力编纂刊刻《（光绪）桐乡县志》二十四卷，

---

① 程同文，字春庐，号密斋，先世由安徽歙县迁至桐乡。父名尚质，举人，曾任盐场大使。同文幼时有"神通"之誉，嘉庆四年（1799）中进士，授兵部主事，后任会典馆提调，承修《大清会典》。后擢升大理寺少卿，旋授奉天府丞。善诗、古文，又精研西北地理，著有《密斋文集》《密斋诗存》等。

计 70 余万字，对地方兴革及文教不遗余力，厥功甚伟。严辰对鲍廷博其人素来仰慕，也深知鲍氏"以散为聚"的藏书理念，故愿促成此事，并请谭钟麟给予书价千金以补贴鲍家的日常之用。如今这套《古今图书集成》仍然能够典藏于浙江省图书馆的古籍部中，后人当感念严辰的那一份热心与公心。

鲍廷博的知不足斋藏书和"知不足斋丛书"为桐乡赢得了巨大的声誉。而其择居乌镇，也使乌镇成为后世众多文化名流心心念念的文化胜地。鲍廷博生前，文人雅士纷来沓至，鲍氏卒后，骚人墨客也是络绎不绝。

嘉庆二十年（1815），鲍廷博卒后一年，挚友赵怀玉过乌镇，作诗追挽，并遣儿子往其家中吊唁。其诗《追挽老友鲍孝廉廷博》云：

乌戌丹枫昔系舟，殷殷执手话床头。i
江湖别作重泉隔，鸡黍邀曾竟日留。
长物家犹余万卷，旷观身早定千秋。
乙科晚荷君恩重，也算平生素愿酬。
天涯沉痼幸生还，恶耗迟闻老泪潸。
德寿世谁如后福，显扬子亦继名山。ii
明湖莲叶波常冷，iii 高馆桐华客莫攀。iv
忍把前尘更追忆，独怜衰病滞人间。

原注：i. 辛未秋访君，君时病足卧榻。ii. 哲嗣士恭方续刻"丛书"。iii. 君尝招饮西湖看荷。iv. 桐乡桐华馆，妇弟金少权所居，君与方兰士及余过从最密，今金、方已先后物故。

赵氏在诗中回忆了辛未（1811）秋日访鲍时，两人于床头娓娓而谈的往事。那日赵怀玉盘桓尚久，并为鲍氏之孙鲍正言①的《听乌图》题诗三首②。恍惚间又不禁想起当年在杭州西湖饮酒赏荷以及在桐华馆内吟诗作赋的般般旧事。如今金德舆、方薰、鲍廷博相继辞世，留得赵怀玉一人追忆前尘，不免悲从中来，不能自已。

翌年（1816）八月，鲍士恭谨遵其父生前允诺，将明万历刻本元戴表元《剡源集》赠送给了赵怀玉。嘉庆二十五年（1820），赵氏亦为鲍士恭所藏方薰《仿云林松石图》题诗，此画卷方薰、金德舆均有题句。次年（1821）四月，赵怀玉又为鲍廷博作《恩赐举人鲍君墓志铭》。赵氏所撰墓志铭内容翔实，远超阮元、翁广平、钱泳等人所撰的传记资料。鲍君虽已去，友人亦长怀。赵怀玉与鲍氏两世均交谊不浅。

鲍家后人不负嘱托，对家中藏书未敢懈怠。嘉庆二十四年（1819）闰月，藏书家张金吾③偕同乡黄廷鉴④乘舟访知不足斋，鲍正言对他们热情款待了六日。黄廷鉴《读知不足斋赐书图记》有载：

> 值主人有事吴门未归，属小阮听香（正言）秀才为之主，居停于镇之南宫道院，日自斋中载五六百册，分编披读。时

---

① 鲍正言，清监生。其妻张氏，桐乡杨树浜人。咸丰十一年（1861）以兵乱卒，年六十七岁。长子鲍宗海，长媳朱氏。次子毓奎。
② 刘尚恒：《鲍廷博年谱长编》，国家图书馆出版社2017年版，第242页。
③ 张金吾（1787—1829），字慎旃，别字月霄，江苏常熟人。承祖、父两代藏书，建爱日精庐藏书处。著有《两汉五经博士考》等，辑有《金文最》，编有《爱日精庐藏书志》。
④ 黄廷鉴（1762—约1842），字琴六，号拙经逸叟，清诸生，江苏常熟人。著有《琴川三志补》十卷，《第六弦溪诗抄》二卷。

当初暑,挥汗如雨,日暮蚊虻四集,烧烛继晷,目为之昏,不恤也,凡六日毕。

其斋去镇四五里,于将行之日造焉。村落几家,渌水环门,青山入牖,桑麻竹树,弥望一色,真读书耕隐之所也。慨渌饮既亡,询及秘抄异录已多散失,而赐书尚存焉,为海内书城巨观,故今数藏书家者,终推知不足斋为第一。①

张、黄二人在鲍家夜以继日地遍览知不足斋藏书,日载五六百册,共六日,挥汗蚊虻不止。虽秘抄珍本多有流散,但黄氏仍推崇知不足斋藏书为海内巨观,当属第一。鲍氏子孙秉承鲍家开放的藏书理念,对来访者提供藏书阅览服务,实属现代图书馆的先驱,至为可贵。

知不足斋藏书

鲍廷博择居桐乡乌镇,众多文人雅士慕名而来,为乌镇和桐乡带来了浓郁的书香气息,积淀了优良的读书传统。此后,从这里走出的还有音韵学家劳乃宣、银行家卢学溥、女词人汤

---

① [清]黄廷鉴:《第六弦溪文抄》卷二《读知不足斋赐书图记》,商务印书馆1936年版,第35—36页。

国梨、文学巨匠茅盾、革命家沈泽民、漫画家沈伯尘、报人严独鹤、编辑家沈苇窗、农学家沈骊英、"一大卫士"王会悟、出版家孔另境、作家木心等。此般人文荟萃的乌镇，无疑是文化江南的一颗璀璨明珠。

参考文献

说明:本参考文献分为古籍、论著与期刊、网络文献三大类。古籍包括1911年以前出版以及1912—1949年间的线装古籍,按其刊印年代先后顺序排列。论著与期刊、网络文献等大类均以出版年代先后顺序排列。

一、古籍

[宋]谢翱撰.《晞发集》六卷.明嘉靖三十四年(1555)程煦刻本.

[元]欧阳玄撰,[清]何忠相题识,[清]鲍廷博题记,[清]何忠相、鲍廷博校.《圭斋文集》十六卷.清初抄本.

[清]孙承泽撰.《庚子销夏记》.清乾隆二十六年(1761)鲍氏知不足斋刻本.

[清]允裪等撰.《大清会典》.清乾隆二十九年(1764)刻本.

[宋]沈作喆撰.《寓简》十卷.清乾隆四十年(1775)鲍廷博知不足斋刻本.

[清]方薰撰.《山静居遗稿》四卷.清嘉庆刻本.

[清]伊汤安等修,[清]冯应榴等纂修.《嘉庆嘉兴府志》.清

嘉庆六年(1801)刊本.

[清]赵怀玉撰.《亦有生斋集》.清嘉庆至道光刻本.

[清]赵怀玉撰.《亦有生斋续集》.清道光元年(1821)刻本.

[清]孙从添撰.《藏书纪要》.仿宋斋光绪九年(1883)刻本.

[清]严辰纂修.《光绪桐乡县志》二十卷.清光绪十三年(1887)刊本.

[清]严辰纂修.《青溪严氏家谱》.清光绪十八年(1892)刻本.

[清]叶德辉撰.《藏书十约》.清宣统三年(1911)叶氏观古堂刻本

王欣夫录.《清人书跋偶钞》一卷.抄本.

二、论著与期刊
（一）近现代出版物

王云五主编.丛书集成初编[M].上海：商务印书馆，1935.

潘景郑著.著研楼书跋[M].上海：古典文学出版社，1957.

吴慰祖校订.四库采进书目[M].北京：商务印书馆，1960.

[清]赵尔巽等撰.清史稿[M].北京：中华书局，1977.

肖振棠，丁瑜编著.中国古籍装订修补技术[M].北京：书目文献出版社，1980.

吴晗著.江浙藏书家史略[M].北京：中华书局，1981.

上海大学图书馆学系编.古籍整理与版本[M].油印本，1983.

[清]徐珂编撰.清稗类钞[M].北京：中华书局，1984.

[清]李桓辑.国朝耆献类征初编[M].台北：明文书局，1985.

[明]徐弘祖著.徐霞客游记校注[M].昆明:云南人民出版社,1985.

杨立诚、金步瀛编著.中国藏书家考略[M].上海:上海古籍出版社,1987.

刘尚恒著.古籍丛书概说[M].上海:上海古籍出版社,1989.

傅增湘著.藏园群书题记[M].上海:上海古籍出版社,1989.

[清]黄丕烈著,[清]潘祖荫辑,周少川点校.士礼居藏书题跋记[M].北京:书目文献出版社:1989.

[清]卢文弨撰.抱经堂文集[M].北京:中华书局,1990.

程炳卿等著.浙江通志[M].杭州:浙江人民出版社,1991.

李春光著.古籍丛书述论[M].沈阳:辽沈书社,1991.

卢辅圣主编.中国书画全书[M].上海:上海书画出版社,1993.

[清]许瑶光修.光绪嘉兴府志[M].上海:上海书店出版社,1993.

[清]阮元著.揅经室二集[M].北京:中华书局,1993.

[清]周广业撰,赵文友点校,张志清审定.四部寓眼录补遗[M].上海:上海书店出版社,1994.

[清]庆桂等编纂,左步青点校.国朝宫史续编[M].北京:北京古籍出版社,1994.

鲁迅著.鲁迅选集[M].北京:人民文学出版社,1995.

《续修四库全书》编纂委员会编.续修四库全书[M].上海:上海古籍出版社,1996.

黄永年、贾二强撰集.清代版本图录[M].杭州:浙江人民出版社,1997.

[清]钱大昕著,陈文和主编.嘉定钱大昕全集[M].南京:

江苏古籍出版社，1997.

中国第一历史档案馆编．纂修四库全书档案[M]．上海：上海古籍出版社，1997.

盛伟编．蒲松龄全集[M]．上海：学林出版社，1998.

赵之恒、牛耕、巴图主编．大清十朝圣训[M]．北京：北京燕山出版社，1998.

[清]叶德辉撰，紫石点校．书林清话(外二种)[M]．北京：北京燕山出版社，1999.

李锐清编著．日本见藏中国丛书目初编[M]．杭州：杭州大学出版社，1999.

[清]黄丕烈著，屠友祥校注．荛圃藏书题识[M]．上海：上海远东出版社，1999.

林申清编著．宋元书刻牌记图录[M]．北京：北京图书馆出版社，1999.

[清]鲍廷博辑．知不足斋丛书[M]．北京：中华书局，1999.

[清]全祖望撰，朱铸禹汇校集注．全祖望集汇校集注[M]．上海：上海古籍出版社，2000.

汤用彤著．汤用彤全集[M]．石家庄：河北人民出版社，2000.

[清]黄虞稷撰，瞿凤起、潘景郑整理．千顷堂书目[M]．上海：上海古籍出版社，2001.

范凤书著．中国私家藏书史[M]．郑州：大象出版社，2001.

长沙市地方志办公室编．长沙市志[M]．长沙：湖南人民出版社，2002.

叶树声、余敏辉著．明清江南私人刻书史略[M]．合肥：安徽大学出版社，2002.

韦力著. 批校本[M]. 南京：江苏古籍出版社，2003.

[清]纪昀等编纂. 四库全书总目[M]. 上海：上海古籍出版社，2003.

陈正宏、谈蓓芳著. 中国禁书简史[M]. 上海：学林出版社，2004.

陈垣著. 校勘学释例[M]. 北京：中华书局，2004.

沈津编著. 顾廷龙年谱[M]. 上海：上海古籍出版社，2004.

王欣夫著. 文献学讲义[M]. 上海：上海古籍出版社，2005.

林葆恒辑，张璋整理. 词综补遗[M]. 上海：上海古籍出版社，2005.

虞浩旭主编，天一阁博物馆编. 天一阁文丛[M]. 宁波：宁波出版社，2005.

杭州市余杭区地方志编纂委员会编著. 余杭著名人文自然[M]. 北京：方志出版社，2005.

杨正泰撰. 明代驿站考(增订本)[M]. 上海：上海古籍出版社，2006.

王利民著. 博大之宗——朱彝尊传[M]. 杭州：浙江人民出版社，2006.

上海图书馆整编. 上海图书馆藏明清名家手稿[M]. 上海：上海古籍出版社，2006.

王书燕编纂. 王子霖古籍版本学文集[M]. 上海：上海古籍出版社，2006.

[清]杜受田等修，[清]英汇等纂. 钦定科场条例[M]. 北京：

北京燕山出版社,2006.

[明]戴廷明、程尚宽等撰.新安名族志[M].合肥:黄山书社,2007.

广东省立中山图书馆、中山大学图书馆编.清代稿钞本[M].广州:广东人民出版社,2007.

汪涌豪、骆玉明编.中国诗学[M].上海:东方出版中心,2008.

陈士强著.大藏经总目提要·文史藏[M].上海:上海古籍出版社,2008.

[清]素尔讷等纂修,霍有明、郭海文校注.钦定学政全书校注[M].湖北:武汉大学出版社,2009.

陈心蓉著.嘉兴藏书史[M].北京:北京图书馆出版社,2010.

《清代诗文集汇编》编纂委员会编.清代诗文集汇编[M].上海:上海古籍出版社,2010.

龚肇智撰,嘉兴市文化广电新闻出版局、嘉兴市文物局编.嘉兴明清望族疏证[M].北京:方志出版社,2011.

周生杰著.鲍廷博藏书与刻书研究[M].合肥:黄山书社,2011.

顾志兴编.浙江印刷出版史[M].杭州:杭州出版社,2011.

张森生著.梧桐树下的辉煌:桐乡历史人物札记[M].宁波:宁波出版社,2011.

郑振铎著.中国古代木刻画史略[M].上海:上海书店出版社,2011.

[清]鲍廷博撰,周生杰、季秋华辑.鲍廷博题跋集[M].杭州:浙江古籍出版社,2012.

[清]陆以湉撰,冬青校点.冷庐杂识[M].上海:上海古籍出版社,2012.

[清]延丰编.两浙盐法志[M].杭州:浙江古籍出版社,2012.

[清]朱彝尊著,方田注释.鸳鸯湖棹歌[M].杭州:浙江古籍出版社,2012.

[清]阮元、杨秉初辑,夏勇整理.两浙輶轩录[M].杭州:浙江古籍出版社,2012.

[明]刘应钶修,[明]沈尧中纂,嘉兴市地方志办公室编校.万历嘉兴府志[M].上海:上海古籍出版社,2013.

宫晓卫主编,韦力执行主编.藏书家[M].济南:齐鲁书社,2014.

徐潜主编.中国南方地域文化[M].长春:吉林文史出版社,2014.

丁丙编,王国平总主编.杭州文献集成[M].杭州:杭州出版社,2014.

周生杰、杨瑞著.鲍廷博评传[M].南京:凤凰出版社,2014.

[清]黄丕烈撰,余鸣鸿、占旭东点校.黄丕烈藏书题跋集[M].上海:上海古籍出版社,2015.

《中华大典》工作委员会、《中华大典》编纂委员会编纂.中华大典·文献目录典文献学分典[M].桂林:广西师范大学出版社,2015.

德甄著.格格讲清宫故事[M].北京:民族出版社,2015.

曹之著.中国古代图书史[M].武汉:武汉大学出版社,2015.

徐珂著.清代词学概论[M].太原:山西人民出版社,2015.

永瑢著.四库全书简明目录[M].上海:上海科学技术文献出版社,2016.

《文化萨迦》编委会编.西藏文化旅游丛书[M].上海:上海人民出版社,2016.

陆昕著.藏书小识[M].北京:文津出版社,2016.

董家魁、孟颖佼编.徽商故事(清代)[M].芜湖:安徽师范大学出版社,2016.

姚继荣、姚忆雪著.唐宋历史笔记论丛[M].北京:民族出版社,2016.

[清]陆心源编,许静波点校.皕宋楼藏书志[M].杭州:浙江古籍出版社,2016.

牛筱桔主编.中国美术学院图书馆馆藏古籍图录[M].杭州:浙江古籍出版社,2017.

韦力著.书楼觅踪[M].北京:中信出版社,2017.

浙江省桐乡市乌镇志编纂委员会编.乌镇志[M].北京:方志出版社,2017.

刘尚恒著.鲍廷博年谱长编[M].北京:国家图书馆出版社,2017.

桑良至编著.徽州儒商[M].芜湖:安徽师范大学出版社,2017.

韦力撰.芷兰斋书跋五集[M].北京:国家图书馆出版社,2018.

周晓光著.徽学与明清史探微:周晓光学术文集[M].合肥:安徽大学出版社,2018.

[清]汪璐、傅以礼、李希圣撰.藏书题识·华延年室题跋·雁影斋题跋[M].上海:上海古籍出版社,2018.

王树田著.拥雪斋藏书志[M].桂林:广西师范大学出版社,2018.

王桂平著.明清江苏藏书家刻书成就和特征研究[M].武汉:武汉大学出版社,2018.

[清]全祖望撰,朱铸禹汇校集注.全祖望集汇校集注[M].上海:上海古籍出版社,2018.

黄福忠、黄福发、黄俊、黄毅等编著.杏林耕耘集[M].成都:四川科学技术出版社,2018.

[清]吴寿旸撰,郭立暄标点.拜经楼藏书题跋记[M].上海:上海古籍出版社,2018.

程焕文、沈津、张琦主编.2016年中文古籍整理与版本目录学国际学术研讨会论文集[M].桂林:广西师范大学出版社,2018.

张元济著.校史随笔[M].西安:西北大学出版社,2019.

钱玄著.校勘学[M].北京:商务印书馆,2019.

王国维著.宋代之金石学[M].北京:团结出版社,2019.

中国学术名著提要编委会编.中国学术名著提要(合订本)[M].上海:复旦大学出版社,2019.

张舜徽著.中国文献学[M].北京:人民东方出版传媒,2019.

江澄波著.吴门贩书丛谈[M].北京:北京联合出版公司,2019.

任继愈编著.中国传统文化的光明前景[M].上海:上海教育出版社,2020.

古籍保护研究编委会编.古籍保护研究[M].郑州:大象出版社,2020.

马培洁著.鲍廷博及其"知不足斋丛书"研究[M].北京:中国社会科学出版社,2020.

张森生著,夏春锦主编,梧桐阅社编.梧桐乡是凤凰家[M].北京:华文出版社,2020.

江澄波著.古刻名抄经眼录[M].北京:北京联合出版公司,2020.

薛龙春撰.黄易友朋往来书札辑考[M].北京:生活·读书·新知三联书店,2021.

[清]宋咸熙著,杨叶点校.宋咸熙集[M].杭州:浙江古籍出版社,2021.

郁震宏著,桐乡市档案馆编.桐乡记忆·第十六辑:桐乡姓氏录[M].桐乡市华夏文化传媒公司,2021.

(二)期刊

蔡文晋.鲍廷博年谱初稿[J].台北"中央图书馆"馆刊,1994(2):103-127.

许敏.明代商人户籍问题初探[J].中国史研究,1998(3):125.

张健.鲍廷博与"知不足斋"藏书[J]大学图书情报学刊,2005,23(3):92-94.

孙旭.《北窗炙輠录》的作者、版本与价值[J].安徽师范大学学报(人文社会科学版),2007(1):76-80.

唐丽丽,周晓光.徽商与明清两浙"商籍"[J].安徽师范大学学报(人文社会科学版),2011(3):276-281.

黄伟.鲍廷博知不足斋旧藏善本流散考述[J].图书馆工作与

研究，2014(7):72-78.

杨洪升.《知不足斋宋元文集书目》考实[J]. 文献，2014(5):14-24.

马培洁. 鲍廷博序跋辑存[J]. 文献，2015(3):61-74.

吴月英. 藏书家鲍廷博与乌镇[J]. 图书馆研究与工作，2015(4):68-70.

三、网络文献

乐忆英. 乌镇出版家程尚甫[EB/OL].(2015—11—17)[2022—1—20].http://www.jiaxing.cc/Article/jiahemingshi/2015/101N04020158040.html

吴军航. 藏书家鲍廷博[EB/OL].(2020—09—02)[2022—2—23].https://mp.weixin.qq.com/s/6Q9xph5KgVhsgG8BkTTGxA

后记

鲍廷博是清代著名的藏书家、刻书家、校勘学家,祖籍安徽歙县,曾寓居杭州,后迁居桐乡,从此世居乌镇杨树浜。作为桐乡历代寓贤中的佼佼者,鲍廷博在清代众多藏刻大家中的成就与影响无疑也是首屈一指的。

相较于清代其他藏书家,国内关于鲍廷博的研究已不少。目前已经问世的著作有刘尚恒著《鲍廷博年谱》、周生杰著《鲍廷博藏书与刻书研究》、周生杰与杨瑞合著《鲍廷博评传》、马培洁著《鲍廷博及其知不足斋丛书》等专著,亦有薛贞芳著《徽州藏书文化》,刘尚恒著《徽州刻书与藏书》,范凤书著《中国私家藏书史》,叶树声、余敏辉著《明清江南私人刻书史略》,顾志兴著《浙江出版史研究》,陈心蓉著《嘉兴刻书史》等,多有论及。

此次我们合著的《鲍廷博传》是在前人研究成果基础上的通俗化之作,对以上著述多所借鉴。此外,也尽力发掘和整理了一些不曾为学界所关注的新史料,比如:2021年北京泰和嘉成秋拍品鲍廷博藏黄裳题跋《皮子文薮》(明正德十五年袁表刻本),复旦大学所藏另一个版本的王欣夫抄录《北窗炙輠》二卷鲍廷博题跋(馆藏善本《清人书跋偶钞》);通过检索专业工具书和古籍书目数据库,梳理海内外鲍廷博藏、刻书的馆藏机构分布情况;以及关于鲍廷博科举考试籍贯问题的考辨和鲍氏藏书流播日本静嘉堂等问题的探讨。

值得一提的是,本书依托新发现的史料对鲍廷博迁居桐乡作了新证,可视为是本书的一大亮点。学界普遍认为鲍氏迁桐的时间为乾隆四十九年(1784),但根据新见的清嘉庆间初修的《青溪严氏家谱》中鲍氏所作序言和嘉道年间宋咸熙所辑《桐溪诗述》相关史料可知,鲍廷博在定居桐乡乌镇杨树浜之前,早于乾隆三十一年至三十二年(1766—1767)之间就在桐乡县城西北运河边的冶塘一带暂住。鲍氏在冶塘有绣溪寓舍,并在此藏书、校书。在寓居冶塘期间,以鲍廷博为主的藏书家群体之间形成了良性互动的交际网络,是清代乾嘉时期私家藏书与刻书繁荣风貌的剪影。

此书作为桐乡地方文化普及读物——"桐乡历史文化丛书"的一种,我们试图用相对浅显的文字,尽力描述一个一辈子痴迷于书,并立志于藏书、读书、刻书、校书,以书为性命的藏书家形象。这不是一个普通的爱书人,他出生于古歙县的徽商之家,年少时企图通过科举改变出身,却蹭蹬场屋,郁郁不得志。好在心有所向,笃好书籍,耽于文史,终身不渝地在青灯黄卷里讨生活。他勤于购藏,精于校勘,在书籍里磨砺光阴,修炼学识,并因此施展了抱负,实现了价值,成就了功名,蜕变了身份,完成了自我。

书中着力描述鲍廷博从商人子弟转而为士,再转而为士大夫的心路历程。在此主线上,再从藏书、献书、刻书、校勘、著述、交游、家庭、生活等方面加以丰富之。

笔者作此书时，离《（光绪）桐乡县志》刊行的1887年又过去了130余年。虽不敢说这部传记足以存世，但想借此在一定范围内使更多的人较多地了解鲍廷博这位曾经辉煌、如今依旧耀眼的"一代书宗"的企图并不是没有的。

本书在撰写过程中得到了众多师友的支持与帮助，其中著名藏书家韦力先生、复旦大学图书馆副馆长杨光辉先生在百忙中分别撰写了情真意切的长序，是对我们极大的鼓励。吴格先生帮助校对了王欣夫所抄《北窗炙輠》中的鲍廷博题跋，高旭日和罗毅峰先生帮助审阅了第十三章，浙江图书馆曹海花先生提供了鲍廷博藏《古今图书集成》书影，北京泰和嘉成拍卖公司陈俊儒先生提供了鲍廷博藏黄裳题跋《皮子文薮》书影，俞尚曦、陈勇、祝淳翔、况正兵先生等提示和提供了相关资料，愧无以报，谨此一并致以衷心的感谢！

沈思佳　夏春锦
壬寅七月于陆费逵图书馆